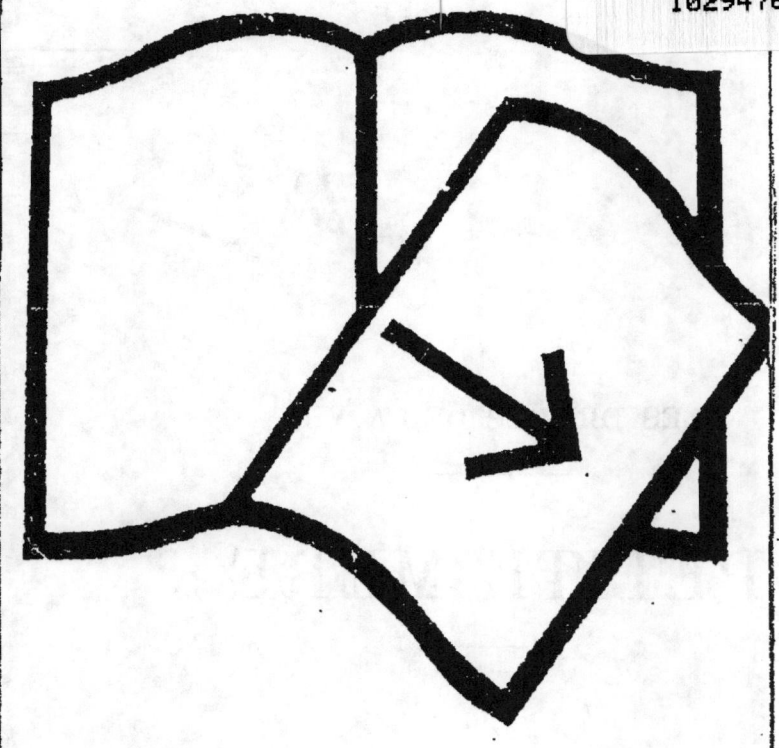

Couvertures supérieure et inférieure manquantes

LES DRAMES DE LA VIE

PETITE MÈRE

LE BEAU FRANÇOIS

PRINCIPAUX OUVRAGES
D'ÉMILE RICHEBOURG

La Dame voilée, 1 vol. in-18, 6ᵉ édition . . . . 3 fr.
L'Enfant du Faubourg, 2 vol. in-18, 4ᵉ édit. . . . . 6 —
La Fille maudite, 2 vol, in-18, 8ᵉ édit. . . . . 6 —
Les deux Berceaux, 2 vol, in-18, 4ᵉ édit. . . . . 6 —
Andréa la Charmeuse, 2 vol. in-18, 5ᵉ édit . . . . 6 —
Un Calvaire, 1 vol. in-18, 2ᵉ édit . . . . 3 —
La Nonne amoureuse, 1 vol. in-18, 5ᵉ édit . . . . 3 —
Deux Mères, 2 vol. in-18, 6ᵉ édit . . . . 6 —
Le Fils, 2 vol. in-18, 6ᵉ édit . . . . 6 —
L'Idiote, 3 vol. in-18, 4ᵉ édit. . . . . 9 —
Jean Loup, 3 vol. in-18, 5ᵉ édit. . . . . 9 —
La Petite Mionne, 3 vol. in-18, 5ᵉ édit. . . . . 9 —
Les Millions de M. Joramie, 3 vol. 4ᵉ édit. . . . . 9 —
Le Mari, 3 vol. 3ᵉ édit. . . . . 9 —
La Grand Mère, 3 vol. 4ᵉ édit. 9 —
La Comtesse Paule, 3 vol., 2ᵉ édit. . . . . 9 —
Le Million du Père Raclot, 1 vol., nouvelle édition. . . . 3 —
Les Amoureuses de Paris, 2 vol. de la Bibliothèque nouvelle, à 1 fr., 11ᵉ édit. . . . . 2 —
Histoire d'un Avare, d'un enfant et d'un chien, 1 vol. de la Bibliothèque nouvelle . . . . 1 —
Quarante mille francs de Dot, 1 vol . . . . 1 —
La Belle Tiennette, 1 vol. . . . . 1 —

Les Soirées Amusantes, Lectures des Familles

Collection de 12 vol. in-32 comprenant :

Contes d'hiver, 3 vol. in-32 . . . . 2 fr. 25
Contes du Printemps, 3 vol. in-32 2   25
Contes d'Été, 3 vol. in-32 2   25
Contes d'Automne, 3 vol. in-32 2   25

Chaque volume de la Collection se vend séparément 75 c.

Émile Colin. — Imprimerie de Lagny.

LES DRAMES DE LA VIE

PETITE MÈRE

PAR

ÉMILE RICHEBOURG

I

LE BEAU FRANÇOIS

PARIS

E. DENTU, ÉDITEUR

LIBRAIRE DE LA SOCIÉTÉ DES GENS DE LETTRES

3, PLACE VALOIS, 3

1890

(Tous droits de traduction et de reproduction réservés)

LES DRAMES DE LA VIE

PETITE MÈRE

PREMIÈRE PARTIE

LE BEAU FRANÇOIS

I

LA MORTE

On était au mois de juin de l'année 1870, cette année qui devait laisser de si douloureux souvenirs au cœur de tous les Français et que Victor Hugo, notre grand poète national, a appelée l'Année terrible.

Le soleil s'était levé magnifique; son disque éblouissant émergeait du sommet du haut coteau et ses rayons plongeaient obliquement dans la belle et verte vallée et répandaient des flots de lumière sur Manerville, village de mille à douze cents habitants du département de la Somme.

Il semblait qu'il y eût comme un crépi d'or pâle jeté sur les façades des maisons; les fenêtres illuminées projetaient des réverbérations éclatantes, pareilles à des lueurs d'incendie, pendant que les toitures de tuiles rouges prenaient les tons fauves du vieux cuivre.

Le coq argenté, coq-girouette, qui surmontait la flèche du clocher, brillait comme une énorme escarboucle.

Pas un nuage ne se montrait à l'horizon. Jamais le bleu du ciel n'avait été plus pur. Cette radieuse matinée annonçait une belle et chaude journée.

Et elle était la bienvenue, cette belle journée, car à Manerville, village de cultivateurs et de grande culture, on était en pleine fenaison.

Le Roguin, jolie petite rivière bordée de touffes d'osiers verts et de vieux saules aux troncs creux et tordus, baigne les jardins du village et arrose de magnifiques prairies riches en gras pâturages.

Ces prairies et ces pâturages sont la principale richesse des cultivateurs de Manerville, qui, grâce à eux, peuvent élever sans grands frais un nombreux bétail.

Cinq heures sonnaient à l'horloge de la paroisse.

Dès l'aube, les faucheurs étaient partis, la faux sur l'épaule, s'étaient répandus dans la prairie et déjà, derrière eux, s'alignaient des andains épais et nombreux.

Au village, tout le monde était sur pied. Les ménagères se hâtaient dans leur travail, car bientôt il faudrait être dans les prés où l'herbe coupée attendait les faneuses.

On préparait les fourches, les râteaux.

D'une maison à l'autre, du seuil des portes on se disait bonjour.

La jeune fille avait un doux regard pour son amoureux, qui lui répondait par un sourire.

Au milieu des poules, caquetant, grattant, becquetant sur les fumiers, les coqs, sultans de basse-cour, faisaient entendre leur chant peu harmonieux en battant des ailes.

Les vaches, au pis lourd, sortaient des étables pour être conduites à la pâture. Elles dressaient la tête, tendant le mufle à l'odeur de l'herbe humide de rosée, regardant avec de grands yeux doux les belles génisses beuglant et bondissant de plaisir.

Le berger communal sonnait de la trompe, annonçant qu'il rassemblait son troupeau; en effet, de tous les côtés les brebis s'élançaient en bêlant hors des bergeries et se massaient en arrière de deux grands béliers, ayant chacun une clochette au cou, et qui avaient l'habitude de marcher en tête du troupeau.

Il était superbe ce troupeau de quinze cents bêtes environ de l'espèce mérinos.

A la sortie du village, les béliers, dirigés par les chiens, s'engagèrent les premiers sur un chemin vicinal qui devait conduire le troupeau sur des jachères parmi lesquelles il y avait de grandes friches.

Les bêtes savaient où elles allaient et avançaient d'un pas tranquille, serrées les unes contre les autres, sans songer à brouter à droite et à gauche l'herbe qui poussait le long des berges. Par instants, une bousculade se produisait. C'étaient les brebis tout à fait en queue du troupeau qui essayaient de s'ouvrir un passage afin de se rapprocher des béliers.

Mais cela ne causait aucun désordre et les chiens n'avaient pas à intervenir.

Ils étaient près de leur maître, l'un à droite l'autre à gauche, et tous trois marchaient ainsi en arrière-garde.

Attentifs, attendant une parole, un signe ou seument un regard, les chiens se tenaient prêts à obéir aux ordres du berger.

Derrière eux, à une distance de quarante ou cinquante pas, venaient quatre jeunes filles portant chacune le déjeuner destiné à des faucheurs. Chemin faisant, les jeunes filles causaient, un peu à bâtons rompus, de ceci de cela, du mariage d'une telle qui aurait lieu tout de suite après les foins, du mariage d'une autre qui était décidément remis après les moissons, de la fête prochaine, de la robe qu'on se faisait faire; enfin elles causaient de toutes ces choses dont on peut parler au village, où l'on jette un grain de médisance, où, sans s'en apercevoir, on montre une pointe de jalousie ou d'envie.

Et quand l'une d'elles avait lancé une petite méchanceté à l'adresse d'une camarade absente, toutes se mettaient à rire. Et elles riaient de bon cœur, les jeunes folles !

On a si peu de distractions au village et les amusements y sont si rares! S'égayer un instant aux dépens des autres, c'est autant de pris sur les heures d'ennui.

Le chemin longeait le coteau où les épis drus, longs et droits encore commençaient à blondir; de l'autre côté, à gauche du chemin, s'étendait la vaste prairie qui avait, ce jour-là, un aspect fort agréable à l'œil, avec ses andains et ses petits tas d'herbe à demi séchée, symétriquement alignés; avec ses carrés d'un ton jaunâtre d'où le foin avait été enlevé et ses autres carrés plus grands dont l'herbe n'était pas encore fauchée; avec la rivière miroitante et le rideau de vieux saules penchés dont l'eau mouillait le bout des branches.

Le soleil n'avait pas encore abattu la forte rosée, et, sur le fond vert du pré, ses rayons dessinaient de grands arcs qui prenaient toutes les couleurs de l'arc-en-ciel.

L'air était saturé des odeurs balsamiques et pénétrantes de la fenaison.

De temps à autre on entendait le bruit de la pierre à aiguiser sur le tranchant des faux.

L'alouette, chassée de son nid, s'enfuyait éperdue en jetant des cris plaintifs.

Par contraste, le linot chantait à plein gosier, perché sur la plus haute branche d'un buisson.

Pas un souffle de vent ne passait dans les arbres; à l'extrémité de la feuille endormie pendait une goutte de rosée qui scintillait comme un diamant.

Le troupeau, le berger, les chiens et les jeunes filles poursuivaient leur chemin.

Soudain les deux béliers s'arrêtèrent brusquement et le troupeau tout entier s'arrêta.

— Quoi donc! fit le berger.

Et sa main droite saisit la houlette qu'il avait jusque-là portée sous le bras gauche.

Les béliers se mirent à bêler et se jetèrent de côté comme saisis d'une terreur subite. Aussitôt la panique gagna le troupeau. Ce fut alors un pêle-mêle, un tohu-bohu indescriptibles. Les bêtes bondissaient, sautaient les unes sur les autres, se culbutaient, se foulaient aux pieds avec accompagnement de bêlements affolés.

A la voix de leur maître, les chiens s'étaient élancés sur le flanc du troupeau; mais vainement ils cherchaient à rétablir l'ordre dans les rangs. Vainement aussi le berger criait, gesticulait et lançait des mottes de terre avec sa houlette, le désordre ne faisait qu'augmenter.

Qu'est-ce que cela signifiait ?

Quelle pouvait être la cause de cette panique étrange qui s'était d'abord emparée des béliers et si subitement communiquée dans le troupeau?

Evidemment il y avait quelque chose. Mais quoi?

On était loin des bois; il n'était pas admissible qu'un loup en fût sorti et que l'effroi des bêtes fût causé par la présence, non loin du chemin, de ce carnassier.

Plus encore que les hommes, car ils ne raisonnent pas, les animaux subissent les effets de la terreur.

Malgré les efforts des chiens pour le retenir, le troupeau, comme l'eau d'une écluse qui rompt sa digue, franchit le talus du chemin et se jeta dans le pré. Là, toujours dans l'affolement, haletantes et bêlantes, les bêtes s'entassèrent et restèrent immobiles, la tête en l'air, peureuses, effarées, regardant sans rien voir.

Les jeunes filles, hâtant le pas, avaient rejoint le berger.

— Eh bien, qu'ont-elles donc vos brebis? demanda l'une d'elles.

— Je ne sais pas, répondit le pâtre, je n'y comprends rien.

Oh ! oh ! continua-t-il, voici du nouveau !

Un des chiens venait de se mettre à hurler et de tomber en arrêt devant une chose dont on ne pouvait distinguer, à distance, ni la forme, ni la nature.

C'était cela, à n'en pas douter, qui avait effrayé les béliers.

Comme s'il y eût annonce de quelque danger, l'autre chien accourut près de son compagnon, regarda, poussa aussi un hurlement, puis revint rapidement près de son maître et eut l'air de lui dire par ses plaintes et ses gémissements :

— Viens, viens vite !

Le berger pressa le pas, escorté des jeunes filles étonnées et inquiètes.

On se trouva bientôt en présence d'une femme étendue sur le dos au bord du fossé du chemin. Elle ne donnait plus signe de vie ; mais cette malheureuse n'était-elle qu'évanouie ou était-ce un cadavre qu'on avait sous les yeux ?

Les chiens s'étaient approchés et flairaient craintivement le corps sans mouvement, rigide.

Il était enveloppé dans un long manteau de drap noir commun. La tête était coiffée d'un chapeau de tulle défraîchi, garni simplement d'un nœud de ruban. Les cheveux châtain-foncé étaient grisonnants. Cette femme paraissait avoir au moins quarante-cinq ans. On voyait à sa mise qu'elle n'appartenait pas à une des classes privilégiées de la société ; c'était une ouvrière ou une domestique. Toutefois, il aurait été difficile de dire si elle était de la ville ou de la campagne.

La figure avait la pâleur de la mort et les yeux,

démesurément ouverts, étaient fixes, vitreux, comme voilés.

Le bras droit allongé s'écartait du corps et la main crispée tenait l'anse d'un sac de voyage d'une moyenne grandeur. Le bras gauche, ramené sur la poitrine, semblait maintenir un objet quelconque dissimulé sous le manteau.

— Arrière, Pluton, arrière, Médor! cria le berger à ses chiens.

Les deux bonnes bêtes s'éloignèrent.

A ce moment, sous le coup d'une émotion facile à comprendre, le berger ne pensait guère à son troupeau.

Derrière lui, pâles et tremblantes, les jeunes filles regardaient la femme en frissonnant.

L'homme s'approcha du corps inerte et, aussitôt tressaillant violemment :

— Du sang, du sang! exclama-t-il.

En effet, la bouche de la femme était pleine de sang coagulé qui débordait sur les lèvres, et il y en avait de larges taches sur le vêtement.

— Mon Dieu, mais elle ne bouge pas! s'écria une jeune fille d'une voix étranglée ; mon Dieu, est-ce qu'elle est morte?

Après un instant d'hésitation, le berger se pencha sur le corps, l'examina attentivement, puis toucha la main et ensuite le visage.

— Oh! fit-il.

Il avait senti le froid de la mort sous ses doigts.

Il se redressa par un mouvement brusque, et en hochant tristement la tête il murmura :

— Pauvre femme! Oui, elle est morte!

— Morte ! Morte ! répétèrent les jeunes filles d'un ton lugubre.

Oui, la femme était morte, mais la mort ne remontait pas à plus de deux heures, car si la figure et les mains étaient glacées, le corps avait encore un reste de chaleur.

— Père Lucotte, êtes-vous bien sûr qu'elle ne respire plus ?

— Hélas ! oui.

— Quel malheur, mon Dieu, quel malheur !

— Quand on est jeune encore et qu'on a bon pied, bon œil, c'est toujours malheureux de mourir, dit sentencieusement le berger.

— Mais de quoi est-elle morte ?

— Je ne sais pas, moi... Voyez, il y a du sang ; elle a peut-être été assassinée.

— Grand Dieu ! assassinée !... C'est épouvantable ! Mais, père Lucotte, si elle n'avait pas encore cessé de vivre ?

— Oh ! la malheureuse, tout est fini pour elle, bien fini.

— Et qu'allons-nous faire ?

— Il n'y a rien à faire, si ce n'est à aller prévenir M. le maire qui, à son tour, préviendra les magistrats de la ville. Quant à nous, mes enfants, nous n'avons pas le droit de toucher à ce cadavre ; c'est l'affaire de la justice. A chacun sa tâche : moi, j'ai à m'occuper de mon troupeau.

Et le berger, ayant donné un ordre à ses chiens, s'éloigna gravement. Mais il était fort attristé et avait la larme à l'œil.

— Père Lucotte, père Lucotte ! lui cria une jeune

fille, voici Félicie, votre fille, qui vous amène des brebis que vous avez oubliées.

Le bonhomme se retourna.

— Tiens ! c'est vrai, fit-il.

Une jeune femme, qui pouvait avoir dix-neuf ans, jolie, tête nue, les cheveux dénoués tombant sur les épaules, courait sur le chemin, une badine à la main, poussant devant elle une douzaine de brebis, non pas oubliées par le berger, mais qu'on avait fait sortir trop tard de l'étable.

Cependant les jeunes filles, qui avaient posé à terre les paniers et les chaudrons qu'elles portaient, se mirent à appeler les faucheurs à grands cris, en agitant les bras.

Elles furent entendues et, presque aussitôt, plusieurs hommes, laissant les faux dans les andains, s'élancèrent vers le chemin au pas de course.

Le berger et ses chiens avaient forcé le troupeau à sortir du pré et à se remettre en marche.

Dès qu'elles avaient vu le troupeau, les brebis conduites par la fille du berger s'étaient mises à courir pour le rejoindre, et Félicie était arrivée près de la morte en même temps que les faucheurs.

Tous s'étaient groupés devant le cadavre, formant un demi-cercle.

On se regardait, on s'interrogeait du regard, en hochant la tête. Les poitrines étaient oppressées et les yeux se mouillaient de larmes.

Elle n'était pas du pays, cette femme, on ne la connaissait pas; c'était une inconnue, mais qu'importe ?

Ils étaient douloureusement impressionnés et éprouvaient en même temps un sentiment de terreur.

C'est que pour les plus forts et les plus sceptiques la mort est toujours imposante et terrible.

C'est qu'au-delà de la mort il y a un mystère, une chose inconnue, redoutable.

Et puis les jeunes filles avaient répété les paroles du berger. On croyait à un crime.

Une femme assassinée ! C'était épouvantable !

Cependant un homme prit la parole.

— Voyons, dit-il, quand nous resterions ici toute la journée à nous lamenter, plantés comme des poteaux, ça n'avancerait pas à grand'chose. Cette pauvre femme est morte, nous ne lui rendrons pas la vie ; mais elle ne peut pas rester là jusqu'à demain ; et comme, en pareille circonstance, il n'appartient qu'à l'autorité de donner des ordres, il faut que le maire soit prévenu sans retard.

— Oui, appuya une jeune fille, c'est aussi l'avis du père Lucotte ; il n'y a que cela à faire.

— Romain, toi qui as de bonnes jambes, veux-tu te charger de la commission ?

Un grand et fort garçon de vingt-cinq ans répondit :

— Je ne demande pas mieux ; nous ne sommes pas loin du village j'y serai dans quelques minutes.

— Alors, en route ; et si tu rencontres Marie Gervais ne t'amuses pas à lui conter fleurette, pendant une heure, comme tu en as l'habitude.

— Il y a temps pour tout, répliqua le jeune homme un peu vexé.

Et il partit aussitôt au pas gymnastique.

Il y avait grand émoi dans la prairie ; de tous les côtés les faucheurs accouraient, comprenant qu'il se passait sur le chemin quelque chose d'extraordinaire.

De nouveau, un profond silence s'était fait près de la morte sur laquelle tous les yeux restaient irrésistiblement fixés.

Soudain les assistants tressaillirent et de chaque poitrine s'échappa une exclamation. C'était comme un cri d'angoisse.

Cette émotion avait une cause et était pleinement justifiée : ils avaient cru voir remuer le cadavre. Et ce n'était pas une illusion, puisque tous, en même temps, avaient vu s'agiter les plis du manteau.

Il y eut un moment de cruelle anxiété.

— Elle a bien bougé, n'est-ce pas ? dit une jeune fille d'une voix haletante.

— Oui, elle a bougé, nous avons vu.

— Pourtant, elle est morte.

— Non, puisqu'elle a fait un mouvement.

— Silence ! regardez, regardez ! Voilà qu'elle remue encore...

Ce n'était pas le cadavre qui remuait ; mais quelque chose s'agitait sous le manteau dont l'étoffe se soulevait légèrement.

Cette fois, une sorte d'effroi s'empara des témoins de ce fait, qui paraissait aussi étrange qu'inexplicable, et quelques-unes se jetèrent brusquement en arrière, comme si les signes de vie étaient plus effrayants que l'immobilité de la mort.

II

L'ENFANT

Pendant quelques instants les mouvements du manteau continuèrent, puis, tout à coup, un petit cri étouffé se fit entendre. Ce cri, qui semblait sortir de la poitrine du cadavre, fut suivi de plusieurs autres.

— Mon Dieu! s'écria la fille du berger, mais c'est un enfant, un tout petit enfant qui pleure !

Il n'y avait pas à s'y méprendre, ces cris qui sortaient de dessous le manteau de la morte étaient, en effet, des vagissements d'enfant nouveau-né.

Le demi-cercle se reforma. A l'effroi succédait la stupéfaction.

L'enfant criait plus fort.

Félicie s'agenouilla près de la morte, éloigna doucement du corps le bras déjà raidi et, écartant le manteau, découvrit l'enfant.

Il remuait faiblement sa petite tête, la faisant aller de droite à gauche et de gauche à droite. Sa figure avait une teinte violacée. Sur ses yeux, qui n'avaient pas vu encore la lumière. Les paupières frémissaient. Il était soigneusement emmailloté, et le petit corps, dans ses langes, avait des mouvements convulsifs.

— Oh! le pauvre petit, le cher mignon! dit Félicie, c'est un miracle vraiment qu'il n'ait pas été étouffé.

Elle le prit dans ses bras et se mit à le bercer, en le faisant voir à tout le monde.

— Voyez comme il est gentil, comme il est beau, comme il est mignon! disait-elle. Pauvre petit ange! Hélas! le voilà orphelin; mais puisque Dieu n'a pas voulu qu'il meure, il vivra.

L'enfant se calma un peu. Sa langue se montrait entre ses lèvres et sa bouche, faisant un petit bruit significatif.

Félicie lui mit un baiser sur le front.

— Oui, oui, dit-elle, je sais ce que tu veux, et je vais te le donner.

Elle s'éloigna de quelques pas, s'assit sur un tas de pierres, et, bravement, sans s'inquiéter de la présence des hommes, elle dégrafa son corsage, l'ouvrit largement et mit à nu un sein superbe. Elle le présenta à l'enfant, qui le saisit avidement.

Le pauvre petit laissait encore échapper de gros soupirs, mais il était consolé.

Pas une parole déplacée ou inconvenante ne fut prononcée par les paysans habituellement narquois et toujours prêts à lancer de lourdes et stupides plaisanteries.

Et ce n'était pas le cadavre qui leur imposait ce silence respectueux. Ils étaient en admiration. Oh! ce qu'ils admiraient, ce n'étaient pas la beauté de la fille du berger et les merveilles offertes à leurs regards, mais le sentiment spontané qui avait fait agir Félicie, son action si simple et toute naturelle chez une mère.

Quelques-uns s'écrièrent :

— Bravo, bravo, Félicie !

L'un d'eux, qui était un des riches propriétaires de Manerville, s'approcha de la jeune femme et lui dit :

— C'est bien, ma fille, oui, c'est bien, ce que tu viens de faire ; ta bonne action sera récompensée.

Elle leva sur lui ses yeux pleins de larmes, et de sa voix douce répondit :

— Je n'avais que ce moyen pour l'empêcher de pleurer ; et puis, vous voyez, il avait faim.

— Oui, ma pauvre Félicie, et tu viens de donner une nouvelle preuve de la bonté de ton cœur. On a été sévère, trop sévère pour toi, tout le monde t'a jeté la pierre ; mais tu as su porter le poids de ton malheur et l'on sait que tu es une excellente mère. Quand une bonne fille accomplit courageusement son devoir comme tu le fais, elle est digne de l'intérêt de tous les braves gens. Va, ma pauvre Félicie, on te plaint et tu as encore à Manerville plus d'amis que tu ne le crois.

Elle était toute rouge et toute confuse. Très émue, elle répondit :

— Vous êtes bon, monsieur Bertholet, vous êtes bon pour moi, merci ! Vos paroles ont mis comme un baume sur mon cœur. Oh ! vous et madame Bertholet ne m'avez jamais méprisée ni repoussée, et je sais tout le bien que vous me voulez ; je vous serai éternellement reconnaissante.

— Tu seras toujours bien accueillie à la ferme,

Félicie. Chez moi, tant que les vaches donneront du lait et que les poules pondront des œufs, il y en aura pour toi.

— Encore une fois, merci, monsieur Bertholet.

Celui-ci rejoignit les autres paysans.

— Mes amis, leur dit-il, notre présence ici n'est nullement nécessaire, et comme il reste encore beaucoup d'herbe à faucher, nous serions mal avisés de ne pas nous remettre à l'ouvrage; il faut profiter du beau temps, de ce soleil magnifique.

Cependant, il est bon, je crois, que quatre d'entre vous restent près du cadavre pour le garder et aussi pour se mettre à la disposition du maire qui, à ce moment, doit être prévenu et ne tardera pas à arriver.

Ces sages paroles du fermier furent approuvées.

Quatre hommes se proposèrent spontanément pour rester près de la morte et les autres retournèrent dans la prairie. Les jeunes filles se décidèrent aussi à continuer leur chemin.

L'enfant tétait toujours. Il n'arrivait pas à se rassasier, le pauvre petit affamé.

Félicie le regardait avec une douce expression de tendresse, tout en se livrant à toutes sortes de sombres pensées. Elle avait dans l'âme une profonde tristesse qui se reflétait sur son pâle et beau visage.

Hélas! dans une pareille circonstance, les impressions ne pouvaient être que douloureuses.

Et Félicie laissait échapper de profonds soupirs qui répondaient à ses pensées.

Péniblement, avec un malaise visible, l'enfant remuait, s'agitait dans son maillot.

— Pauvre mignon, murmura la jeune mère, il

faudrait le mettre dans d'autres langes; mais je n'en ai pas, il faut qu'il attende... Prends patience, cher petit ange, oui, patiente encore un peu; tout à l'heure M. le maire va venir et on décidera de ton sort.

Elle jeta un long regard sur la morte, soupira, et, les yeux voilés de larmes, reprit le cours de ses douloureuses pensées.

Romain était arrivé à Manerville sans avoir un instant ralenti sa course rapide.

Il savait l'importance de la mission dont il s'était chargé et il voulait la remplir en conscience.

Il y a lieu de croire, quoiqu'en eût dit le fermier Bertholet, que s'il avait rencontré Marie Gervais sur son chemin, il n'aurait pas perdu son temps à lui glisser à l'oreille ces paroles d'amour, vieilles comme le monde, répétées sans cesse par les amoureux et toujours écoutées avec le même plaisir par les amoureuses.

On lui criait :

— Romain, où vas-tu donc? Pourquoi cours-tu si fort? Qu'y a-t-il donc?

Sans s'arrêter, tournant à peine la tête, il jetait à droite et à gauche ces paroles sinistres :

— Sur le chemin de Gabry, au bas de la Cornue, il y a une femme assassinée !

Il arriva à la maison du maire dans laquelle il entra comme un boulet de canon.

— Il faut que je voie M. le maire tout de suite, dit-il, sans s'être donné le temps de reprendre haleine.

Le magistrat municipal venait de se lever. On

alla lui annoncer la visite du jeune homme et il parut presque aussitôt.

— Eh bien, Romain, me voici ; que me voulez-vous, mon garçon ? demanda-t-il.

— Monsieur le maire, je suis envoyé vers vous par M. Bertholet.

— Vous êtes un de ses faucheurs, je crois ?

— Oui, monsieur le maire.

— Eh bien, qu'avez-vous à me dire de sa part ?

— Monsieur le maire, voici la chose : Une femme a été trouvée sur le chemin de Gabry...

— Que faisait-elle, cette femme ?

— Elle ne faisait rien ; elle est morte, monsieur le maire.

— Morte !

— Et comme elle a la figure ensanglantée et du sang sur ses vêtements, on croit qu'elle a été assassinée !

— Un crime ! exclama le maire.

— Hélas ! oui, un crime.

— C'est épouvantable !

— Horrible ! monsieur le maire.

— A quelle distance de Manerville le crime a-t-il été commis ?

— Pas à plus de cinq ou six cents mètres, à l'endroit dit la Cornue.

— Cette malheureuse est-elle de la commune ?

— Personne ne la connaît, monsieur le maire ; c'est une étrangère.

— L'événement n'en est pas moins terrible. Oh ! un assassinat ! Un aussi grand crime commis sur le territoire de ma commune !

Le maire, devenu très pâle, était en proie à une agitation violente.

Mais il n'y avait pas à hocher la tête en se croisant les bras ; il fallait prendre immédiatement les mesures que la circonstance exigeait.

— Romain, reprit le maire, vous allez courir chez l'adjoint et vous lui direz qu'il vienne me trouver de suite ; je l'attends ici.

Comme le jeune homme se disposait à partir pour remplir sa nouvelle mission, l'adjoint arriva chez le maire, suivi du garde champêtre. Tous deux avaient été instruits du crime par la rumeur publique.

La sinistre nouvelle s'était répandue dans le village avec la rapidité de l'éclair, jetant la consternation, l'épouvante, parmi les habitants. Dans toutes les rues, de tous les côtés retentissait ce cri :

— Une femme assassinée !

La population était terrifiée.

On abandonnait les maisons ! On allait, on venait, chacun disait ce qu'il savait et même ce qu'il ne savait pas ; on courait, effaré, éperdu, se portant vers la rue principale où se trouvaient la mairie et la maison du maire.

Au village, il n'y a pareil affolement que dans une nuit d'incendie, quand la cloche sonne le tocsin et que les tambours battent la générale.

Des femmes, des enfants, des vieillards se rassemblaient devant la maison du maire, comme pour se placer sous la protection de l'autorité municipale.

C'était une foule frémissante, houleuse, irritée, qui remplissait l'air de ses cris déchirants, de ses clameurs indignées.

Ces gens étaient là, espérant apprendre par le

maire, qui n'en savait pas plus qu'eux, comment et pourquoi le crime avait été commis.

Il fallut toute l'éloquence du garde champêtre, coiffé de son képi vert à galons d'argent, et toute l'autorité de la parole du maire pour mettre fin au tumulte et ramener un peu de calme dans les esprits surexcités.

Bien qu'il ne fût pas moins ému que ses administrés, le maire conservait son sang-froid, ainsi qu'il convient à tout magistrat dans l'exercice de ses délicates fonctions.

C'était la première fois que le crime d'assassinat lui tombait sur les bras et il n'était guère au courant de ce que doit faire un maire en pareil cas.

Cependant, après avoir conféré avec son adjoint et le garde champêtre, homme de bon sens dont les conseils n'étaient pas à dédaigner, des décisions furent prises.

M. le maire donna l'ordre à son domestique de prendre son tilbury et d'aller en toute diligence chercher le juge de paix, qui habitait au chef-lieu de canton.

Naturellement, le juge de paix ne se rendrait pas à Manerville sans avoir prévenu le brigadier de gendarmerie, car il fallait se mettre sans retard à la recherche de l'assassin.

Autre décision :

On allait se rendre immédiatement sur le lieu du crime ; le corps de la victime serait transporté au village et placé dans une des salles de la mairie, en attendant les ordres qui pourraient être donnés par le juge de paix. Mais on pensa avec raison qu'il y avait lieu de se faire assister par le médecin. On n'ignorait pas à Manerville que, dans une aussi grave circonstance, les constatations d'un médecin sont nécessaires et même exigées par la justice.

En conséquence, le garde champêtre courut chez le médecin et lui dit ce que M. le maire attendait de lui.

— Je suis à la disposition de M. le maire, répondit le docteur.

Et il suivit le garde champêtre.

Deux hommes étaient allés chercher le brancard communal. C'était une espèce de civière en bois noirci, grossièrement façonnée, fixée sur quatre pieds, qui faisait l'office de corbillard ; c'est-à-dire servait, les jours de deuil, à porter les morts de la maison mortuaire à l'église et au cimetière.

Le garde champêtre étant revenu accompagné du médecin, on n'avait plus rien à attendre. On se mit en marche. La foule aurait bien voulu suivre ; mais le maire l'avait impérieusement défendu. Il fallait obéir. Quelques hommes seulement, dont on pouvait avoir besoin, furent admis à escorter les autorités.

Le maire marchait en avant, entre le docteur et l'adjoint.

Il était encore à une certaine distance, lorsqu'un des faucheurs restés près de la morte annonça son arrivée.

Alors, la fille du berger se leva, tenant l'enfant serré dans ses bras, s'avança au milieu du chemin et attendit.

Le maire s'arrêta devant elle.

— Tiens ! c'est vous, Félicie, dit-il. Mais ce n'est

pas votre petite fille que vous tenez dans vos bras ? A qui donc est cet enfant ?

— Monsieur le maire, c'est l'enfant de la morte.

— L'enfant de la morte !

— Hélas ! oui.

— Voilà qui est étrange, murmura le maire en se tournant vers le médecin.

— Oui, étrange, appuya celui-ci, et je partage votre surprise, monsieur le maire.

Puis s'adressant à la fille du berger, il reprit :

— Nous ne comprenons pas, Félicie, veuillez nous expliquer vos singulières paroles.

— Mais elles n'ont rien de singulier, monsieur le docteur ; du reste, vous allez comprendre, et ce que je vais vous dire, les faucheurs qui sont là et vingt autres pourront vous le répéter.

Nous étions tous près de la morte, la regardant avec douleur et grande pitié lorsque, tout à coup, sous le manteau qui enveloppait la pauvre femme et qui se soulevait, des petits cris plaintifs se firent entendre. Jugez de notre surprise, de notre stupéfaction et même de l'effroi de quelques-uns. Beaucoup s'imaginèrent que la malheureuse revenait à la vie. Mais, moi, à l'émotion dont je me sentis saisie, aux tressaillements de mon cœur j'avais tout de suite compris, deviné que c'était un enfant, un tout petit enfant qui criait.

On ne pouvait pas le voir, il était entièrement caché. Je me penchai sur la morte, j'ouvris le manteau et je pris dans mes bras le pauvre petit, que je fis voir à tout le monde. Il pleurait, il pleurait à fendre l'âme. Il fallait le consoler, pas vrai ? Vite, je lui donnai à téter, et il a bu, il a bu tant qu'il a voulu...

Et il s'est endormi. Voyez comme il dort ! C'est le sommeil des anges !

Ah ! monsieur le maire, j'ai une grâce à vous demander ; si vous vouliez...

— Parlez, Félicie, de quoi s'agit-il ?

— Monsieur le maire, si la pauvre femme qui est là, étendue sans vie, est la mère de ce cher petit être, le voilà orphelin ; dans tous les cas, il va lui falloir une nourrice... Je ne sais pas si c'est un petit garçon ou une petite fille, mais qu'importe, je sens que, déjà, je l'aime comme si je l'avais mis au monde, le chérubin.

Eh bien, monsieur le maire, et vous aussi, messieurs, la grâce que j'ai à vous demander, c'est de me le laisser ; je serai sa nourrice et j'aurai deux enfants. Oh ! soyez tranquilles, il ne pâtira pas, je le soignerai bien et je l'aimerai autant que j'aime ma petite Berthe ; oui, oui, je l'aimerai, je serai aussi sa mère !

— Ma bonne Félicie, répondit le maire, qui avait écouté avec émotion, nous ne pouvons vous dire, quant à présent, ni oui, ni non ; il y a des si et des mais. Nous ne pouvons pas savoir encore, et vous devez le comprendre, si nous aurons le droit de disposer de cet enfant.

— C'est vrai, dit tristement Félicie.

— Mais, continua le maire, je prends bonne note de la demande que vous venez de faire, et si la chose dépend de nous, vous serez la nourrice de cet enfant ; certes, on ne saurait lui en trouver une meilleure. N'est-ce pas votre avis, docteur ?

— Je pense absolument comme monsieur le maire.

— En attendant, Félicie, et jusqu'à nouvel ordre,

gardez ce pauvre petit, nous le confions à vos soins.

— Oh ! merci, messieurs, merci ! s'écria la jeune mère, qui se mit à couvrir de baisers la figure de l'enfant.

— Monsieur le maire, dit le médecin, voilà une complication à laquelle nous ne nous attendions guère, et nous nous trouvons en présence d'une affaire qui pourrait bien être fort ténébreuse.

Le magistrat municipal hocha soucieusement la tête.

— Cet enfant, trouvé dans le manteau de la morte, semble écarter l'hypothèse d'un crime ; s'il en est autrement, nous touchons à un mystère qui sera peut-être impénétrable.

— Vous croyez ?

— Je ne veux rien croire encore ; nous aurions tort, il serait téméraire, en ce moment, de nous lancer dans le domaine des suppositions. Avant tout, voyons le cadavre.

Et le docteur marcha rapidement vers la morte.

Pendant quelques instants il l'examina très attentivement, sans juger nécessaire de la toucher. Puis, il se redressa en murmurant :

— Je me doutais de l'erreur.

— Eh bien, docteur ? fit le maire.

— Eh bien, monsieur le maire, et vous tous, messieurs, soyez rassurés ; nous n'avons pas à constater un crime ; c'est à tort et très malheureusement qu'on a jeté l'effroi dans la commune ; on s'est trompé, cette femme n'a pas été assassinée.

— Docteur, vous en êtes sûr ?

— Absolument certain.

— Mais ce sang, docteur, ce sang ?

— Ce sang a pu faire croire à d'autres que cette malheureuse avait été victime d'un crime ; mais il me révèle, à moi, la cause de la mort de cette femme.

— Quelle est cette cause ?

— L'anévrisme de la crosse de l'aorte.

— Est-ce qu'elle est morte subitement ?

— Oui.

— Pauvre femme !

— La rupture de l'aorte s'est produite à cette place même et elle est tombée comme foudroyée.

Un moment de silence succéda à ces paroles.

— Messieurs, reprit le maire, s'adressant aux assistants, approchez tous et regardez cette femme. Y a-t-il parmi vous quelqu'un qui la connaisse ?

Tout le monde répondit non.

— Donc, fit le maire, elle n'est pas des environs de Manerville. Mais nous trouverons sans doute sur elle ou dans ce sac de voyage quelques papiers à l'aide desquels nous pourrons établir son identité.

La morte, comme nous l'avons dit, tenait l'anse du sac de voyage dans sa main glacée et raidie.

Sans grande difficulté, le maire desserra les doigts et prit le sac. Une petite clef pendait attachée à l'anse par un bout de ficelle.

Le sac ouvert, on procéda à son inventaire.

Félicie Lucotte n'était plus là. Dès qu'elle avait entendu le médecin déclarer que la morte n'avait pas été assassinée, elle s'était éloignée, le cœur soulagé, et marchait maintenant vers le village d'un pas pressé, criant à ceux qui pouvaient l'entendre :

— La femme n'a pas été assassinée !

III

LES HYPOTHÈSES

La visite du sac de voyage amena des découvertes intéressantes, mais qui ne donnaient point au magistrat municipal les précieux renseignements qu'il attendait.

Le premier objet qu'on sortit du sac fut un biberon dans lequel il y avait encore un peu de lait.

Sous des linges entassés, les uns secs et pliés, les autres mouillés, enveloppés dans une couche, on trouva une bourse à mailles d'argent avec fermoir en argent doré, dans laquelle il y avait dix pièces de vingt francs, puis, précieusement enveloppés dans une feuille de journal, des billets de banque de cent francs. Il y en avait quinze. Soit, en or et en billets, dix-sept cents francs. Une petite fortune.

Dans une des poches intérieures du sac se trouvaient, avec cinq ou six morceaux de sucre, un petit écheveau de fil, une paire de ciseaux, des aiguilles et des épingles dans un étui. C'était tout.

Excepté la feuille de journal, vieille de six ou

huit jours, pas un papier, pas le moindre fragment de lettre, rien.

Le garde champêtre fit observer qu'aucune pièce de linge n'était marquée. Etait-ce le fait d'une négligence ou était-ce avec intention que le linge n'avait pas été marqué? On ne pouvait pas savoir.

Toutefois, on avait encore un espoir : si la morte avait des papiers on les trouverait sur elle.

On fouilla les poches du vêtement. Dans l'une il y avait quelques pièces de monnaie et un dé à coudre, dans une autre un mouchoir, lequel était marqué de la lettre H. On eut beau chercher partout, jusque dans le corsage, la morte n'avait absolument que cela sur elle.

— Inconnue, tout à fait inconnue, murmura le maire, qui ne cherchait pas à dissimuler sa vive contrariété.

Il tenait le mouchoir et regardait piteusement la lettre brodée.

— Et il y a l'enfant, dit l'adjoint.

— Et il y a l'enfant, répéta le maire comme un écho.

— Assurément, monsieur le maire, dit le médecin, vous vous trouvez dans une situation assez embarrassante ; mais il n'y a pas là de quoi vous désoler et il ne faut point prendre la chose trop au tragique; c'est déjà beaucoup que vous n'ayez plus à redouter les ennuis qu'une affaire criminelle vous aurait causés.

Cette femme est inconnue et nous ignorons par suite de quelles circonstances, portant un enfant sous son manteau, elle est venue mourir ici, à quelques pas de Manerville. Mais des recherches seront faites, il y aura une enquête et, espérons-le, la clarté se fera. Vous saurez d'où elle venait, vous saurez où elle allait ; alors elle ne sera plus une inconnue.

Si son corps ne vous est pas réclamé par ses parents ou des amis, eh bien, vous la ferez enterrer et tout sera dit.

— Oui, sans doute, docteur ; mais l'enfant ?

— Oh ! lui, il sera certainement réclamé par sa famille. D'ici là, vous n'avez pas à vous inquiéter sur son sort ; Félicie Lucotte, à qui vous l'avez confié, en aura soin.

— Ce que vous venez de dire est parfaitement juste, mon cher docteur. Enfin, nous verrons.

— Vous avez envoyé chercher le juge de paix, attendez-le ; c'est un homme prudent, de bon conseil, qui réfléchit et voit juste ; il examinera la situation et vous dira ce qu'il y a à faire pour en sortir.

— Vous avez raison, docteur, attendons M. le juge de paix.

Sur l'ordre du maire, un homme alla prendre dans le pré une brassée de foin qu'il étendit sur la civière.

La morte fut couchée sur ce lit d'herbe sèche, et le cortège, devenu un convoi funèbre, reprit lentement, dans un respectueux recueillement, le chemin du village.

Félicie avait parlé. Plusieurs fois avant de rentrer chez elle, elle avait dû raconter, à des gens avides de savoir, comment elle avait trouvé l'enfant dans le manteau de la morte et répéter les paroles du médecin, qui avait déclaré que la femme était morte d'un anévrisme et non victime d'un crime.

Alors l'agitation s'était calmée dans la commune; il ne restait plus qu'une impression pénible, un sentiment de profonde tristesse.

Comme il avait été dit, le corps fut déposé dans une salle de la mairie et couché sur un matelas que le maire avait fait prendre chez lui.

Toutes les personnes qui voulurent voir la morte furent autorisées à pénétrer dans la salle; pendant plus d'une heure, il y eut affluence de curieux. Le maire avait espéré que la femme serait reconnue. Il fut, une fois encore, trompé dans son attente.

La salle fut alors fermée par le garde champêtre, qui mit la clef dans sa poche.

Le juge de paix arriva à dix heures. Il savait déjà, il l'avait appris en route, qu'il n'y avait pas eu de crime commis, comme on l'avait cru d'abord, et qu'il résultait de l'examen du cadavre, fait par le médecin, que la malheureuse femme était morte subitement d'un épanchement de sang au cœur.

Il avait amené trois gendarmes. Ceux-ci n'avaient plus à se mettre à la recherche d'un meurtrier, mais ils devaient attendre les ordres qui pourraient leur être donnés à la suite du conciliabule qui allait avoir lieu à la mairie, où le juge de paix trouva, l'attendant, le maire, l'adjoint, le médecin et quelques autres personnes réunies dans la salle du conseil.

Rapidement, sans entrer dans des détails inutiles, le maire mit le juge de paix au courant de l'affaire.

— Oui, tout cela est bien singulier, répondit celui-ci. Cette femme, qui n'a sur elle aucun papier, que personne ne connaît et qui meurt sur un chemin, tenant un jeune enfant dans ses bras, c'est étrange. Il y a là comme une fatalité. Pensez-vous qu'elle soit la mère de cet enfant?

— Je réponds hardiment non, dit le médecin ; l'enfant n'a pas plus de trois ou quatre jours et il aurait été impossible à sa mère d'entreprendre même un très court voyage. D'ailleurs, dans l'examen que j'ai fait du cadavre, je n'ai remarqué aucun signe de maternité.

— Alors, messieurs, nous nous trouvons en présence de deux hypothèses.

Nous avons le droit de supposer, première hypothèse, que cette femme est d'une localité peu éloignée d'ici, qu'elle était allée chercher un nourrisson qu'elle devait élever.

— A cela, monsieur le juge de paix, il y a une objection.

— Laquelle ?

— La défunte n'a ni le costume, ni le teint hâlé de nos paysannes de Picardie.

— Passons à la seconde hypothèse : Cette femme, — nous saurons plus tard d'où elle venait, — portait l'enfant à une nourrice retenue d'avance et qui, sans doute, attend en ce moment son nourrisson. Cette nourrice doit demeurer dans un des villages voisins de Manerville.

— Telle est aussi mon opinion, monsieur le juge de paix, appuya le médecin, et voilà précisément ce que je disais tout à l'heure à M. le maire.

— Je ne vois pas, en effet, que la chose qui nous occupe puisse s'expliquer autrement. La nourrice sera trouvée facilement, je pense; nos gendarmes sont là, attendant qu'on leur dise ce qu'ils ont à faire ; avec leur zèle habituel, ils se chargeront des recherches; ils vont parcourir le canton et prendront des renseignements dans tous les villages où ils passeront, jusqu'à ce qu'ils aient trouvé. Espérons qu'avant la fin de la journée leur enquête aura le résultat que nous attendons.

On fit appeler le brigadier, qui parut aussitôt.

On lui dit ce qu'on attendait de lui et de ses gendarmes.

— C'est bien, répondit-il.

Il salua militairement et se retira.

Un instant après, les gendarmes partaient au galop dans trois directions différentes.

Dans la salle du conseil on discutait de nouveau.

— Mais, monsieur le juge de paix, dit le maire, il faut autant que possible penser à tout et tout prévoir ; si les recherches auxquelles vont se livrer messieurs les gendarmes n'avaient aucun succès, que devrais-je faire ?

— Voyons, voyons, pourquoi voulez-vous qu'ils ne réussissent pas ?

— C'est vrai ; mais je mets les choses au pire.

— Nous avons tout lieu d'espérer que la nourrice sera trouvée ; cependant si, contre notre attente, elle ne l'était pas, nous procéderions à une autre enquête qui aurait pour but de découvrir d'où venaient la femme et l'enfant.

Soyez certain, monsieur le maire, que ce dramatique événement aura un grand retentissement dans toute la contrée et que les journaux du département en parleront. Tout le monde s'intéressera à l'enfant, et, en dehors même de notre enquête, de nombreux et précieux renseignements vous seront fournis.

— D'ailleurs, ajouta le médecin, l'enfant a une

mère, une famille ; de ce côté, on fera aussi des recherches afin de savoir ce que le pauvre petit est devenu.

— C'est certain, approuva le juge de paix. Dans tous les cas, monsieur le maire, et en attendant ce qui peut se produire, vous n'avez aucune inquiétude à avoir sur le sort de l'enfant, que vous avez confié, m'a-t-on dit, aux soins d'une fille de Manerville.

— Félicie Lucotte, monsieur le juge de paix.

— Une excellente personne, dit-on.

— Elle est très aimée, malgré son malheur.

— Oui, je sais ; elle a été séduite et la naissance d'un enfant a été la conséquence de sa faute.

— Ah ! la pauvre fille a été bien punie.

— Son séducteur l'a abandonnée ?

— Il a disparu du pays et l'on ne sait pas où il est allé.

— Quel âge a l'enfant ?

— Six mois, répondit le médecin ; c'est une petite fille.

— Quel âge a la mère ?

— Pas encore dix-neuf ans.

— C'est triste. Pauvre jeune fille ! Son père est le berger de la commune ?

— Oui, monsieur le juge de paix, et l'on n'a qu'à se louer de ses services ; Pierre Lucotte est un très honnête homme.

— En ce qui concerne l'enfant trouvé, nous sommes tranquilles pour le moment, il est bien placé ; Félicie Lucotte pourra donc le garder jusqu'à ce qu'il soit réclamé. Est-ce un petit garçon ?

— Ma foi, monsieur le juge de paix, nous ne le savons pas encore.

— Eh bien, nous saurons cela plus tard, fit le magistrat en souriant. Si vous le voulez bien, messieurs, revenons à la morte.

— Monsieur le juge de paix veut-il la voir? demanda le maire.

— Je la verrai certainement, mais tout à l'heure. Est-ce une jeune femme?

— Non, monsieur le juge de paix, répondit le médecin, car elle doit avoir entre quarante-cinq et cinquante ans.

— Oh! alors, elle pourrait être l'aïeule de l'enfant.

— Je l'ai pensé.

— A quelle classe de la société paraît-elle appartenir?

— Sur ce point, je ne saurais me prononcer. Comme je vous le disais tout à l'heure, son vêtement, quoique très simple, n'est pas celui d'une paysanne. Autant que j'ai pu en juger, elle appartiendrait à la classe ouvrière. Mais était-elle ouvrière ou domestique dans quelque maison bourgeoise? On pourrait aussi voir en elle une petite rentière, ancienne commerçante retirée des affaires. Cette bourse en argent, et les billets de banque que voilà, qui ont été trouvés dans son sac de voyage, annoncent une certaine aisance, de même que son vêtement n'est point celui d'une pauvresse.

— Sans doute, docteur, mais cette somme a pu lui être confiée pour être remise à la nourrice.

— Je ne dis pas non; cependant, une nourrice se paye habituellement par mois, et si riche et si généreux que l'on soit, on ne lui donne pas ainsi une aussi forte somme.

— C'est vrai, docteur ; enfin nous ne savons pas, et, jusqu'à présent, nous ne pouvons que faire des suppositions.

A ce moment, le garde champêtre, qui était en faction dans le corridor, gardant en même temps la porte de la salle où était la morte et la porte de la salle du conseil, vint annoncer au maire qu'un homme de Gabry demandait à lui parler.

— Faites-le entrer, dit le maire.

L'habitant de Gabry fut introduit dans la salle.

Il avait à la main son chapeau de paille ; l'épaisse couche de poussière qui couvrait ses souliers et la sueur qui ruisselait sur son visage indiquaient qu'il avait fait d'un pas rapide le trajet de Gabry à Manerville.

— Messieurs, dit-il, il n'y a guère plus d'une heure de cela, nous avons appris à Gabry qu'une femme, ayant avec elle un tout jeune enfant, avait été trouvée morte sur le chemin ; c'est au sujet de cette femme que je viens trouver M. le maire de Manerville.

— Est-ce que vous savez qui elle est ? demanda vivement le juge de paix.

— Non, monsieur ; mais j'apporte un renseignement qui sera peut-être utile.

— Parlez, parlez !

— Il faut vous dire d'abord que je suis aubergiste à Gabry.

— Nous vous connaissons ; vous êtes M. Jean Fougère.

— Oui, monsieur, c'est moi Jean Fougère. Quand j'ai appris la chose en question, j'ai tout de suite pensé que la femme trouvée morte sur le chemin était la même que celle qui a couché chez nous la nuit dernière et qui avait un enfant nouveau-né dont elle prenait grand soin.

— Ah ! cette malheureuse a passé la nuit dernière dans votre auberge ?

— Seulement une partie de la nuit, car il pouvait bien être dix heures et demie du soir quand elle nous est arrivée exténuée de fatigue. Ça se comprend, elle venait de faire ses deux lieues à pied. Un petit enfant n'est pas lourd à porter, mais c'est embarrassant pour marcher ; et puis, comme on dit : petite charge pèse de longueur.

— Vous savez d'où venait la voyageuse ?

— Elle n'était pas du tout causeuse et c'est à peine si elle répondit à quelques-unes des questions que lui adressa ma femme. Dame, ma femme est curieuse, toutes les femmes le sont, elle cherchait à savoir. Mais la voyageuse répondait assez sèchement oui ou non. Ça la contrariait, ça l'ennuyait d'être questionnée. Cependant ma bourgeoise parvint à lui faire dire qu'elle était descendue du chemin de fer à la station de Picquigny, que, là, elle avait pris la voiture du messager, qui l'avait amenée jusqu'à Senoncourt. Alors elle avait dû quitter le messager, dont la route n'était plus la sienne, et elle était venue à pied jusqu'à Gabry.

» — Est-ce que vous venez de loin ? lui demanda ma femme.

» — Oui, de loin, répondit-elle.

» — Peut-être de Paris ?

Elle secoua négativement la tête.

» — Et votre petit, où donc le portez-vous ?

» — A une nourrice.

» — Dans quel pays ?

La femme ne répondit pas ; mais elle regarda ma bourgeoise drôlement et avec un air qui disait clairement :

» — Ça ne vous regarde pas, vous êtes trop curieuse.

Quand elle eut mangé la soupe et le morceau de viande qu'on lui avait servis, elle prit du sucre dans son sac et fit un quart de verre d'eau sucrée dont l'enfant but un peu dans une cuiller à café.

Ensuite elle se fit donner du lait dont elle remplit un biberon.

Alors elle demanda combien elle devait.

» — Mais, lui dit ma femme, vous règlerez votre petit compte demain matin.

» — Non, répondit-elle ; demain je me remettrai en route de très bonne heure ; car j'ai encore un long chemin à faire et je ne sais pas s'il me sera possible de trouver une voiture pour me conduire.

Elle paya sa dépense, puis entra dans la chambre qu'on lui avait préparée.

Elle arrangea l'enfant, le mit bien douillettement dans le lit, et, peu après, se coucha à côté de lui.

A deux heures du matin elle se leva ; je l'entendis marcher, remuer dans la chambre. L'enfant piaillait.

« — Elle le change de linge, » me dit ma femme.

Il cessa de crier ; sans doute elle lui avait donné son biberon.

Un peu avant trois heures, elle sortit de sa chambre. Ma femme voulait se lever.

« — Non, ne vous dérangez pas, lui dit-elle, c'est inutile.

Et elle s'en alla.

L'aubergiste cessa de parler.

— Est-ce tout ce que vous aviez à nous apprendre ? lui demanda le maire.

— Oui, c'est tout.

— Vos renseignements auront leur utilité, ils nous aideront dans nos recherches ; et puis vous nous avez confirmé ce que nous avions déjà pensé ; oui, la pauvre femme portait l'enfant à une nourrice, et le village où elle allait doit se trouver dans un rayon de deux ou trois lieues au plus.

— Aussi devons-nous avoir bon espoir, dit le juge de paix, les gendarmes trouveront.

— Jean Fougère, reprit le maire, vous êtes un brave homme ; ces messieurs et moi nous vous remercions.

L'aubergiste de Gabry n'avait plus rien à dire ; il salua et sortit de la salle.

— Maintenant, messieurs, dit le juge de paix en se levant, voyons la morte ; ensuite, si vous le voulez bien, nous nous rendrons au domicile de Félicie Lucotte où nous verrons l'enfant.

On sortit de la salle du conseil et le garde champêtre, ayant ouvert la porte de l'autre salle, transformée en chambre mortuaire, on se trouva devant le cadavre de l'inconnue.

Le juge de paix contempla longuement et avec une tristesse profonde ce corps raide et glacé.

— Oui, murmura-t-il ; elle doit avoir plus de quarante-cinq ans.

Après un silence, il reprit :

— Ainsi, l'enfant était là, sous son manteau ?

— Oui, répondit le médecin, et quand Félicie

Lucotte l'a pris, son bras gauche le tenait encore serré contre elle.

— Ce qui indiquerait que, au moment de tomber, sentant peut-être qu'elle était frappée à mort, elle a pensé à préserver l'enfant.

— C'est possible. Dans tous les cas, on peut dire que le pauvre petit a été miraculeusement protégé. S'il s'était échappé du bras qui le tenait, il aurait pu se tuer dans sa chute ou tout au moins se blesser grièvement. Mais si, au lieu de s'abattre en arrière, la malheureuse était tombée la face contre terre, elle aurait écrasé l'enfant; enfin s'il n'a pas été étouffé, c'est que la Providence veillait sur lui.

— Eh bien, docteur, remercions la Providence qui n'a pas voulu que nous ayons un double malheur à déplorer.

IV

LA FILLE DU BERGER

Nos personnages étaient sortis de la mairie.

Il était près d'onze heures. Le docteur avait ses malades à visiter ; l'adjoint avait aussi ses occupations ; il s'en alla de son côté.

Le juge de paix et le maire, restés seuls, se dirigèrent vers la demeure de la famille Lucotte, qui se trouvait à l'extrémité du village.

La maison était petite, mais solidement bâtie, bien entretenue et d'aspect agréable. Comme la plupart des habitations de paysans, elle avait trois pièces au rez-de-chaussée. Au-dessus, un vaste grenier. Dans la première pièce, la plus gaie, parce qu'elle ouvrait sur la route, couchaient le berger et sa femme ; la seconde pièce était la chambre de Félicie ; l'autre servait de cellier. A côté du corps de logis, il y avait un autre petit bâtiment ; c'était l'étable à moutons, ayant au-dessus un grenier à fourrages.

Il n'était pas défendu au berger d'élever des moutons ; il avait toujours une vingtaine de brebis avec ses deux béliers. Les bêtes et la laine qu'il vendait chaque année lui faisaient un petit revenu dont le ménage se trouvait bien, car il n'était pas riche, le berger Lucotte.

Il est vrai qu'il était logé gratuitement. Dans presque tous les villages de France où il y a un berger appartenant à la commune, il a droit au logement et souvent aussi au chauffage. A Manerville, la maison du berger était une propriété communale.

Mais ce n'est pas parce qu'il jouissait de certains avantages, qu'il n'avait pas à payer son loyer et le bois qu'il brûlait, que le père Lucotte pouvait s'enrichir. Un berger ne gagne pas des mille et des cents.

Pourtant le père Lucotte avait pu voir, dans un avenir peu éloigné, le jour où il serait sinon riche, du moins dans une gentille aisance.

Félicie, sa fille unique, qu'il adorait, avait grandi et était devenue, au dire de tout le monde, la plus belle fille de Manerville. Elle avait appris l'état de couturière, était bonne ouvrière et commençait à gagner. De son côté la femme, une journalière, rude à la besogne, faisant n'importe quel travail, ne manquait pas une journée.

Tous trois gagnaient et tout allait bien. Grâce à l'ordre et à l'économie, on mettait à la fin de chaque mois un peu d'argent de côté.

— Pour ton trousseau quand nous te marierons, Félicie, disait la mère avec contentement.

Mais Félicie, qui était pourtant une honnête fille, aussi sage que belle, n'ayant jamais fait parler d'elle, fut trompée par un vaurien, un misérable qui lui faisait les plus belles promesses.

Les espérances de la mère et du père s'en allèrent comme fumée au vent. Adieu les jours meilleurs! On avait cru s'élever un peu, on retombait plus bas qu'on ne l'était avant.

L'enfant vint au monde. Il fallut payer ceci, payer cela, autre chose encore, et les petites économies, sur lesquelles on avait tant compté, disparurent.

Tout d'abord, un enfant ne coûte pas beaucoup à élever; mais la jeune mère ne pouvait plus aller en journées, il fallait qu'elle restât au logis. Si un enfant ne dépense guère, il lui faut des soins.

Cependant, autant que cela lui était possible, la pauvre fille travaillait encore pour le monde. Ah! elle ne manquait pas de courage! Elle raccommodait, reprisait, lavait et repassait le linge, tricotait des bas, des gilets de laine. Elle ne refusait aucun ouvrage qu'on voulait bien lui donner. C'était bien assez, hélas! du grand chagrin qu'elle avait causé à son père et à sa mère, sans qu'elle et son enfant devinssent encore une charge pour eux.

Dans la journée, quand le berger était dans la plaine ou sur le coteau, gardant son troupeau, et que sa mère faisait sa journée de travail chez tel ou tel cultivateur, Félicie se tenait constamment dans la première pièce du logis, mieux éclairée que les autres. Elle y transportait le berceau de son enfant dès qu'elle avait fait le ménage, et, assise près de la fenêtre ou devant la porte ouverte, elle travaillait.

C'est assise près de la fenêtre, occupée à repriser du linge, que le juge de paix et le maire la trouvèrent.

Aussitôt après être rentrée, le matin, ayant donné aux deux enfants les soins qu'ils réclamaient, elle avait mis tout en ordre dans la maison, puis avait lavé des langes qui, jetés sur une corde attachée à deux arbres, séchaient au soleil devant la maison.

Des géraniums sur le bord de la fenêtre encadrée de gobéas bleus et, sur un bahut, deux gros bouquets de fleurs des champs cueillies la veille, donnaient à la chambre comme un air de gaieté.

Le torchon avait passé partout. On ne voyait pas un grain de poussière sur les meubles, reluisants de propreté.

Le berceau, recouvert d'une grande pièce de mousseline, était placé contre la muraille, à un endroit où il n'avait pas à redouter les rayons du soleil, qui pénétraient à l'intérieur par la fenêtre et la porte.

En voyant entrer le maire, accompagné d'un homme qu'elle ne connaissait pas, Félicie se dressa vivement sur ses jambes et jeta sur le berceau un long regard mélancolique et doux.

— Félicie, dit le maire, monsieur est notre juge de paix, M. Labarre.

La jeune fille salua d'un mouvement de tête.

— Je ne connaissais pas monsieur le juge de paix, balbutia-t-elle.

— M. Labarre vient voir l'enfant que je vous ai confié et dont vous voulez bien être momentanément la nourrice.

— Messieurs, peut-être savez-vous déjà que c'est une petite fille?

— Ah! c'est une petite fille; nous l'ignorions, Félicie, et c'est vous qui nous l'apprenez.

— On le sait dans le village... Oui, c'est une petite fille toute rose et potelée... une boule de chair. Et je vous assure qu'elle ne demande qu'à vivre, la mignonne. Elle est là, dans le berceau, couchée à côté de ma petite ; elles dorment.

Approchez-vous, messieurs, ajouta-t-elle en marchant vers le berceau.

— Ne craignez-vous pas de les réveiller? fit le juge de paix.

— Oh! non. Et, d'ailleurs, puisque vous venez voir la mignonne...

Doucement, elle enleva le rideau de mousseline. Les deux petites têtes reposaient, l'une près de l'autre, sur un oreiller dont la taie avait la blancheur de la neige. La petite Berthe avait les lèvres sur la joue de sa petite compagne, comme si elle se fût endormie en donnant ce baiser.

Toutes deux avaient les yeux fermés et dormaient de ce paisible et doux sommeil devant lequel les mères sont souvent en extase.

— Ne les réveillons pas, dit tout bas le juge de paix.

— Pourtant, monsieur, si vous voulez voir la petite...

— Je l'ai vue et je suis satisfait; je vois qu'on ne m'a point trompé en me disant que vous auriez de cette pauvre enfant le plus grand soin.

— Oh! oui, monsieur, oh! oui, répondit Félicie avec un accent qui contenait toutes les vibrations de son cœur.

Et elle recouvrit le berceau.

— Messieurs, reprit-elle, ne voulez-vous pas vous asseoir ?

— Non, Félicie, nous nous retirons.

— Si vite?... Pourtant...

— Avez-vous quelque chose à nous dire ?

— Oui, je voudrais vous demander...

Elle s'arrêta, hésitante.

— Parlez sans crainte, ma chère enfant, lui dit le juge de paix avec bonté.

— Tout à l'heure, quand vous êtes entrés, ne vous connaissant pas, monsieur le juge de paix, j'ai eu la pensée que vous veniez me reprendre la petite ; ça m'a donné comme un coup dans la poitrine, mon cœur s'est serré et j'ai cru que j'allais me mettre à pleurer. C'est que, voyez-vous, je me suis déjà attachée à elle. Il se passe en moi des choses que je ne saurais pas expliquer. J'entends comme une voix qui me dit que c'est le bon Dieu qui me l'a donné, ce cher petit ange. Et on me la reprendrait !... Oh ! non, cela n'est pas possible... N'est-ce pas, monsieur le maire, n'est-ce pas, monsieur le juge de paix, qu'on ne me la reprendra pas ?

De grosses larmes jaillirent des yeux de la jeune mère.

— Mais, continua-t-elle d'une voix entrecoupée, il lui faut une nourrice, à cette pauvre petite ; eh bien, pourquoi ne serais-je pas sa nourrice, moi ? Tenez, c'est comme un pressentiment, il me semble que si on me la prend pour la donner à une autre, elle ne vivra pas ! Oh ! vous me la laisserez, messieurs, vous me la laisserez, n'est-ce pas ?

Elle tendait vers eux ses mains jointes, suppliantes.

Les deux hommes étaient fort émus, bien qu'ils trouvassent étrange cette douleur de la jeune fille ; ils ne comprenaient pas quel sentiment la faisait agir, à quelle pensée intime elle obéissait. Mais Félicie elle-même ne s'en rendait pas compte, et si on l'eût interrogée à ce sujet, elle n'aurait certainement pas su répondre. Elle l'avait dit, il se passait en elle des choses qu'elle ne pouvait pas expliquer.

Evidemment, il y avait dans son désir de garder l'enfant une profonde pitié pour le pauvre petit être et aussi, peut-être, un de ces sentiments mystérieux qui font partie des choses secrètes et impénétrables que renferme le cœur de la femme.

Qui sait si la jeune mère n'était pas aussi dominée par quelque croyance superstitieuse ?

— Ma pauvre Félicie, répondit le maire, je vous l'ai déjà dit, il ne nous appartient pas, ni à monsieur le juge de paix ni à moi, de disposer de cet enfant ; il a une famille et nous ne pourrons faire que ce que ses parents voudront.

La jeune fille laissa échapper un long soupir.

— Je comprends bien cela, fit-elle, et pourtant...

— Allons, ma chère enfant, dit M. Labarre, calmez-vous, il faut être raisonnable.

— C'est vrai, monsieur; oh ! je vois bien que je suis folle !

— Mais non ; seulement vous avez pris trop vite cette petite en affection.

— Avant de l'avoir vue, monsieur, quand j'ai entendu son premier cri, je me suis sentie remuée jusqu'au fond de l'âme. Mais je serai raisonnable, il le faut; quand on viendra me la prendre je serai calme, je ne dirai rien, et si j'ai envie de pleurer, je renfoncerai mes larmes.

— A la bonne heure.

— Quand viendra-t-on la chercher ?

— Demain, probablement.

— Ah ! demain !

3.

— Nous le pensons, du moins.

— Et si l'on ne vient pas ?

— Si l'on ne vient pas demain ou après-demain, contre notre attente, Félicie, vous garderez la petite fille jusqu'au jour où elle sera réclamée.

— C'est bien, monsieur le maire, merci.

Les deux hommes allaient sortir.

— Encore un instant, messieurs, dit la jeune fille, attendez, j'ai quelque chose à vous montrer.

Elle alla prendre dans une petite boîte une médaille un peu plus grande qu'une pièce de deux francs qu'elle mit dans la main du juge de paix.

— Cette médaille est en argent, dit le magistrat; est-ce ce que vous vouliez savoir ?

— Oh ! cela m'est égal qu'elle soit en argent.

— Si je ne me trompe, ce doit être une médaille de quelque confrérie religieuse. Où l'avez-vous trouvée ?

— Ce matin, quand j'ai changé la petite de linge, cette médaille est tombée sur le carreau ; l'enfant l'avait dans ses langes.

— Ah ! fit le maire.

Le juge de paix tournait la médaille entre ses doigts et l'examinait avec une certaine curiosité. Elle était de celles que l'on porte pendues au cou au moyen d'un cordon ou d'une chaînette.

Sur un des côtés, très en relief, était représentée l'image d'un saint, ayant la main droite appuyée sur une tête de mort ; dans une attitude recueillie, il contemplait un crucifix que tenait sa main gauche. En exergue, on lisait ces mots : Saint Louis de Gonzague.

L'autre face représentait un ange, tenant un petite

fille par la main et lui montrant le ciel. En exergue cette invocation ;

« O saint ange gardien, soyez mon guide. »

— Je me demande pourquoi cette médaille a été mise dans le maillot de l'enfant, dit le maire.

— Mystère ! répondit le juge de paix ; mais nous devons penser que la chose n'a pas été faite sans une intention ; seulement ne donnons pas à ce fait une importance qu'il ne peut pas avoir. Toutefois, en attendant de plus amples renseignements, cette médaille nous apprend que l'enfant appartient à une famille catholique.

Il rendit la médaille à Félicie et lui dit :

— Vous remettrez cet objet à la personne qui viendra réclamer la petite fille.

Sur ces derniers mots, les deux hommes se retirèrent.

Dans la rue, le juge de paix dit au maire :

— Cette Félicie Lucotte est une jeune fille bien singulière.

— En effet, répondit laconiquement le maire.

Ces messieurs pressèrent le pas et arrivèrent bientôt chez le magistrat municipal où le déjeuner les attendait.

Le reste de la journée s'écoula sans incident.

Presque tous les habitants de la commune étaient dans les prés ou aux champs.

De grandes voitures arrivaient venant de la prairie, lourdement chargées de foin qu'on se hâtait d'entasser dans les greniers à fourrages.

Le soir, vers sept heures, quand le berger et sa femme rentrèrent, Félicie tenait les deux petites dans ses bras ; elle leur avait livré ses seins, et l'une à droite, l'autre à gauche, les deux mignonnes tétaient.

Le berger resta un instant debout, immobile devant sa fille, contemplant avec attendrissement l'intéressant tableau, puis il dit à Félicie :

— C'est bien ce que tu as fait !

La femme ajouta:

— Félicie, tu es une bonne mère et toujours une bonne fille !

Il n'y eut que cela de dit dans la maison du berger. C'était assez.

Le juge de paix était resté à Manerville jusqu'à six heures, attendant le résultat des recherches des gendarmes. Enfin, ne voyant rien arriver, il s'était décidé à prendre congé du maire et à retourner chez ui, mais en promettant de revenir le lendemain.

A huit heures, pas encore de nouvelles.

Mais à huit heures et demie un gendarme arriva. Il était porteur d'un pli qu'il remit à monsieur le maire et que celui-ci lut avec empressement.

C'était une sorte de rapport écrit rapidement par le brigadier.

Lui et ses hommes avaient vainement cherché toute la journée. Dans aucune des communes où ils étaient passés on n'avait été prévenu de la prochaine arrivée d'un nouveau-né. Aucune nourrice n'attendait un nourrisson. Bref, on ne savait rien, absolument rien.

Le brigadier ajoutait :

« Demain nous continuerons nos investigations ; d'autres brigades de gendarmerie de l'arrondissement sont averties, elles se joindront à nous et peut-être serons-nous plus heureux.

Le maire hocha la tête, resta un moment pensif, puis murmura :

— Enfin, attendons.

Mais l'insuccès des premières recherches ne lui laissait plus grand espoir.

Le lendemain, de bonne heure, les gendarmes de quatre cantons se mirent en campagne ; ils parcoururent la contrée dans tous les sens. Infatigables et pleins de zèle, ils s'arrêtaient successivement dans tous les villages et les plus petits hameaux, interrogeant les maires et les habitants, quêtant partout des renseignements.

Comme il l'avait annoncé, le juge de paix revint à Manerville dans l'après-midi.

On attendit avec une anxieuse impatience le résultat des recherches de cette seconde journée.

Le soir, très tard, arrivèrent les dernières nouvelles, qui n'étaient pas meilleures que les précédentes.

Les gendarmes n'avaient fait aucune découverte. Pas l'ombre d'un renseignement. Rien. Hommes et chevaux étaient sur les dents. Il fallait renoncer à des recherches désormais inutiles.

— Je m'en doutais, dit piteusement le maire.

— C'est à n'y plus rien comprendre, opina le juge de paix. Cependant, continua-t-il, il ne faut pas nous décourager ; la nourrice est introuvable, mais rien ne dit encore que nous ne parviendrons pas à découvrir d'où venait la femme. Comme je vous l'ai déjà dit, monsieur le maire, les journaux du département parleront de l'événement et lui donneront ainsi une grande publicité. Le bruit qui se fera autour de cette affaire arrivera certainement aux oreilles des parents de l'enfant, sans compter que, de leur côté. ils se livreront à d'actives recherches.

Comme nous devons ne rien négliger et faire scrupuleusement notre devoir, je ferai, sur les faits, un rapport au parquet, et vous, monsieur le maire, vous aurez à en instruire le préfet.

— C'est très bien. Mais, dès maintenant, il est urgent de prendre une décision au sujet de la morte, qui ne peut plus rester longtemps à la mairie.

— Demain matin, vous la ferez inhumer.

— Je tenais à avoir votre autorisation; cependant, j'avais déjà pris des mesures en conséquence. Ce soir, par mon ordre, en présence de mon adjoint et du garde champêtre, deux femmes ont enlevé à la morte ses vêtements et l'ont enveloppée dans un suaire; de sorte que, demain, il n'y aura plus qu'à la mettre dans le cercueil, lequel, d'ailleurs, a dû être porté à la mairie.

— Parfait. Et qu'avez-vous fait des vêtements?

— Ils ont été brossés, pliés, réunis en un paquet et enfermés dans une armoire de la mairie, où ils seront conservés jusqu'à nouvel ordre.

— Monsieur le maire, je ne peux que vous approuver.

. . . .
. . . .

Le lendemain, à neuf heures, eut lieu la cérémonie funèbre.

Le corps fut d'abord porté à l'église où, après quelques prières et avoir chanté le *De profundis* et le *Libera*, le curé jeta quelques gouttes d'eau bénite sur le cercueil.

On prit ensuite le chemin du cimetière où une fosse venait d'être creusée dans un coin.

Le maire, l'adjoint, le médecin et le garde champêtre étaient derrière la bière, puis venaient une vingtaine de femmes au nombre desquelles se trouvait Félicie Lucotte, portant la petite fille dans ses bras.

Les femmes regardaient beaucoup l'enfant, trouvaient qu'elle était jolie, se portait comme un charme et avait bonne envie de vivre.

— Vraiment, disaient-elles à la fille du berger, on devrait te la laisser, cette petite.

— Je la garderais volontiers.

— Oui, mais ses parents viendront la chercher.

— Je le crois.

Mais tout bas Félicie se disait :

— Non, personne ne viendra la réclamer.

Au milieu d'un profond silence, le cercueil fut descendu dans la fosse. Alors, avant que le fossoyeur eût jeté ses premières pelletées de terre, Félicie s'avança au bord de la tombe, y laissa tomber quelques fleurs, puis, pendant quelques instants, les bras allongés, elle tint l'enfant au-dessus du cercueil. C'était touchant. Tous les assistants se sentirent profondément émus par cette action si simple, inspirée par un pieux sentiment.

La fosse fut bientôt comblée, et sur le tumulus, le garde champêtre planta une croix de bois grossièrement façonnée et peinte en noir, qui portait cette inscription :

« ICI REPOSE UNE INCONNUE. »

Un trou au cimetière, voilà donc la dernière demeure des riches et des pauvres, des puissants et des humbles!

Vanité! vanité! Chose vaine! Sur chaque tombe la mort écrit ce mot : Égalité.

Petit est le nombre des morts, même glorieux, dont on garde le souvenir, et les plus grands philosophes se sont toujours demandé et se demandent encore si après la mort c'est le néant ou s'il y a une éternité.

Problème obscur, mais facile à résoudre si nous croyons l'âme immortelle.

V

LA FAMILLE LUCOTTE

En France, dans tous les villages de grande culture il y a un berger. La plupart de nos bergers nous viennent d'Alsace ou de la Suisse allemande, ce qui explique pourquoi presque tous parlent en allemand. Pierre Lucotte, lui, n'était ni Alsacien ni Suisse; il était né de parents français, à Manerville même, et était, par conséquent, franc Picard de la tête aux pieds.

Il avait appris tout jeune, à l'école d'un vieux berger, les quelques petites phrases d'allemand qu'il savait, lesquelles n'étaient, d'ailleurs, qu'une sorte de vocable à l'usage de ses chiens; car il est bon de dire que les chiens des bergers, plus généralement encore que leurs maîtres, sont allemands.

Le père et la mère de Pierre Lucotte étaient de pauvres journaliers qui travaillaient toute l'année chez des cultivateurs du pays, tantôt chez l'un, tantôt chez l'autre.

Ils eurent plusieurs enfants. Pierre était le dernier et lui seul vécut. Ses parents l'envoyèrent à l'école où il reçut l'instruction qu'on donnait dans ce temps-là. Elle était médiocre, cette instruction ; on apprenait un peu à lire, à écrire, à compter, et il arrivait trop souvent que l'enfant ne se souvenait plus de ce qu'il avait appris, deux ou trois ans après sa sortie de l'école.

C'était le cas de Pierre Lucotte qui, cependant, n'avait pas tout oublié; il lisait assez couramment dans un livre, n'avait besoin de personne pour faire ses comptes et signait lisiblement son nom.

De bonne heure il avait été petit domestique ; on l'employait à des ouvrages qui n'étaient pas au-dessus de ses forces; il soignait les écuries, menait les chevaux à l'abreuvoir et conduisait les vaches au pâturage.

Il grandit. Il était devenu fort, vigoureux et avait une santé robuste. Aucun travail ne lui faisait peur, et à dix-sept ans il comptait parmi les meilleurs journaliers de Manerville, où, disons-le, son ardeur à la besogne et sa bonne conduite l'avaient fait aimer et estimer de tout le monde.

Sa mère mourut, et cette perte lui causa une grande douleur. Peu de temps après, soit qu'il ne s'entendît pas avec son père, soit pour toute autre raison, il quitta le pays et alla se louer comme domestique, dans une ferme, à quelques lieues de Manerville.

Le fermier avait un magnifique troupeau de moutons. Pierre se lia d'amitié avec le berger, qui lui indiqua les soins à donner aux animaux de la race ovine. Dès lors, s'il n'eût pas été garçon de charrue, Pierre Lucotte aurait voulu être berger. C'était dans ses goûts. Assurément il aimait les chevaux qu'il avait à soigner, avec lesquels il travaillait; mais il s'était pris d'une affection toute particulière pour les brebis et leurs agneaux.

Toutefois, le garçon de ferme n'avait pas que ces seules affections; il y avait à Manerville une jeune fille, de six ans moins âgée que lui, qui lui tenait au cœur et à qui il ne manquait jamais de faire une visite lorsque, de temps à autre, il allait passer l'après-midi d'un dimanche chez son père.

Celui-ci avait vieilli, beaucoup vieilli, perdu ses forces et ne pouvait plus guère travailler. Mais Pierre était un bon fils et il apportait régulièrement au vieux Lucotte la moitié de ses gages.

— Quand j'étais petit, lui disait-il, tu as travaillé pour moi ; maintenant que tu es vieux, usé, c'est à ton fils de travailler pour toi.

Tout en trouvant la conduite de son fils toute naturelle, le vieux journalier ne pouvait s'empêcher de dire que tout de même il ne manquait point de fils qui ne faisaient pas pour leur père ce que Pierre faisait pour le sien.

Cependant la santé du vieillard déclinait et un jour Pierre apprit que son père était mourant.

Il accourut à Manerville et eut le bonheur d'arriver assez tôt pour embrasser une dernière fois le vieux Lucotte et lui fermer les yeux.

Pierre pleura son père, comme il avait pleuré sa mère ; et en revenant tristement du cimetière, il se demandait :

— Qu'est-ce que je vais faire maintenant ?

Ses yeux étaient encore pleins de larmes quand il se présenta devant celle qu'il aimait. Il venait de la voir au cimetière, car elle avait assisté à l'enterrement; mais il ne lui avait pas parlé. Ils s'étaient contentés d'échanger un regard. Et la jeune fille était vite rentrée chez elle, en se disant :

— Il viendra tout à l'heure.

Julie Bernier était orpheline depuis son jeune âge, une tante l'avait élevée. Elle allait en journée et n'était pas plus riche que Pierre Lucotte. C'était sans doute parce qu'elle était pauvre, bien qu'elle fût jolie et avenante, que les garçons du village la courtisaient peu. Nous devons dire aussi qu'elle n'usait d'aucun manège de coquetterie et ne cherchait nullement à encourager les amoureux.

Son cœur était pris, elle pensait à Pierre Lucotte, et bien des fois elle s'était dit :

— Voilà celui que je voudrais pour mari.

Pierre, timide et craintif comme tous ceux qui sont bons et dont les intentions sont honnêtes, n'avait jamais eu la hardiesse d'adresser à Julie une parole d'amour; mais, les femmes ont un instinct, une finesse de pénétration qui les trompe rarement. Julie n'avait pas eu de peine à deviner qu'elle était aimée. Et depuis plus de deux ans elle attendait une déclaration.

— Julie, dit Pierre, je viens vous dire bonjour.

— Je vous attendais, mon ami, soyez le bienvenu.

— La dernière fois que je suis venu à Manerville, il y a trois semaines, je ne m'attendais guère à voir partir si tôt mon pauvre vieux père... J'ai l'âme triste, Julie, bien triste.

— Vous ne pouvez pas être gai, mon pauvre Pierre. Oui, c'est un grand malheur qui vous est arrivé, et je vous plains de tout mon cœur.

— Je vous remercie de vos bonnes paroles, je sens qu'elles me soulagent un peu. Maintenant, Julie, me voilà sans famille, je suis seul au monde.

— Je suis un peu comme vous, Pierre, car ma tante, égoïste comme toutes les vieilles filles, ne pense qu'à elle et ne s'occupe guère de moi.

Elle le regardait avec des yeux si doux, si compatissants, si pleins d'intérêt, qu'il crut pouvoir se donner de la hardiesse.

— Julie, reprit-il, si vous le vouliez je quitterais la ferme et reviendrais à Manerville.

— Mais je ne m'y oppose pas, Pierre.

— Seulement, je ne reviendrais que si vous consentiez...

Il s'arrêta comme effrayé de ce qu'il allait dire.

— Eh bien! Pierre, fit-elle, que si je consentais?

— A être ma femme.

Elle devint toute rouge de bonheur, et d'une voix douce, émue, elle répondit :

— Revenez à Manerville.

— Oh! Julie! chère Julie!

Il avait pris sa main. Elle lui tendit ses deux joues.

Ils étaient fiancés. Les fiançailles des filles et des garçons pauvres.

Pierre Lucotte resta encore quatre mois à la ferme ; c'était le reste du temps qu'il devait à son maître pour compléter ses huit années de bons services.

Il revint à Manerville, comme il avait été convenu, et peu de temps après il épousa Julie Bernier : C'était un vrai mariage d'amour, celui-là. Les pauvres ont au moins ce privilège de ne se marier que selon leur cœur. Ils n'ont pas à réunir la fortune de l'un à celle de l'autre; ils n'ont pas à s'occuper de calculs d'intérêts souvent écœurants; ils s'aiment et n'ont à penser qu'à se rendre heureux.

Julie et Pierre s'adoraient; leur mutuelle affection était toute leur richesse; mais ils avaient la santé, du courage et de bons bras. En travaillant on arrive toujours à vivre; et comme c'était leur seule ambition, qu'ils ne voyaient pas au delà de leur position et étaient contents de leur sort, ils se trouvaient parfaitement heureux et ils l'étaient réellement.

Pierre avait ses petites économies, elles servirent à monter le ménage.

Pendant toute sa vie, n'ayant jamais été assez riche pour acheter une petite maison, le vieux père Lucotte avait eu un logement en location. Les jeunes époux s'installèrent dans le local, en se disant :

— Nous verrons plus tard.

C'était une toute petite maisonnette ou plutôt une cabane de triste apparence et un peu ouverte à tous les vents. Mais l'amour sait tout égayer et tout embellir; quand on s'aime tout est ensoleillé et, quand on s'y trouve bien, la plus humble chaumière vaut un somptueux palais.

A Manerville, l'ouvrage ne manquait pas, il y en avait pour tous les bras. Pierre et Julie travaillèrent, ensemble le plus souvent, chez le même maître. Quand, le matin, ils étaient forcés de se séparer, parce que ce jour-là Pierre allait chez un cultivateur et Julie chez un autre, ils s'embrassaient en se disant :

— A ce soir, Pierre.
— A ce soir, Julie.

Et le soir, avec quelle joie, quel bonheur ils se retrouvaient chez eux ! C'était à celui des deux qui rentrerait le premier au logis pour avoir le plaisir d'attendre l'autre.

Rarement, même en hiver, ils avaient des jours de chômage. Quand cela arrivait, c'est qu'il faisait un temps à ne pas mettre un chien dehors.

Ils étaient mariés depuis deux ans déjà quand Félicie vint au monde. Enfin, ils avaient un enfant ! Plus rien ne leur manquait. La petite était l'idole du père et de la mère, et elle ne marchait pas encore que Pierre et Julie, comme tous les parents, qu'ils soient riches ou pauvres, pensaient à l'avenir de leur fille et faisaient pour elle et pour eux les plus beaux projets.

L'enfance de la fillette fut des plus heureuses, car elle était adorée; du reste, elle méritait d'être aimée, tellement elle était gentille, douce, affectueuse, obéissante. Un reproche, une réprimande, ou seulement un regard sévère, la faisaient éclater en sanglots. Cette extrême sensibilité révélait l'exquise bonté de son cœur. On ne lui refusait rien, c'est-à-dire aucune des choses qu'il était possible de lui donner. La mère trouvait qu'il n'y avait rien de trop beau pour sa fille; c'est alors qu'elle aurait voulu être riche; mais elle ne pouvait faire que ce que lui permettaient ses moyens. Néanmoins, Félicie, toujours très propre, n'était jamais moins bien habillée que les autres fillettes de son âge.

Personne ne trouvait à redire à cela; n'était-il

pas tout naturel que les Lucotte fussent orgueilleux de leur enfant? D'ailleurs, la petite était jolie et si mignonne, si gracieuse, qu'on aurait eu mauvaise grâce, vraiment, à blâmer la mère de trop dépenser pour sa fille.

Elle avait un charmant caractère, cette enfant de pauvres journaliers ; toujours enjouée, toujours gaie, sa petite figure souriante et en même temps mutine faisait plaisir à voir. Elle charmait par sa gentillesse, et quand elle vous regardait avec ses beaux yeux noirs, doux et caressants, on avait envie de l'embrasser.

A l'école elle était studieuse, comptait parmi les meilleures élèves, et toutes les autres petites filles étaient ses amies.

Le dimanche, quand sa mère l'avait habillée et coiffée, faisant avec ses magnifiques cheveux une lourde natte qui lui tombait sur le dos, elle était jolie comme un petit ange ; et peut-être avec un peu de jalousie, mais irrésistiblement, toutes les mères l'admiraient.

Bref, Félicie grandissait et semblait devoir donner plus encore que ce que ses premières années avaient promis.

Elle avait douze ans lorsque, par suite de plaintes nombreuses portées contre lui, le berger de la commune fut congédié. C'était un homme brutal, grossier avec tout le monde et qui ne prenait aucun soin de ses bêtes. La mortalité décimait constamment le troupeau, qui menaçait de disparaître entièrement, car les brebis galeuses, affreusement maigres, ne donnaient plus d'agneaux. C'était un désastre.

Pierre Lucotte demanda à remplacer le berger qui allait partir. Il fut accepté.

La commune fit pour lui ce qu'elle n'aurait pas fait probablement pour un autre. On remit complètement à neuf le bâtiment communal affecté au berger.

Lorsque Pierre et Julie s'étaient installés dans la pauvre maisonnette qu'avait habitée le vieux Lucotte, ils avaient dit : «Plus tard nous verrons.» Ils avaient alors un projet qui ne s'était pas réalisé. Ils étaient restés là, où ils vivaient tranquilles et heureux.

— Tout de même, dit Pierre à sa femme, nous allons être mieux logés ; je suis né dans cette chaumière, ma mère et mon père y sont morts, mais je la quitterai sans regret.

— Si nous avions acheté une maison, répondit la femme, nous nous serions endettés peut-être pour la vie ; tu vois, Pierre, nous avons bien fait d'attendre.

Félicie était enchantée. Elle ne coucherait plus dans une soupente. Elle allait avoir sa chambre.

Dès qu'il fut investi de ses fonctions, le nouveau berger, qui, comme nous le savons, avait acquis des connaissances spéciales, entreprit bravement de combattre l'épidémie qui anéantissait le troupeau. Il soigna les moutons dans les étables. Quelques bêtes périrent encore ; mais bientôt le mal fut enrayé et la mortalité cessa. Ce qui restait du troupeau était sauvé. Pierre Lucotte était vainqueur du fléau.

— Dans deux ans, disait-il, je veux que le troupeau de Manerville soit comme il l'était, il y a quelques années, le plus beau de toute la contrée.

Ce qu'il avait annoncé arriva, et les habitants de la commune n'eurent qu'à se féliciter d'avoir Pierre Lucotte pour berger. Les routiniers, — cette race ne se perd pas, — qui avaient crié d'abord très fort que Lucotte ne pouvait pas être un berger, furent les premiers à reconnaître qu'il était un berger modèle et que le conseil municipal avait eu la main heureuse en le choisissant.

Un jour Pierre dit à sa femme:

— Félicie a ses quatorze ans, elle ne peut pas rester à rien faire comme une demoiselle, il faut qu'elle travaille.

— Certainement.

— Veux-tu qu'elle soit journalière comme toi?

— Pour trimer constamment au grand air et par tous les temps; pour qu'elle ait, l'été, la figure brûlée par le soleil et reçoive les orages sur le dos; pour que, l'hiver, elle se gèle au bord de la rivière à laver le linge de tout le monde ! Oh ! non, jamais !

— Ne dit-elle pas qu'elle voudrait être couturière ?

— C'est son idée.

— La profession n'est pas mauvaise.

— Et c'est la seule qui convienne à Félicie.

— Alors qu'elle apprenne à faire des robes ; il n'y a que trois couturières à Manerville.

— Et la meilleure, la mère Cressent, commence à se faire vieille.

Il fut ainsi décidé entre le père et la mère que la jeune fille serait couturière.

Elle entra en apprentissage chez la dame Cressent. Elle avait de l'adresse, de l'habileté et travaillait avec goût. Au bout de l'année, la couturière déclara que son apprentie en savait maintenant autant qu'elle et conseilla à la mère de faire faire à Félicie une seconde année d'apprentissage à la ville, chez une couturière qu'elle indiqua et où la jeune fille se perfectionnerait.

Le conseil fut suivi. Félicie alla passer un an à la ville.

Quand elle revint, elle était dans le complet épanouissement de sa beauté et était bien la plus ravissante personne qu'on pût voir. De plus, elle avait acquis l'usage du monde. A sa grâce et à sa distinction natives, s'ajoutaient la distinction des manières, la correction du langage, cette souplesse du corps, cette tenue et cette élégance qu'on ne connaît guère au village.

Comme la chrysalide qui devient papillon, Félicie s'était transformée, et plus encore que dans son enfance, elle était pour tous un objet d'admiration. Nous n'oserions dire qu'elle n'excitait pas, parmi les autres jeunes filles, un sentiment de jalousie; mais elle était si bonne, si pleine d'amabilité et si peu fière de sa beauté, qu'il était bien difficile de ne pas lui pardonner les avantages qu'elle avait sur les autres. Et puis, après tout, — et cela consolait les filles des riches cultivateurs, — Félicie n'était toujours que la fille de Pierre Lucotte, le berger.

La jeune couturière eut vite une clientèle. Elle avait travaillé à la ville, pour les élégantes du pays c'était une garantie. On lui donnait rarement de l'ouvrage chez elle, on préférait l'avoir à la journée; c'était dans les habitudes. Elle travaillait ainsi plusieurs jours de suite dans la même maison.

Elle faisait les robes de première communion, les toilettes de mariées, les robes plus ou moins riches et plus ou moins chargées de rubans et de passementeries, de mesdames et de mesdemoiselles les fermières. Elle ne dédaignait pas non plus de confectionner des jupons, des chemises, des camisoles, des tabliers, et, pour ces messieurs, un pantalon, un gilet, une blouse.

Dans un village, la couturière doit savoir tout faire ; elle est en même temps lingère et tailleur au besoin.

Les clientes de Félicie étaient enchantées de leur couturière, qui ne demandait qu'à leur être agréable et, comme nous l'avons dit, on était heureux dans la maison du berger.

Mais le bonheur est chose éphémère ; celui de la famille Lucotte allait être brisé.

VI

LE GARÇON DE FERME

Entre Manerville et le hameau de Saint-Romain, à environ deux kilomètres du village, se trouve le domaine du Longpré, grande et belle ferme, la plus importante et la plus riche du pays.

En dehors des manœuvres qu'il fait venir quelquefois de loin, au temps des moissons, car il ne trouve pas toujours à Manerville et dans les environs assez de bras pour le travail, le fermier du Longpré occupe constamment cinq ou six domestiques ou garçons de ferme.

L'un de ces garçons se nommait François Lambert. Il n'était au Longpré que depuis un an à peine, et depuis plus de six mois déjà il occupait le poste de premier garçon, ce qui indiquait qu'il avait la confiance du maître, la haute main sur les autres garçons et que c'était lui, en l'absence du fermier, qui donnait des ordres et dirigeait l'exploitation.

Il avait été recommandé à M. Moutier, ainsi se nommait le fermier, par un ancien notaire qui s'était retirée du notariat après avoir amassé, disait-on, une fort jolie fortune.

On pensait que cet ancien notaire était l'oncle de François; celui-ci le disait, mais cette parenté n'était nullement prouvée. En réalité, on ne savait pas d'où venait le garçon de ferme, ni s'il avait une famille. Il ne parlait jamais ni de son père ni de sa mère; peut-être n'avait-il jamais connu ni l'un ni l'autre, et peut-être était-il né d'une fantaisie ou d'un accident, comme en crée le hasard.

Il ne parlait pas davantage de son passé; quel était ce passé? On l'ignorait. Il le cachait comme s'il eût renfermé quelque chose de mystérieux et de terrible. D'ailleurs, comme il était peu communicatif, malgré son air ouvert, on ne l'interrogeait pas.

On savait, toutefois, qu'il avait été occupé pendant quatre ans dans une ferme modèle. En agriculture, en effet, il possédait des connaissances assez étendues et, sous ce rapport, la confiance que le fermier avait mise en lui était justifiée.

François Lambert pouvait avoir vingt-six ans. Il avait la taille moyenne, était bien bâti, avec des membres solides, pleins de force musculaire, avait de beaux cheveux, de belles dents et ne manquait pas d'une certaine élégance. C'était un beau garçon dans toute l'acception du mot; mais sa beauté était froide et quelque peu farouche, la beauté de l'ange des ténèbres. Au lieu de causer l'admiration, elle laissait une impression étrange qu'on subissait sans pouvoir la définir.

La figure pâle, placide, souvent très sombre, faisait penser aux vampires nocturnes des légendes effrayantes.

Concentré en lui-même, il avait toujours l'air de creuser une idée ou de sonder des profondeurs inconnues.

Comme s'il n'avait eu toute sa vie que des déceptions et qu'il eût beaucoup souffert et beaucoup à se plaindre des autres, il était sceptique; mais complètement maître de lui, il possédait l'art de dissimuler ses sentiments et ses opinions.

— C'est un sournois, disaient les autres garçons en parlant de lui, et il serait bien malin celui qui devinerait quelque chose de ce qu'il pense.

François, le beau François, comme on l'appelait, était de ceux qui, pour leur satisfaction personnelle, n'envisagent que les beaux côtés de la vie; il fallait, selon lui, et sans se soucier du reste, prendre son plaisir où on le trouvait, ne laisser échapper aucune occasion de s'amuser, lâcher la bride à ses passions, satisfaire tous ses désirs.

Il ne comptait pour rien les misères, les douleurs, les malheurs d'autrui. Baste, est-ce qu'il pensait seulement à cela! Puisqu'il y avait des forts et des faibles, ceux-ci devaient être écrasés par les autres. Pour qu'il y ait des vainqueurs, il faut des vaincus. Tant pis pour les victimes.

Il avait sa logique et sa morale à lui, le beau François.

Comme on le voit, il était armé en guerre et promettait d'aller loin dans le domaine de ses idées.

Oui, certes, il était fort, plus fort encore qu'il ne le croyait. Et cet être vicieux, débauché, hypocrite, déjà gangrené jusqu'à la moëlle et qui ne croyait à rien, était d'autant plus redoutable qu'il était sans scrupule.

Il y avait en lui quelque chose du dompteur de bêtes. Il possédait une puissance de volonté extraordinaire, laquelle était servie par la puissance non moins extraordinaire d'un regard froid, clair, profond et perçant comme une flèche.

C'était un regard étrange, terrible, fatal, duquel s'échappait un fluide magnétique qui vous enveloppait de la tête aux pieds et vous fascinait.

Et quand ce regard exprimait un désir, voulait imposer une volonté, on avait beau se roidir, se débattre, se révolter même, il fallait se soumettre. Impossible de se soustraire à la terrible suggestion.

Aussi François Lambert était-il le maître à la ferme, plus le maître que le fermier lui-même, qui subissait comme les autres l'étonnante domination de son premier garçon.

Avec une pareille puissance, étant donnés ses mauvais instincts et ses appétits, le beau François ne pouvait être qu'un homme fatal.

Avec cela il parlait bien, avait la voix mielleuse, quand il le voulait, et savait la rendre persuasive.

On ne l'aimait pas, cela se comprend ; on n'aime pas les dominateurs, on les craint. A certains moments même, le beau François inspirait l'effroi.

C'était instinctif chez ceux qui l'approchaient. On sentait, on devinait qu'il n'était pas un homme comme les autres, qu'il y avait en lui quelque chose de surnaturel. Et l'on n'était pas éloigné de croire qu'il y avait dans son regard un pouvoir occulte et mystérieux qui lui avait été donné par quelque démon.

Cependant, disons-le, François Lambert ne connaissait pas tous les effets singuliers que produisaient ses regards. Il s'ignorait encore.

Mais ce n'était pas seulement sur les personnes, c'était aussi sur les animaux qu'il exerçait son pouvoir étrange.

Un jour qu'il regardait fixement un chien énorme, qui n'aurait eu qu'à lui sauter à la gorge pour l'étrangler, l'animal devint haletant, recula comme effrayé, et se mit à hurler.

— Ah ça ! fit-il, qu'est-ce qu'il a donc ce chien ?

— Vous lui faites peur, répondit un homme qui passait.

— Suis-je donc si effrayant que cela ?

— Je ne sais pas, mon garçon ; mais, voyez-vous, vous avez un regard si drôle...

François tourna les talons et s'éloigna en haussant les épaules.

. . . .
. . . .

La fermière du Longpré avait des robes à faire faire pour ses enfants, trois fillettes dont la plus âgée n'avait pas douze ans. Elle alla trouver Félicie et lui demanda de venir travailler à la ferme.

La jeune couturière ne manquait pas de travail, et elle hésitait à répondre, à promettre. Etait-ce un pressentiment ? Mais madame Moutier y mit une telle insistance, qu'elle finit par accepter. D'ailleurs, ça lui aurait fait de la peine de désobliger la riche fermière.

Elle allait avoir pour huit jours d'ouvrage au Longpré.

Au jour convenu, le matin, la jeune fille prit le chemin de la ferme.

Tout en entrant dans la cour, elle se trouva face à face avec le beau François. Leurs regards se croisèrent et tous deux s'arrêtèrent brusquement, lui comme ébloui de la beauté de la jeune fille, elle interdite, troublée dans tout son être.

Les prunelles du garçon de ferme semblaient s'être dilatées et jamais, peut-être, ses yeux hardis, étincelants, n'avaient eu de pareilles lueurs. Félicie avait senti comme une flamme pénétrer en elle, et la commotion avait été violente comme un choc. Elle éprouvait une sensation étrange, inconnue, qui n'avait rien d'agréable, mais était au contraire douloureuse. A cela s'ajoutait un indéfinissable sentiment d'effroi.

Un rouge vif avait d'abord coloré ses joues, puis, subitement, elle était devenue très pâle. Elle avait courbé la tête et fermé à demi ses yeux; mais elle sentait que le regard du jeune homme l'enveloppait tout entière.

Elle eut une sorte de frémissement nerveux et un frisson courut dans tous ses membres.

La scène ne dura que quelques secondes, mais dans ce court espace de temps il y avait eu la préface d'un drame.

Cependant la jeune fille se redressa; François s'écarta pour la laisser passer; elle traversa rapidement la cour, oppressée, en proie à un malaise indéfinissable, et entra dans la maison où la fermière et les petites filles l'attendaient.

Elle était agitée, nerveuse, comme étourdie, et ce ne fut qu'au bout d'un temps assez long qu'elle parvint à se calmer un peu et à se mettre à son travail.

— Vous êtes bien pâle, lui dit madame Moutier, est-ce que vous souffrez?

— Un léger malaise, répondit-elle, ce n'est rien.

Elle était fiévreuse, avait des rougeurs subites. De temps à autre elle se secouait comme si elle avait sur elle quelque chose qui la gênât, et elle paraissait inquiète. Elle était toujours sous le coup de l'impression étrange qu'elle avait éprouvée.

Quand on ouvrait la porte de la salle où elle travaillait ou qu'elle entendait seulement un bruit de pas un peu lourds dans une pièce voisine, elle sursautait, son cœur battait violemment et un flot de sang lui montait à la tête. Elle se sentait saisie d'une sorte de crainte. Evidemment elle redoutait de voir paraître le garçon de ferme.

Mais celui-ci et les autres garçons étaient dans les champs.

— Quelle est donc cette jeune fille qui vient d'entrer à la ferme? avait-il demandé à un de ses camarades.

— Est-ce que vous ne la connaissez pas?

— Je viens de la voir pour la première fois. Elle est bien jolie.

— Je crois bien, c'est la plus belle fille de Manerville, et peut-être du canton.

— J'y suis, alors, c'est la belle Félicie, la fille du berger.

— Oui.

— J'aurais dû le deviner ; elle est couturière et c'est elle qui vient faire les robes des petites de la patronne.

— On dit qu'elle travaille très bien ; il est vrai qu'elle a appris son état à la ville.

— J'ai entendu parler de cela. La patronne a plusieurs robes à faire pour ses filles, et une pour elle, je crois ; nous allons avoir la couturière plusieurs jours à la ferme ; elle y apportera un peu de gaieté. Elle est tout à fait charmante, la fille du berger de Manerville.

Il n'en dit pas davantage ; mais il avait sur ses lèvres sensuelles un sourire singulier, et ses yeux fauves, aux reflets d'acier, brillaient de convoitise. Déjà il voyait dans Félicie Lucotte une proie à saisir.

Il se disait :

— J'aurai la belle couturière, je l'aurai, il faut qu'elle soit à moi. Oh ! petite affaire, sans conséquence, la fille d'un berger !

A midi, Félicie déjeuna avec la fermière et les enfants dans une petite salle à manger réservée, contiguë à la grande salle commune à tout le monde, au milieu de laquelle se trouvait une longue table massive, en bois de chêne, où plus de trente personnes pouvaient s'asseoir.

Le fermier et ses garçons avaient achevé leur repas une heure plus tôt et étaient tout de suite retournés à leur travail.

Félicie les avait entendus arriver, puis causer, plaisanter et rire en mangeant. Elle avait senti renaître en elle cette espèce d'inquiétude inexplicable qui la tourmentait. Elle se disait bien qu'elle était sotte, qu'elle n'avait aucune raison d'être ainsi, elle ne parvenait pas à se tranquilliser. C'était une obsession constante, énervante, cruelle.

Madame Moutier, qui la voyait triste, songeuse, préoccupée, redoubla de prévenances, d'amabilité et se mit à lui parler des cancans du village, voulant à tout prix la dérider un peu.

La jeune fille s'intéressa au babil de la fermière, prit plaisir à l'écouter et se força à la gaieté. La distraction amena en elle un peu d'apaisement ; elle se sentit soulagée et, presque calme, elle se remit à son ouvrage.

On arriva à la fin de la journée et à l'heure du dîner.

Le soir, à la ferme, tout le monde mangeait dans la grande salle, assis à la même table. Placée à la droite du fermier, la jeune fille se trouvait en face du premier garçon. Mais elle ne leva pas les yeux sur lui ; elle les tenait obstinément baissés. Toutefois, à un poids qu'elle avait sur la poitrine, elle sentait qu'il la regardait.

D'ordinaire, elle avait un excellent appétit, l'appétit de son âge ; mais après y avoir à peine touché, et seulement du bout des dents, elle laissait sur son assiette ce qu'on y avait mis. Vainement le fermier, gros réjoui, l'encourageait, l'excitait à manger et à boire, elle ne pouvait pas.

Pendant tout le temps du repas, le beau François ne prononça pas une parole. C'était assez son habitude, on n'y fit pas attention. On ne remarqua pas non plus que ses yeux, luisants comme du métal poli, étaient constamment fixés sur la couturière, qu'il semblait vouloir dévorer.

Il y avait de l'ogre dans cet homme.

La jeune fille se leva pour s'en aller.

— Bonsoir madame et mesdemoiselles, bonsoir messieurs, dit-elle, en ne regardant que Madame Moutier.

— A demain, Félicie, dit la fermière.

— Oui, madame, à demain.

Le beau François s'était dressé debout comme s'il

avait l'intention de parler. Mais il resta silencieux.

— Mademoiselle Félicie, désirez-vous qu'on vous reconduise ? demanda le fermier.

— Oh non ! merci, répondit-elle, je n'ai pas une longue route à faire.

— D'ailleurs, il y a encore un bout de jour, et puis, Dieu merci ! dans nos pays, même la nuit, les chemins sont sûrs.

— Je ne suis pas peureuse, monsieur Moutier.

Le fermier répliqua avec un petit rire :

— Une jolie fille comme vous, mademoiselle Félicie, ne peut avoir peur que d'une chose, celle de rencontrer sur son chemin un galant trop hardi.

Ces paroles pouvaient être un avertissement ; mais dans la bouche du fermier elles n'étaient qu'une flatterie adressée à la couturière. Et cependant elles résonnèrent aux oreilles de la jeune fille comme une menace.

— Bonsoir, bonsoir, dit-elle encore.

Et elle partit.

Elle n'était pas peureuse ; mais quand elle fut hors de la cour et se trouva sur le chemin de Manerville, elle se mit à courir comme si elle eût été aiguillonnée par la peur. Elle ne jetait ses regards ni à droite ni à gauche et moins encore en arrière ; elle courait, tenant le milieu du chemin, pressée d'arriver au pont du moulin. Elle croyait entendre des pas derrière elle et s'imaginait que le garçon de ferme la poursuivait, qu'il était sur ses talons.

Quand elle rentra, elle était en nage, presque hors d'haleine. Elle respira à pleins poumons comme si elle sortait d'un endroit où l'air manquait.

— Tu as bien chaud, tu es essoufflée, lui dit sa mère.

— Oui, j'ai marché un peu vite, répondit-elle.
— Madame Moutier est-elle contente ?
— Elle paraît satisfaite de mon travail.
— A-t-elle été gentille avec toi ?
— On ne peut plus charmante.
— C'est bien.

Lucotte, déjà couché, dormait.

Félicie alluma sa lampe, embrassa sa mère, lui souhaita une bonne nuit et se retira dans sa chambre.

— Mon Dieu, mais qu'est-ce que j'ai donc ? se disait-elle ; pourtant il ne m'a rien dit, ce garçon ; c'est son regard... Oh ! ce regard !

Elle avait à terminer une robe, pour une jeune fille d'un village voisin, et qu'on devait venir prendre le lendemain. Elle se mit à l'ouvrage et travailla deux bonnes heures. Il était plus de minuit quand elle se coucha avec l'espoir qu'elle allait s'endormir aussitôt. On dort si bien à dix-sept ans !

Mais elle était agitée, le sommeil ne venait pas ; il lui semblait que son sang brûlait dans ses veines et en même temps elle avait des espèces de frissons. Constamment elle se tournait, elle se retournait sur sa couche, ne parvenant pas à trouver une position qui lui fût bonne.

C'était toujours en elle la même inquiétude, le même sentiment d'effroi, le même malaise singulier, inexplicable. Mais pourquoi ce bouleversement de son être ? Vainement elle se répétait :

— Je suis folle, je suis folle !

Elle ne se calmait pas et ne pouvait pas se rendre compte de ce qu'elle éprouvait.

Et c'était le garçon de ferme qui l'avait mise dans cet état douloureux.

Elle croyait toujours le voir se dresser devant elle, l'enveloppant de son regard enflammé. Éperdue, elle fermait ses paupières, mais il était là, toujours là, avec ses yeux clairs, étincelants, obstinément fixés sur elle. C'était une hallucination insupportable, qui devenait une souffrance.

A la pointe du jour, cependant, elle finit par s'assoupir. La fatigue et le besoin de repos avaient eu raison de son agitation. Mais son sommeil fut fiévreux, constamment tourmenté par des cauchemars.

Elle entendait des cris bizarres qui lui déchiraient les oreilles ; des fantômes grimaçants, hideux, dont les yeux énormes lançaient des flammes rouges, passaient et repassaient constamment devant elle, cherchant à l'arracher de son lit. Elle se débattait, luttait contre eux, mais était sans force pour les repousser.

Elle était encore plongée dans ce pénible sommeil lorsque sa mère ouvrit la porte de sa chambre et lui dit :

— Félicie, ma fille, il est temps de te lever.

Elle se réveilla en sursaut, se dressa, se frotta les yeux, regarda autour d'elle avec effarement et laissa échapper un long soupir. De grosses gouttes de sueur perlaient sur son front ; son cœur battait à se briser.

— Oui, maman, répondit-elle, je me lève : quelle heure est-il ?

— Six heures et demie. Est-ce que tu n'as pas entendu corner ton père ?

— Non, mère, je dormais.

— C'est vrai, tu as veillé et tu t'es couchée tard ; c'est pour cela que j'ai attendu au dernier moment pour t'appeler. La robe est-elle finie ?

— Oui, elle est sur la table, enveloppée dans une serviette.

La mère s'éloigna, laissant la porte ouverte.

La jeune fille était un peu courbaturée, avait la tête lourde. Toute préoccupée, elle procéda à sa toilette, s'habilla. Elle aurait été contente de ne pas retourner à la ferme; mais elle avait commencé l'ouvrage, il fallait l'achever.

Après avoir embrassé sa mère, ce qu'elle ne manquait jamais de faire le matin et le soir, elle partit. Elle traversa le village d'un pas rapide, répondant à peine aux femmes qui lui disaient bonjour. On aurait dit qu'elle craignait que quelque commère ne s'aperçût qu'il se passait en elle quelque chose qui n'était pas naturel. Mais quand elle eut passé la rivière, ce fut avec lenteur qu'elle s'achemina vers la ferme. Ses sensations devenaient plus pénibles à mesure qu'elle avançait. Elle n'en pouvait plus douter, c'était un effroi insurmontable que lui inspirait le beau François; cet homme l'effrayait ou plutôt c'étaient ses yeux, c'était son regard qui lui faisaient peur.

Elle pénétra dans la cour avec une angoisse indicible. Mais il n'y avait dans la cour ni François ni aucun des autres garçons.

— Ah! fit-elle, subitement soulagée.

Elle se sentit complètement rassurée en voyant la fermière s'avancer toute souriante sur le seuil de sa porte.

— Est-ce que je suis en retard, madame? demanda Félicie.

— Non, ma chère, vous n'êtes pas en retard, huit heures viennent seulement de sonner.

VII

LE REGARD FATAL

Cette seconde journée se passa assez paisiblement, bien que la jeune ouvrière fût toujours obsédée par ses terreurs insurmontables et qu'elle voulait croire imaginaires, puisque rien ne semblait les justifier.

Elle ne se retrouva en présence du beau François, que le soir, à table, placée comme la veille à côté du fermier et en face du garçon de ferme,

Celui-ci était toujours muet. C'était lui qui versait à boire ; il faisait son service avec zèle, ne laissant jamais un verre vide, mais silencieusement. La jeune fille n'avait pas encore entendu le son de sa voix. Etait-ce chez le beau François un parti pris de ne pas prononcer un mot, un rôle qu'il s'était imposé ?

Félicie s'était dit :

— Je ne le regarderai pas.

Vaine résolution. Comme si elle eût obéi à une volonté plus puissante que la sienne, comme si le garçon de ferme lui eût crié impérieusement :

— Je veux que vous me regardiez !

Irrésistiblement, malgré une révolte intérieure, trois ou quatre fois pendant le dîner elle leva les yeux, et chaque fois son regard rencontra celui du jeune homme attaché sur elle.

Elle recevait dans la poitrine comme un coup qui allait jusqu'au cœur. C'était quelque chose de lourd, de froid qui glaçait. Alors elle pâlissait, frissonnait jusqu'à la racine des cheveux et, pendant un long instant, restait comme hébétée.

A un moment, le fermier interpella François.

— Hé, garçon, vous ne dites rien, ce soir, vous êtes bien taciturne.

— Mais, patron, je n'ai rien à dire.

Félicie ne put s'empêcher de tressaillir. Enfin elle venait d'entendre la voix du beau François.

— Cette voix n'avait rien d'effrayant; loin d'être rude, elle était au contraire douce et sympathique. Cependant l'oreille délicate de la jeune fille y trouva un accent de dureté insaisissable pour les autres.

— Allons donc, François, répliqua le fermier, quand on est en bonne compagnie, on trouve toujours quelque chose à dire.

— En bonne compagnie, monsieur Moutier, il y a presque toujours moins de profit à parler qu'à écouter.

— Vous pourriez ajouter : et à regarder.

— Que voulez-vous dire ?

— Parbleu, je veux dire que vous regardez beaucoup mademoiselle Félicie.

— Mademoiselle n'est pas de celles dont on détourne les yeux.

— Ah ! ah ! mon gaillard, il paraît que vous la trouvez gentille.

— Certainement, répliqua-t-il d'un ton vif, et je ne vois pas pourquoi je ne serais pas de l'avis de tout le monde.

La jeune fille devenue très rouge tremblait comme la feuille.

— Mais taisez-vous donc, dit la fermière avec autorité, ne voyez-vous pas que vous intimidez cette enfant. Félicie est une sensitive, je m'en suis vite aperçue, moi. Ne les écoutez pas, ma chère, ils ne savent dire que des bêtises.

On parla d'autre chose et on arriva à la fin du repas qui avait paru long, bien long à la jeune fille.

La fermière et ses filles l'accompagnèrent un bout de chemin.

Elle rentra, causa un instant avec sa mère, mais se garda bien de lui rien dire de ses inquiétudes qu'elle-même trouvait ridicules. Tout de suite après elle se mit au lit et, malgré l'espèce de fièvre qui ne la quittait plus, elle ne tarda pas à s'endormir d'un sommeil de plomb. A la surexcitation nerveuse avait succédé une lassitude générale du corps.

Le lendemain, avant l'heure du déjeuner, deux robes étaient finies. Madame Moutier était enchantée de son ouvrière. Les costumes allaient à ravir. L'ouvrage était soigné, perlé ; c'était gracieux, coquet, d'un goût délicieux. Les petites seraient comme des princesses. Elle était si heureuse, la brave fermière, qu'elle sauta au cou de Félicie et l'embrassa sur les deux joues.

A midi, le fermier et trois de ses garçons retournèrent travailler dans les champs. François et un autre domestique restèrent à la ferme. Il y avait à faire un ouvrage pressé ; du blé, qu'on devait livrer le lendemain, à mettre dans les sacs.

Trois fois dans l'après-midi le beau François trouva un prétexte pour entrer dans la chambre où travaillait Félicie.

— Que d'émotions terribles pour la pauvre enfant!

Les deux premières fois que le garçon de ferme était entré dans la chambre, madame Moutier était auprès de son ouvrière ; il n'avait point adressé la parole à la jeune fille et n'était resté que quelques instants. Cependant, quoique se sentant protégée par la présence de la fermière, Félicie avait été comme sur des charbons ardents.

Vers cinq heures, madame Moutier quitta Félicie. Elle avait à faire, avec sa servante, un travail dans le jardin.

La jeune fille n'osa point lui dire de ne point la laisser seule. Elle n'osa point non plus appeler près d'elle les petites filles qui, revenues de l'école, jouaient sur une pelouse,

Elle était dans un état d'agitation impossible à décrire.

Mon Dieu! s'il allait venir encore !

L'oreille tendue au moindre bruit, elle écoute.

Elle coud un surget. Entre ses doigts agiles, l'aiguille passe, passe avec une rapidité merveilleuse. Elle pousse un petit cri. Elle s'est piquée. Elle porte à ses lèvres le doigt blessé, suce une gouttelette de sang et, de nouveau, l'aiguille passe, passe et court.

Soudain un bruit de pas légers se fait entendre. Elle frémit.

La porte s'ouvre. C'est lui.

5.

Elle veut jeter un cri. Impossible. Une indicible angoisse la serre à la gorge, l'étrangle. Un instant son cœur ne bat plus, mais pour se remettre à battre avec une violence extrême.

Dans l'étoffe, un petit bruit sec se fait entendre; l'aiguille s'est cassée, les doigts restent immobiles.

François sait que la fermière est au jardin et le le temps qu'elle y doit rester. Il a refermé la porte, il s'avance.

Elle voudrait fuir et ne peut faire un mouvement, Il la tient sous son regard, clouée sur son siège.

Elle a les yeux sur lui, voudrait les détourner et ne peut pas. Elle est fascinée. Sa chair frissonne, en elle tout palpite.

Il marche vers elle, lentement; il n'a rien de menaçant; au contraire, il est souriant; cependant elle lui voit un aspect terrible. C'est son regard attaché sur elle qui est terrible. Mais qu'y a-t-il donc dans ses yeux?

Oh! ses yeux, son regard!

Il est près d'elle; elle se sent comme embrasée; elle tressaille et courbe son front.

— Vraiment, lui dit-il, on dirait que vous avez peur de moi; si vous saviez l'admiration que j'ai pour vous, les sentiments que vous avez fait naître en moi, vous ne seriez pas effarouchée ainsi. Voyons, mademoiselle Félicie, rassurez-vous. Pourquoi me cacher vos jolis yeux? Relevez la tête.

Elle était dominée, cet homme était son maître; il lui donnait, lui imposait un ordre, elle obéit.

Et ils se regardèrent, les yeux dans les yeux, la flamme de ceux de François pénétrant en elle, brûlante.

— Maintenant, reprit-il, accordez-moi la faveur d'un de vos doux sourires.

Le sourire réclamé parut sur les lèvres de la jeune fille.

— A la bonne heure, fit-il, vous voilà tout à fait charmante, et nous allons pouvoir causer un instant comme de bons amis.

Phénomène non moins étrange que les précédents, l'agitation de Félicie s'était subitement calmée et une autre volonté que la sienne prenait possession de son être.

— Qu'avez-vous donc à me dire? demanda-t-elle.

— Oh ! bien des choses. D'abord permettez-moi de vous complimenter sur votre ouvrage; elles sont jolies, très jolies les robes que vous avez achevées ce matin ; vous travaillez comme une fée, mademoiselle Félicie.

— J'ai fait ce que j'ai pu pour contenter madame Moutier.

— Vous y avez réussi ; elle est enchantée. Hier, quand elle est rentrée, après vous avoir accompagné un bout de chemin, elle ne savait quel bien dire de vous.

— Madame Moutier est une si bonne personne.

— C'est vrai, mais encore faut-il qu'on lui plaise; vous lui avez plu, mademoiselle Félicie ; d'ailleurs vous savez plaire à tout le monde. Tout en vous charme et séduit, et je dois vous le dire, je suis de ceux que vous charmez. L'impression que vous avez produite en moi me fait éprouver des sensations d'une douceur infinie et qui, jusqu'alors, m'étaient inconnues. Depuis trois jours je n'ai pas cessé un seul instant de penser à vous ; votre image me suit partout : vous êtes dans les champs où je travaille, dans l'air que je respire, et j'entends votre voix quand les oiseaux chantent ; la nuit, je vous vois dans mes rêves. Qu'est-ce que cela signifie, mademoiselle Félicie ? Oh ! je le sais, je le sais bien, je vous aime !

Elle eut un mouvement brusque.

— Vous m'aimez ! s'écria-t-elle.

— Oui, oui, je vous aime.

— Mais vous me connaissez à peine.

— Les plus anciens amis ne sont pas toujours les meilleurs ; c'est chose connue que les sympathies comme les antipathies naissent spontanément ; du reste, il me semble que je vous ai toujours connue Je vous aime, mademoiselle Félicie, et vous n'avez pas à vous en étonner, l'amour est comme le coup de foudre, il frappe tout d'un coup.

Elle secoua la tête.

— Est-ce que vous ne me croyez pas ?

— Je ne peux pas vous croire, répondit-elle d'une voix oppressée.

— Vous devez croire que je vous aime, il le faut.

— Mais...

— Eh bien, dites, dites.

— Je ne sais pas quelle influence vous exercez sur moi ; je voudrais fermer mes oreilles à vos paroles, ne pas vous entendre, et cependant je vous écoute.

— Oh ! oui, écoutez-moi.

— Tout à l'heure, quand vous êtes entré, j'ai voulu crier, appeler, je n'ai pas pu ; j'aurais voulu sortir de cette chambre au plus vite, il ne m'a pas été possible de me mettre sur mes jambes.

— Et pourquoi vouliez-vous appeler et vous en aller?

— Une crainte...

— Laquelle?

— Je ne sais pas,

— L'avez-vous encore, cette crainte?

— Crainte ou autre chose, je ne me rends pas compte de ce que j'éprouve. Je ne sens plus en moi aucune force, je suis tout étourdie et comme anéantie.

Il lui prit la main. Elle sursauta.

— Comme vous êtes enfant! fit-il; allons, laissez-moi vous aimer et, vous aussi, vous m'aimerez. L'amour est ce qu'il y a de meilleur dans la vie, la seule chose vraie, c'est l'amour.

Elle retira sa main, qui tomba lourdement à son côté.

— Monsieur François, dit-elle, si je vous aimais, ce serait un grand malheur pour moi.

— Pourquoi cela?

— Je ne suis qu'une pauvre fille, tandis que vous, un jour, vous serez riche.

— Ah! vous savez que j'ai un oncle, un ancien notaire, qui a de la fortune?

— Hier, madame Moutier disait cela, en causant.

— C'est vrai, l'ancien notaire est riche, et comme je suis son unique parent, je serai un jour son héritier. Oh! je ne souhaite pas la mort de ce cher oncle, mais il marche vers ses quatre-vingts ans; selon la loi de nature, il ne tardera pas à s'en aller et son héritage me viendra. Oui, alors je serai riche; mais je ne vois pas que cela puisse être un malheur pour la jeune fille que j'aime et qui m'aimera.

Dès maintenant, mes idées sont arrêtées; je louerai ou, mieux encore, j'achèterai une ferme. Vous serez ma femme, mademoiselle Félicie, vous entendez, ma femme, et vous serez fermière comme madame Moutier.

Ne me dites pas que vous êtes pauvre, qu'est-ce que cela me fait, à moi ? Celui qui a de la fortune, qui n'a pas besoin qu'on l'aide, peut, plus facilement qu'un autre, se marier selon son cœur. L'amour vaut mieux que l'argent.

Vous avez la jeunesse, la beauté et vous êtes bonne, mademoiselle Félicie, et vous êtes honnête et sage... Est-ce que tout cela n'est pas une richesse ? Vous êtes à mes yeux le plus précieux des trésors. Oh ! vous posséder ! mais c'est le paradis !

— Taisez-vous, monsieur François, dit la jeune fille d'une voix vibrante d'émotion, de grâce, taisez-vous !

— Pourquoi me taire ?

— Parce que, en vous écoutant, je sens que je deviens folle.

— Dites plutôt que vous m'aimez.

Elle le regarda avec effarement.

Malgré l'état d'anéantissement physique et moral dans lequel elle se trouvait et qui tenait ses facultés enchaînées, une voix mystérieuse lui criait :

« Prends garde, tout ce que te dit cet homme est mensonge ! »

Elle fut prête à lui répondre :

— Non, non, je ne vous aime pas, je ne vous aimerai jamais, je ne veux pas vous aimer !

Mais les paroles n'arrivèrent pas jusqu'à ses lèvres.

Il la prit par la taille et l'attira doucement en arrière.

Elle devint palpitante comme une pauvre petite fauvette entre les serres d'un épervier. Elle sentait sur son visage l'haleine chaude du beau François.

— Félicie, murmura-t-il à son oreille, sois à moi !

Et il lui mit sur les lèvres un baiser ardent.

Ce fut comme l'effet d'un fer rouge.

Elle laissa échapper un faible cri d'oiseau blessé, se dégagea de ses bras en le repoussant et se dressa debout, haletante.

Il avait toujours le même sourire sur les lèvres, un sourire de démon.

A ce moment, du bruit se fit entendre à l'intérieur de la maison tout à l'heure silencieuse.

— On vient, dit la jeune fille toute tremblante, laissez-moi, allez-vous-en !

C'étaient les filles de la fermière qui, lasses de jouer, étaient allées retrouver leur mère et que celle-ci envoyait près de la couturière.

Le beau François ne tenait nullement à être surpris dans la chambre. Il s'élança vers une porte, l'ouvrit et, avant de disparaître, se retourna pour envoyer du bout des doigts un baiser à la jeune fille en même temps qu'un dernier regard chargé d'étincelles.

Les trois petites filles entrèrent et vinrent l'une après l'autre embrasser Félicie. La plus grande s'aperçut que la couturière était très émue, très pâle et chancelait.

— Qu'est-ce que vous avez ? demanda-t-elle.

— Rien, ce n'est rien.., Vous voyez, c'est mon aiguille qui vient de se casser.

— Et vous vous êtes piquée ?

— Oui, mais légèrement.

Sur ses lèvres frémissantes, Félicie sentait encore la brûlure du baiser. Mais elle n'était plus sous le regard fascinateur et il lui semblait qu'elle venait d'être subitement délivrée d'un insupportable malaise.

Elle jeta un regard rapide sur la porte par laquelle le beau François venait de sortir et laissa échapper un soupir de soulagement. Elle avait encore la tête lourde, chargée de vapeurs soporatives et la poitrine oppressée, comme si, après s'être endormie, elle venait de se réveiller brusquement au milieu d'un horrible cauchemar.

Elle reprenait possession de ses facultés ; mais, en même temps, elle retrouvait en elle la même agitation que la veille et l'avant-veille, les mêmes inquiétudes, encore plus aiguës, et toutes sortes de pensées troublantes envahissaient son cerveau.

Au bout de quelques instants, cependant, elle parvint à se maîtriser et elle se remit à son travail. Les petites filles près d'elle la rassuraient. Comme si elle avait peur du silence, elle faisait causer les enfants, encourageait leur bavardage ; elle cherchait à se distraire, à faire diversion à ses pensées.

La fermière revint du jardin pour se livrer dans la maison à ses occupations habituelles. Elle allait, venait, entrait de temps à autre dans la chambre où était Félicie, mais ne s'asseyait point pour lui tenir compagnie. Elle lui adressait quelques bonnes paroles et se retirait.

— J'ai tant à faire, disait-elle.

N'importe, la jeune fille se sentait protégée et

n'avait plus à craindre de voir réapparaître le garçon de ferme.

Il n'était pas bien loin, le beau François ; par instants, le son de sa voix arrivait à l'oreille de Félicie, ce qui lui causait chaque fois des palpitations violentes.

On dîna un peu plus tard que les autres jours, non par la faute de la fermière et de sa servante, mais parce que M. Moutier avait dû aller au village et s'était fait attendre.

Le beau François se leva de table le premier, disant qu'il allait faire sa ronde dans les écuries.

Dans la soirée le temps s'était couvert, hâtant la nuit qui était venue lorsque Félicie sortit de la ferme.

Madame Moutier ne lui avait pas offert de l'accompagner, comme la veille, jusqu'à mi-chemin du pont. C'était le samedi, et la veille du dimanche comme la veille d'un jour de fête, la fermière avait toujours, le soir, un surcroît de travail.

La jeune fille savait cela et elle n'avait pas osé demander qu'on l'accompagnât. D'ailleurs pouvait-elle manifester une crainte quelconque, après avoir dit si crânement au fermier qu'elle n'était pas peureuse ?

Elle marchait d'un pas rapide, l'oreille attentive et tressaillant au moindre bruit.

Malgré le vent d'Est qui s'était levé et soufflait assez fort, l'atmosphère était lourde, la chaleur accablante. Félicie éprouvait une lassitude singulière, il lui semblait que ses membres s'engourdissaient. Elle avait le cœur serré et, dans la tête, un bourdonnement étrange.

— C'est l'orage, se dit-elle.

Dans le lointain, en effet, de fréquents éclairs trouaient la nue et jetaient à l'horizon une lueur rapide. Le soleil, en se couchant, avait laissé entre deux nuages aux crêtes floconneuses une longue bande couleur de feu qui n'avait pas encore entièrement disparu... Et de ce rouge sortait une demi-clarté qui luttait contre l'obscurité. Sur toute l'étendue du ciel, où l'on ne voyait pas une étoile, d'autres nuages se précipitaient, se roulaient les uns sur les autres, s'amoncelaient.

Soudain, à travers champs, à peu de distance du chemin, la jeune fille vit passer une ombre.

Il lui sembla qu'elle recevait un choc dans la poitrine et elle s'arrêta brusquement, prête à tomber.

Devinant qu'un danger la menaçait, elle eut l'intention de fuir; mais ses jambes restèrent immobiles, elle était comme pétrifiée. Elle jeta autour d'elle des regards éperdus.

Presque aussitôt, un homme parut se détacher du tronc d'un arbre et en deux bonds fut près d'elle.

Saisie d'épouvante elle voulut crier: au secours! Il ne sortit de sa gorge qu'un son rauque, étranglé.

Le beau François l'avait saisie, enlacée.

Elle se débattit, cherchant à s'échapper des bras qui l'enchaînaient. Il l'étreignit plus fortement.

— Je t'aime, lui dit-il, viens, viens!

— Non, laissez-moi, je vous en prie, je vous en supplie, laissez-moi!

Elle voulait lui résister et luttait encore, mais faiblement.

— Viens, viens, je t'aime! répéta-t-il.

— Non, non, vous me faites peur! Laissez-moi!

Mais le terrible regard, le regard pénétrant, au fluide magnétique, la fascinait, l'étourdissait, la grisait, détruisait ses forces, brisait sa volonté. Elle comprit de nouveau que cet homme était son maître, que l'étrange pouvoir qu'il exerçait sur elle la faisait son esclave.

Elle laissa échapper une plainte sourde et murmura :

— Mon Dieu, je suis perdue !

A ce moment elle avait encore conscience du danger.

— Viens, viens ! lui dit-il encore.

Et il l'entraîna rapidement dans un chemin creux entre deux haies.

— Où me conduisez-vous donc ? demanda-t-elle d'une voix haletante.

Pour toute réponse il la serra contre lui et l'embrassa avec passion.

Elle frissonna et répéta d'une voix mourante :

— Laissez-moi !

Mais il dardait sur elle son regard enflammé et elle ne cherchait plus à lui échapper. Elle était dans une sorte de demi-sommeil et comme prise de vertige. Elle n'avait plus une pensée et ne disait plus rien. Inconsciente, maintenant, sans force, sans volonté, elle se laissait entraîner, subissant le pouvoir irrésistible du garçon de ferme.

La pauvre enfant avait les jambes brisées, elle trébuchait à chaque pas et serait tombée s'il ne l'avait pas soutenue. Il la portait presque.

On entendait aboyer quelques chiens du village auxquels répondaient ceux de la ferme ; puis, sur la route, de l'autre côté du moulin, le roulement d'une voiture et le galop d'un cheval.

Mais la campagne était déserte et il n'y avait dans le chemin creux que le beau François et Félicie. Le monstre tenait sa proie ; elle ne pouvait lui échapper.

Ils sortirent du chemin et, par une pente douce, marchant dans l'herbe de la prairie, ils arrivèrent bientôt au bord de la rivière et s'arrêtèrent sous un vieux saule aux longues branches pendantes. La jeune fille n'étant plus soutenue par les bras vigoureux du garçon de ferme s'affaissa lourdement. Ce qu'elle éprouvait était si étrange qu'il lui semblait qu'elle dormait et était tourmentée par un rêve affreux.

Au loin les éclairs continuaient à rayer le ciel, mais ils n'étaient suivis d'aucun coup de tonnerre. Le vent soufflait plus fort et avait des sifflements qui, mêlés au bruissement des branches et des feuilles du saule, ressemblaient à des plaintes.

Combien de temps le garçon de ferme et la jeune fille restèrent-ils là ? Peut-être une heure. Une heure sombre, sinistre, dont Félicie Lucotte devait garder éternellement le douloureux souvenir. Pendant ce temps, il y eut, sous le vieux saule, des soupirs, des gémissements, des larmes... Tout cela le vent l'emporta, comme il emporta les paroles passionnées, les protestations d'amour du beau François.

Si Félicie l'écouta, ce fut sans comprendre et peut-être même sans entendre, car quand elle l'eut quitté, rien de ce qu'il lui avait dit ne restait dans sa mémoire.

Elle ne se rappelait qu'une chose, c'est qu'elle était une victime.

VIII

SUGGESTION

La pauvre Félicie était sortie de son état de torpeur ou plutôt de cette espèce de léthargie qui l'avait livrée sans aucune force défensive aux lâches convoitises d'un misérable.

Sa douleur était grande.

Si les bonnes gens de Manerville disaient encore qu'elle était une fille honnête et sage, ils se tromperaient. Et comme elle n'oserait jamais avouer sa honte à ses parents, qu'une pareille révélation tuerait, elle serait forcée de mentir à son père, à sa mère, comme à tout le monde. C'était horrible !

A ce moment, où elle avait repris possession d'elle-même, si la terre se fût ouverte sous ses pieds, elle se serait enfoncée avec joie au fond d'un abîme.

En passant sur le pont, elle s'arrêta, se pencha sur la rampe et, les yeux fixes, elle regarda en bas. Elle ne voyait que le miroitement de l'eau qui coulait rapide, tourbillonnante ; mais elle entendait le bruit sourd des flots qui se heurtaient contre les piles.

Un instant elle eut la pensée du suicide. Si elle mourait tout serait fini. Mais à dix-sept ans, on tient trop à la vie pour ne pas avoir peur de la mort. La mort, elle crut la voir se dresser devant elle, comme on la représente sur certaines images, pâle, décharnée, hideuse, armée d'une faux.

Elle se sentit frissonner jusqu'à la racine des cheveux, ferma les yeux en se rejetant brusquement en arrière, puis, pour se soustraire à l'horrible vision et échapper en même temps à la tentation de se précipiter dans la rivière, elle continua son chemin en courant.

Elle arriva ainsi devant la maison du berger. Il n'y avait pas de lumière à l'intérieur où régnait un profond silence.

— Ils sont couchés, se dit-elle.

Elle ouvrit la porte doucement et la referma de même. Mais la mère qui, lasse d'attendre sa fille, s'était mise au lit, ne dormait pas encore.

— C'est toi, Félicie, dit-elle.
— Oui, maman.
— Pourquoi donc rentres-tu si tard ?
— J'ai été retenue, balbutia Félice.
— Je comprends, tu as voulu finir quelque chose. Mais madame Moutier t'a certainement fait accompagner ?
— Oui, répondit la jeune fille, honteuse de ce premier mensonge.
— Pourtant, grommela Lucotte, quand les journées sont longues, comme maintenant, on pourrait bien ne pas faire travailler à la lumière d'une lampe.

Félicie n'osa point s'approcher du lit pour embrasser sa mère. C'était peut-être la première fois qu'elle rentrait sans donner et recevoir un baiser.

— La lampe est sur la table, reprit la mère, et, à côté, tu trouveras des allumettes.

La jeune fille ne répondit pas. Elle se glissa dans sa chambre dont elle s'empressa de fermer la porte. Elle ne songea point à allumer la lampe, elle n'avait pas besoin de lumière ; il lui sembla qu'elle se trouvait mieux dans l'obscurité. Hélas ! elle aurait voulu être plongée dans une nuit sans fin. Comme cela, elle resterait cachée à tous les yeux et n'aurait pas la douleur de se voir elle-même.

Elle se coucha, non pour se reposer et dormir, mais pour pleurer et donner un libre cours à ses noires pensées. Elle pleura longtemps, mordant son oreiller pour étouffer les sanglots dont sa poitrine était gonflée.

Le jour parut. Peu de temps après, Félicie entendit son père et sa mère se lever, puis aller et venir dans la maison et l'écurie. Elle enfouit sa tête sous la couverture afin de faire croire à sa mère qu'elle dormait, dans le cas où elle entrerait dans sa chambre. Mais quand elle entendit le son de la trompe, qui annonçait le départ du berger, n'ayant plus à redouter les regards de son père, elle se leva et, comme elle en avait l'habitude le dimanche, elle se mit à aider sa mère à faire le ménage.

Celle-ci n'eut pas de peine à s'apercevoir que sa fille n'était pas dans son état normal. Elle était pâle, avait les traits fatigués, les yeux cernés, brillants, un peu hagards. D'ordinaire, le dimanche matin, elle était d'une gaieté charmante ; elle riait, chantait, avait toujours mille choses gentilles à dire.

Elle avait perdu sa gaieté, elle paraissait préoccupée, elle était triste.

— Félicie, qu'as-tu donc? je te trouve toute drôle, lui dit sa mère.

— Oh! c'est une idée que tu as, répondit-elle en rougissant.

— Une idée que j'ai! Mais tu es triste, je le vois bien.

— Cela arrive; on est triste parfois sans savoir pourquoi.

— Ta gaieté me manque, ma fille ; quand tu ne ris pas, quand je ne t'entends pas chanter, il me semble que notre maison est en deuil.

— Poutant, chère mère, on ne peut pas toujours rire et chanter.

— Sans doute. Mais en te voyant ainsi, ayant l'air de rêver, je m'imagine que tu as quelque chose que tu me caches.

— Oh! maman!

— Est-ce que tu es souffrante?

— J'ai un peu mal à la tête, mais ce n'est rien, absolument rien.

— Félicie, je ne suis pas tranquille.

— Mais, chère mère...

— On dirait que tu as pleuré et que tu vas pleurer encore.

La mère n'avait pas achevé que des larmes jaillirent des yeux de la pauvre enfant, qui subissait une véritable torture.

— Ah! Félicie, je ne me trompe donc pas! Tu pleures... Pourquoi ces larmes?

La jeune fille se raidit contre la souffrance, essuya vivement ses yeux et répondit :

— C'est toi qui me fais pleurer : tu t'inquiètes inutilement, je te vois contrariée et cela me fait beaucoup de peine.

— Alors je ne dois pas m'inquiéter.

— Je t'en prie.

— Eh bien, soit.

Félicie regarda sa mère avec une expression de tendresse indicible, força le sourire à venir sur ses lèvres et dit d'une voix câline :

— Te voilà rassurée et, tu vois, je ne pleure plus.

Mais il est difficile de tromper les yeux et le cœur d'une mère. Julie Lucotte n'était pas aussi rassurée que Félicie pouvait le croire, elle était convaincue, au contraire, que sa fille avait un ennui, un chagrin ou une douleur qu'elle enfermait en elle. Cependant elle ne voulut pas insister, comprenant que si son enfant ne lui avait pas spontanément ouvert son cœur, c'est que l'heure des confidences n'était pas venue.

Elle savait par expérience qu'une jeune fille a certains petits secrets que même une mère doit savoir respecter, et qu'on ne peut toucher aux choses qui émanent de son cœur et de sa pensée qu'avec une délicatesse extrême.

D'ailleurs, disons-le, elle ne croyait pas que la tristesse de Félicie eût une cause bien sérieuse.

— Pauvre mère ! Comme elle était loin de soupçonner l'affreuse vérité !

Un peu plus tard elle demanda à Félicie si elle ne s'habillait pas pour aller à la messe.

— Je n'irai pas aujourd'hui, répondit la jeune fille; j'ai toujours mal à la tête.

— Dans la nuit, il y a eu de l'orage quelque part et le temps s'est rafraîchi : prendre l'air te ferait du bien.

— Non, je ne me sens pas disposée à sortir; je prendrai l'air dans le jardin et, en même temps, j'aurai du plaisir à admirer tes juliennes, tes pieds d'alouette et tes campanules.

C'était une flatterie adressée à la mère Lucotte, qui adorait les fleurs nommées et les cultivait avec le plus grand soin.

— Oui, fit-elle, tu verras, elles sont magnifiques, surtout les juliennes roses. Cette année, mes pieds d'alouette sont encore plus variés et plus beaux de couleur que l'année dernière.

Félicie s'en alla au jardin. Il n'était pas grand, un champ, tout simplement, entouré d'une palissade.

Tout en se promenant le long des allées étroites, ayant l'air de regarder les fleurs dont sa mère était si fière, la jeune fille réfléchissait.

Elle se disait qu'il lui fallait à tout prix cacher son terrible secret afin d'éviter d'autres malheurs et que pour cela elle ne devait point laisser paraître la tristesse sur son visage. Déjà sa mère s'était inquiétée et ses larmes avaient failli la trahir. Si elle se doutait de quelque chose, si elle allait deviner, ce serait épouvantable. Et son père? Ah! s'il apprenait jamais... il la tuerait!

Puisqu'elle était condamnée à mentir sans cesse, elle mentirait; ce serait une autre torture; n'importe, elle souffrirait. Elle aurait le courage et la force de tout endurer pour cacher sa honte. Oui, maintenant elle saurait se contraindre, dissimuler ; la sombre tristesse de ses pensées ne se refléterait plus sur sa figure ; elle garderait son effroyable douleur ensevelie au fond de son âme ; elle dompterait ses craintes, imposerait silence à ses angoisses. renfoncerait ses larmes, étoufferait ses plaintes. Elle paraîtrait gaie ayant envie de pleurer, et malgré les déchirements de son cœur elle aurait sur ses lèvres le sourire menteur.

Lucotte revint des champs avec son troupeau un peu avant le dernier coup de la messe.

— Félicie a été indisposée ce matin, lui dit sa femme, elle avait la tête malade, elle était triste, mais elle s'est promenée une heure dans le jardin et cela va mieux.

— Alors, rien d'inquiétant ?
— Rien.
— Tant mieux. Félicie est forte et courageuse, mais il ne faut pas qu'elle se tue à l'ouvrage. Qu'on travaille, c'est bien, mais il ne faut pas en prendre plus qu'on ne peut ; après tout, on n'est pas une bête de somme.

La famille se mit à table à midi. On causa intimement. Félicie avait chassé ses préoccupations et retrouvé un peu de sa gaieté. Conformément à la résolution qu'elle avait prise, elle avait su déjà mettre un masque sur son visage. Elle s'observait.

Le berger était de bonne humeur ; il fit rire sa fille.

La mère paraissait contente.

— Je me suis peut-être trompée, pensait-elle.

Le père ne remarqua rien dans l'attitude et sur la

physionomie de sa fille qui fût de nature à l'avertir, à lui donner à penser.

Dans l'après-midi, la jeune fille eut la visite de plusieurs personnes; elles avaient besoin de la couturière et venaient la retenir, les unes pour un ou deux jours seulement, les autres pour plus longtemps.

Félicie avait un petit livre sur lequel elle marquait avec soin les journées qu'elle promettait.

Elle fut ainsi occupée jusqu'à la nuit et ne s'en plaignit point. La distraction lui était nécessaire. Elle redoutait l'isolement, la solitude, qui la mettaient aux prises avec ses douloureuses pensées.

Le lendemain et les jours suivants, jusqu'au vendredi, elle retourna à la ferme, non avec plaisir, mais comme fatalement entraînée. Elle détestait le garçon de ferme autant qu'elle le craignait, et, cependant, elle se sentait irrésistiblement attirée vers lui. Elle ne comprenait pas cela. Elle ne pouvait pas comprendre, la pauvre fille!

Est-ce qu'elle avait seulement entendu parler de magnétisme, de spiritisme, de fascination, de ce pouvoir, de cette puissance étrange, mystérieuse, fatale, donnée à certains êtres pour dominer les autres? Est-ce qu'elle savait ce que c'était que la possession, la suggestion?

Elle savait bien qu'elle était sans force contre le beau François, que le misérable lui imposait sa volonté, qu'elle était son esclave. Mais pourquoi? Elle l'ignorait. La chose existait, et pour l'expliquer il aurait fallu qu'elle en connût les causes.

Le beau François se montra prudent et ne tourmenta point trop sa victime; il ne tenait pas à laisser deviner ce qui s'était passé entre lui et la jolie couturière. Peut-être avait-il des craintes, lui aussi, et redoutait-il les suites que pouvait avoir sa mauvaise action ?

Toutefois, dans la journée, il savait trouver un moment pour dire à Félicie :

— Ce soir vous m'attendrez à tel endroit.

Et le soir, quand elle arrivait à l'endroit désigné, elle s'arrêtait malgré elle et ne pouvait faire un pas de plus.

Il jouissait de son triomphe, le misérable !

Mais quel singulier triomphe que celui qui consiste dans la possession d'un corps sans âme, sans volonté, dont toutes les facultés sont anéanties et qui ressemble plus à une machine qu'à un être humain.

Qu'importe ! le monstre avait sa proie à dévorer !

N'y a-t-il pas d'autres monstres qui vont dans un cimetière ouvrir des cercueils !

Les rendez-vous continuèrent.

Ils se rencontrèrent souvent, tantôt dans un endroit, tantôt dans un autre, le soir, quelquefois au milieu de la nuit, le jour rarement. Le garçon de ferme, toujours prudent, s'entourait de précautions.

Il ne manquait pas d'audace pourtant, car il ne craignait pas, quand il le pouvait, d'entrer dans les maisons où la jeune fille travaillait.

Quand il ne trouvait pas le moyen de lui parler, une raie tracée sur un mur avec un caillou disait à Félicie.

— Ce soir je t'attendrai !

Cette rayure sur le mur était un ordre impérieusement donné.

Quand il l'appelait la nuit, elle profitait du premier sommeil de son père et de sa mère, sortait furtivement de la maison par la porte de derrière, se glissait dans l'ombre, pâle comme un fantôme et avec des allures de somnambule.

Elle rentrait de même, sans bruit, à pas de loup, regagnait son lit et, toute frissonnante de dégoût, se blottissait sous les couvertures.

Malgré ses écœurements, ses craintes, ses terreurs, malgré les obstacles, les difficultés de toutes sortes, malgré tout, elle allait où il voulait qu'elle allât. La rebellion était impossible; il lui fallait obéir à son maître.

Cet homme l'attirait comme l'aimant attire le fer.

Quand elle était trois ou quatre jours sans le voir, sans entendre parler de lui, qu'il était loin d'elle, elle éprouvait un immense soulagement, reprenait possession d'elle-même et il lui semblait que le lien qui enchaînait sa volonté s'était brisé et qu'elle n'avait plus qu'un effort de courage à faire pour échapper à son oppresseur.

Alors toutes ses pudeurs s'indignaient, se révoltaient; elle voyait la profondeur de l'abîme où elle avait été précipitée, elle rougissait de son abaissement, de sa dégradation, se révoltait contre elle, s'adressait des reproches sanglants, se tordait de douleur et de désespoir, se trouvait lâche, se faisait horreur, se maudissait.

Alors il lui semblait qu'il n'avait plus d'empire sur elle et qu'elle saurait lui résister.

Mais il reparaissait et l'énergie de la veille s'émoussait, s'évanouissait, et la malheureuse reprenait sa chaîne d'esclave soumise et courbait son front pâli sous la volonté tyrannique de son maître.

Et cependant elle ne l'aimait pas, cet homme ; c'était de la répulsion qu'il lui inspirait, il lui faisait horreur.

Mais elle était à ce point sous sa domination, elle était à ce point son esclave, sa chose, que s'il lui avait dit, même en présence de ses parents : « Suis-moi ! » elle l'aurait aussitôt suivi.

Que s'il lui avait dit, en pleine rue, publiquement : « Embrasse-moi ! » elle se serait jetée à son cou.

. . . .
. . . .

Cela dura cinq mois.

Et le père et la mère ne savaient rien, ne se doutaient encore de rien.

Peut-être aurait-on le droit de dire qu'ils n'avaient pas su veiller sur leur fille. Mais ils avaient en elle une confiance si grande, si absolue qu'ils auraient cru lui faire injure en supposant seulement qu'elle pouvait commettre une faute.

Il aurait été fort mal reçu celui qui serait venu leur dire :

« Prenez garde, ouvrez les yeux, faites attention à votre fille. »

Par exemple ! Est-ce que quelqu'un pouvait mettre en doute l'honnêteté, la sagesse de leur enfant ?

Au village, où tout le monde se connaît, ce ne sont pas seulement les parents, la famille, qui surveillent les jeunes filles, c'est tout le monde. Et celle-là qui s'écarte du chemin droit ne tarde pas à être remarquée et montrée au doigt.

Ce que le père et la mère Lucotte ignoraient, d'autres le savaient.

Les allées et les venues du beau François, ses manèges et les singularités de Félicie avaient fini par attirer l'attention des yeux clairvoyants, et ces yeux avaient assez vu pour que l'opinion fût fixée.

Les mauvaises langues commencèrent à jaser et, en attendant l'éclat du scandale, les cancans allaient leur petit train.

Hélas! le malheur de la jeune fille était plus grand encore qu'elle ne l'avait pensé d'abord. Longtemps elle avait douté, ne voulant pas se rendre à l'évidence. Maintenant elle ne pouvait plus se faire illusion, son malheur était complet. Elle était enceinte.

Sa taille autrefois élancée, souple et svelte, sa taille s'épaississait. Vainement elle employait toutes sortes de moyens artificiels pour tromper les yeux, elle ne parvenait plus à dissimuler sa grossesse.

Et elle voyait arriver avec épouvante le jour où son père et sa mère, ouvrant les yeux, il faudrait leur avouer qu'elle avait trahi leur confiance, qu'elle n'était plus digne de leur tendresse, qu'elle était une fille perdue.

Ainsi qu'il arrive toujours quand la conscience n'est pas tranquille, elle avait constamment l'esprit inquiet, la pensée en éveil et devinait d'instinct que la terrible chose qu'elle essayait encore de cacher était déjà connue de plusieurs personnes.

Elle entendait des mots qui, sans s'adresser directement à elle, la piquaient comme des pointes; elle surprenait des sourires qui pouvaient n'être ni ironiques, ni railleurs, mais qui la mordaient au cœur. Elle s'imaginait que tout le monde voyait sa honte marquée sur son front.

Quand elle passait dans la rue, elle baissait la tête, cherchant à éviter les regards ; mais elle sentait bien qu'on la regardait, qu'elle était l'objet d'une curiosité peu bienveillante.

Oh ! s'il lui avait été possible de ne pas se montrer, si elle avait pu se soustraire à tous les regards indiscrets et méchants !

IX

RÉVÉLATION

Un soir, en rentrant, le berger dit à sa femme :
— Depuis quelques jours, je ne sais pas ce que les gens ont avec moi, je les trouve tout drôles.
— Comment cela ?
— Ils ont des clignements d'yeux, des hochements de tête et me regardent avec des airs qui ne me vont pas du tout ; et c'est des pauvre Pierre par ci, des pauvre père Lucotte par là qui m'agacent à la fin.
— Laisse donc, tout ça c'est des bêtises.
— Des bêtises si tu veux ; mais je n'ai pas besoin qu'on ait des airs de me plaindre comme si j'étais malade et prêt à passer l'arme à gauche. Pauvre, je sais bien que je suis pauvre. Mais je ne me suis jamais plaint de mon sort et n'ai jamais rien demandé à personne. Je me trouve content comme je suis, moi, et je ne rêve pas l'impossible. Je fais mon métier le mieux que je peux et je crois qu'on n'a rien à me reprocher.
— S'ils n'étaient pas contents de toi, les gens seraient bien difficiles.

— J'ai toujours su gagner ma vie en travaillant, et avant comme depuis que tu es ma chère femme, j'ai vécu honnêtement, je peux le dire.

— Ça, Pierre, c'est vrai, et tout le monde le sait. Aussi, vraiment, je ne comprends pas pourquoi tu te fourres des chimères dans la tête.

— C'est bon ! c'est bon ! Je sais ce que je dis.

— Enfin, quelque chose te contrarie ?

— Oui, et il faudra que j'aie le cœur net de tout ça. Je suis un homme tranquille, je suis un homme pacifique, mais, mille tonnerres ! il ne faut pas qu'on me pousse à bout.

— Je ne t'ai jamais vu ainsi, Pierre.

— Que veux-tu, on me fait sortir de mon caractère.

Il resta un moment silencieux, les sourcils froncés, et reprit :

— Avant-hier, quand je suis rentré, j'étais furieux.

— Oui, je me souviens.

— Tu m'as demandé ce que j'avais.

— Et tu ne m'as pas répondu. Eh bien ! qu'est-ce que tu avais ?

— Je vais te le dire : Je ne sais plus à propos de quoi, je m'étais arrêté devant l'église, quand le domestique de Thomas Chiquet s'est venu planter devant moi...

— Eh bien ?

— Est-ce que ce grand efflanqué, aux cheveux roux ébouriffés, n'a pas cherché à faire la cour à Félicie quand elle est revenue de la ville ?

— Oui, mais elle n'a pas été longtemps à lui faire

comprendre qu'il perdait son temps et se donnait une peine inutile.

— Bien sûr, ce serait le dernier qu'elle pourrait prendre. Moi, je ne méprise et ne fait fi de personne, mais encore faut-il savoir faire les distinctions et ne pas laisser le bon pour prendre le mauvais.

— Enfin, qu'est-ce qu'il t'a dit, le grand rouge ?

— Rien. Il s'est planté devant moi et les mains sur ses hanches, m'a regardé comme si je lui avais vendu des pois qui ne voulaient pas cuire, puis s'est mis à me rire au nez en ricanant.

Tonnerre ! si je ne m'étais pas retenu, je lui aurais brisé ma houlette sur la figure.

— Tu as joliment bien fait de le laisser tranquille. Ce garçon est un sournois et il a de la rancune ; Félicie n'a pas voulu l'écouter, il se venge à sa manière.

— Femme, il y a autre chose, oui, il y a autre chose. Gare au premier godelureau qui se permettra de me regarder de travers ou de me narguer ; je l'empoignerai par les deux oreilles et il faudra bien, bon gré mal gré, qu'il me dise ce qu'il pense et à quoi il en a.

— Allons, Pierre, laissons ça, ta fâcherie se passera et demain tu n'y penseras plus.

La mère Lucotte parla à son mari d'autre chose et peu à peu il se calma.

Le surlendemain la mère de Félicie et une autre femme de son âge, en journée dans la même maison, arrachaient du lin dans un champ.

A brûle-pourpoint, mais non sans avoir longtemps

hésité, la compagne de la mère Lucotte lui adressa cette question.

— Dis donc, Julie, est-ce que vous allez marier prochainement votre Félicie?

— Hein! marier Félicie? Ah ça! où donc as-tu ramassé cette idée? Notre fille ne songe pas plus à se marier que nous ne pensons, nous, à la marier. D'abord elle est bien trop jeune encore; et puis, pour qu'on parlât de ça, il faudrait qu'elle eût un amoureux.

— Mais l'amoureux, elle l'a.

— Félicie a un amoureux!

— Voyons, vrai! est-ce que tu ne le sais pas?

— Tu es la première personne qui me parle de cela?

— Ta fille ne t'a rien dit?

— Rien. Mais qu'aurait-elle pu me dire? Elle ne sait pas tout ce qu'on raconte et ignore certainement qu'on lui a inventé un amoureux. Et qui est-il, cet amoureux?

— Oh! tu n'es pas sans l'avoir vu plus d'une fois rôder autour de votre maison?

— Non, je n'ai pas remarqué. Mais tu ne me dis pas son nom.

— C'est le premier garçon de la ferme du Long-pré.

— Le beau François?

— Oui.

— Par exemple, en voilà bien d'une autre!

— Julie, veux-tu être franche avec moi?

— La franchise ne me fait pas défaut, tu le sais bien.

— Ainsi, c'est bien vrai, tu ne sais rien?

— Je ne te comprends pas.

— Tu ignores ce qui se passe, tu ne sais pas ce que l'on raconte ?

— Marguerite, où veux-tu en venir ?

— Tu m'embarrasses, tu me troubles... Tiens, j'aurais bien fait de ne te rien dire du tout. Et pourtant... Eh bien non, je ne peux pas te laisser dans l'ignorance, il faut que tu saches.

Julie, j'ai à peine un an de plus que toi, toutes petites nous nous amusions ensemble, nous avons toujours été bonnes camarades et je suis restée ton amie, peut-être ta meilleure amie. Aussi, je t'en prie, ne prends pas en mauvaise part ce que je vais te dire ; je serais désolée, vois-tu, si tu pensais que j'agis avec une mauvaise intention.

— Mon Dieu ! Pourquoi prendre tant de précautions ? Je sais bien que tu es mon amie, et aussi une brave femme. Allons, Marguerite, qu'as-tu à me dire ? Parle, parle !

— Eh bien ! Julie, ta fille et le beau François se donnent des rendez-vous.

La mère Lucotte pâlit affreusement.

— Qui dit cela ? fit-elle.

— Les gens.

— Oh ! les gens... Et toi tu répètes ce que les gens disent.

— Oui, pour que tu saches à quoi t'en tenir.

— Je méprise la calomnie et les calomniateurs.

— Il n'y a pas de calomnie, Julie.

— Allons donc, ma fille est bonne ouvrière et elle est jolie ; on est jaloux d'elle, et puis nous faisons assez bien nos petites affaires, et il y en a qui ne sont pas contents, et il y en a qui nous en veulent d'être heureux. C'est comme ça, il faut que ceux qui ne disent jamais de mal de personne passent par les mauvaises langues. Aujourd'hui, on s'en prend à Félicie, demain ce sera le tour d'une autre.

— Julie, je ferais bien de ne pas t'en dire plus long.

— Je te prie, au contraire, de m'apprendre tout ce que tu sais, de me répéter tout ce que tu as entendu raconter. Je t'écouterai, toi, parce que tu es mon amie ; ce serait une autre je la défigurerais. Parle, Marguerite, que dit-on encore ?

— Que le garçon de ferme est l'amant de ta fille.

— Quelle infamie ! exclama la mère Lucotte.

Ses yeux s'étaient enflammés et elle tremblait de colère.

— Allons, Julie, calme-toi.

— On prétend que ma fille se conduit mal, qu'elle a un amant ! Est-ce que tu crois cela, Marguerite, est-ce que tu le crois ?

— Tu veux que je te réponde en toute sincérité ?

— Oui, certes.

— Eh bien ! je crois que c'est la vérité !

— Oh ! oh ! fit la pauvre mère sourdement.

Et elle porta vivement ses deux mains à son cou comme pour se débarrasser de quelque chose qui l'étranglait. Ses yeux, démesurément ouverts, restaient fixés sur son amie.

Celle-ci continua :

— Écoute, Julie, il n'y a pas de mal qui ne puisse se réparer ; en ce qui concerne ta fille, il est bon que ce soit plus tôt que plus tard ; il n'y a pas à attendre. Mais c'est à toi et à Lucotte de voir.

Depuis un certain temps déjà on se doutait de

quelque chose à Manerville ; mais on n'était pas sûr, ou bien ceux qui en savaient plus long que les autres gardaient le silence. Voici comment on a eu vent de la chose :

On remarqua que le beau François qui, autrefois, se montrait rarement à Manerville, y venait fort souvent.

Presque toujours il savait chez qui ta fille travaillait, et il entrait dans la maison, sous un prétexte quelconque, celui, par exemple, de parler du prix des bêtes, du blé, de l'avoine, du colza, des fourrages. Il s'approchait de Félicie, et tout en ayant l'air d'admirer son ouvrage, il lui glissait quelques mots à l'oreille ; je dois ajouter pour répéter exactement ce qui m'a été dit, que ta fille ne paraissait pas plus contente que ça de voir le beau François.

Lui, qu'on n'avait jamais vu entrer à l'église, il venait à la messe presque tous les dimanches afin de se rencontrer avec Félicie à la sortie de l'office. Il la saluait, s'approchait d'elle et lui disait quelques paroles, mais si bas que jamais personne ne put entendre. Cependant les oreilles curieuses ne manquent pas ici. Enfin, en maintes circonstances, on vit le garçon de ferme se trouver juste à point sur le passage de ta fille.

Comme je te l'ai dit, on l'a vu rôder autour de votre maison au lieu d'y entrer tout bravement comme aurait fait tout autre garçon ayant des intentions honnêtes.

La mère Lucotte écoutait avec une indicible angoisse.

— Mais, dit-elle, tout cela ne prouve point que Félicie prêtait l'oreille aux paroles du beau François et qu'elle l'encourageait à courir après elle.

— Attends, je n'ai pas fini. Un jour, on les a surpris au bois du Fayon ; c'était un dimanche, dans l'après-midi. Ils n'étaient pas venus là pour cueillir des fraises dont le temps est passé, ni pour casser des noisettes qui n'étaient pas mûres.

Un autre dimanche on les a trouvés au beau milieu des blés, et, bien sûr, ils ne s'amusaient pas à faire un bouquet de bluets et de coquelicots.

La malheureuse Julie était stupéfaite.

— Mon Dieu, murmura-t-elle, tout cela est-il possible ?

— Ne te désole pas, ma chère amie, tu as toute autre chose à faire. La vieille Fréminet...

— Qu'est-ce qu'elle dit encore, celle-là ? interrompit Julie d'une voix rauque ; ah ! en voilà une langue de vipère !

— La nuit elle est toujours sur les quatre chemins ou plutôt à marauder dans les champs de haricots et de pommes de terre. Eh bien, elle a affirmé avoir vu une nuit, vers une heure du matin, Félicie rentrer chez vous, par le jardin, ayant tout à fait l'air d'une folle ou d'une possédée.

— Ça, c'est trop fort ! exclama la mère Lucotte.

— Et la Fréminet ajoute, avec ce vilain clignement des yeux qui lui est particulier : « Je sais maintenant d'où elle venait. »

— Marguerite, tout cela est épouvantable, monstrueux, et si c'était vrai... Mais, encore une fois, rien ne prouve que ces odieux racontages ne sont pas d'ignobles méchancetés.

— Malheureusement, ma pauvre amie, la preuve de tout cela existe, et il fallait ta confiance aveugle en Félicie pour que toi, sa mère, tu ne te fusses pas aperçue la première de ce qui, maintenant, saute aux yeux de tout le monde.

— Mon Dieu, mais que veux-tu dire?

— Ce soir, regarde ta fille, regarde-la bien, examine sa taille et tu comprendras.

— Tais-toi, malheureuse, tais-toi! Enceinte, ma fille enceinte!

— Hélas! voilà l'affreuse vérité.

La pauvre mère poussa un long gémissement, ses yeux se couvrirent d'un nuage épais et elle s'abattit sur le sol comme une masse. Elle avait perdu connaissance.

Son amie s'empressa de la secourir et de lui donner des soins.

Quand la malheureuse eut repris ses sens, toutes deux se regardèrent et se mirent à sangloter.

— Julie, dit Marguerite, il y a déjà quelques jours que je sais tout ça; aujourd'hui j'ai eu le courage de parler, et mon courage a été grand, je t'assure; je savais bien que je te frapperais cruellement au cœur. Ah! tu vas peut-être m'en vouloir de ne pas avoir su tenir ma langue.

— Non, non, Marguerite, n'aie pas cette crainte, répondit tristement Julie; loin de t'en vouloir, je te remercie. Je n'aurais certainement pas tardé à apprendre notre malheur par la rumeur publique; venant de toi le coup a été moins dur.

— Ma pauvre Julie!

— Nous avons perdu bien du temps, Marguerite, et nous sommes payées pour travailler. Allons, remettons-nous à la besogne.

Et, nerveusement, elle se remit à arracher les

tiges flexibles, par poignées, lesquelles étaient ensuite couchées sur le sol afin que la graine achevât de mûrir en séchant au soleil.

Mais elle n'avait plus le cœur à l'ouvrage ; sa pensée était ailleurs.

Au bout de quelques instants, elle se redressa en murmurant :

— Je ne peux plus !

Et elle dit à sa compagne :

— Je ne me sens pas bien, il ne me serait pas possible de finir ma journée ; je vais retourner chez nous ; la maîtresse te demandera sans doute pourquoi je suis partie ; tu lui répondras tout simplement que je me suis subitement trouvée indisposée.

— Oui, voilà ce que je dirai. Julie, c'est bien vrai, dis, tu ne m'en veux pas ?

— Je vais t'en donner la preuve.

Elle jeta ses bras autour du cou de sa vieille amie et l'embrassa.

— Ah ! tu es toujours bonne, Julie. J'ai encore une grâce à te demander.

— Laquelle ?

— Ne sois pas trop sévère, pas trop dure pour ta fille.

La mère Lucotte eut dans le regard un rayonnement superbe.

— Tu n'as jamais eu d'enfant, toi, répondit-elle, et tu ne connais pas le cœur d'une mère, tu ne sais pas ce qu'il contient, pour son enfant, d'indulgence, de miséricorde et de pardon.

Sur ces paroles, elle jeta la poignée de lin qu'elle tenait, adressa un dernier regard à son amie et s'en alla.

X

LA MÈRE ET LE PÈRE

Ce jour-là, Félicie n'était pas allée en journée ; elle travaillait chez elle, ce qui lui arrivait quelquefois quand elle avait un ouvrage à faire pour une de ses clientes des communes voisines.

C'était elle qui, le matin, avait fait le ménage, et elle s'était aussi chargée de préparer le repas du soir.

Tout en travaillant elle laissait échapper de profonds soupirs et souvent essuyait des larmes qui coulaient lentement sur ses joues. Hélas ! elle pensait à sa douloureuse destinée, aux choses redoutables et terribles qui l'attendaient.

La soudaine apparition de sa mère, vers trois heures de l'après-midi, lui causa une émotion violente. Ce retour inattendu lui annonçait qu'il se passait quelque chose d'extraordinaire. Elle voyait d'ailleurs sa mère très pâle et ayant le regard fiévreux.

— Maman, dit-elle d'une voix mal assurée, qu'as-tu donc ! Est-ce que tu es malade?

— Ce que j'ai, Félicie, ce n'est pas ça.

Et elle enveloppa la jeune fille, qui s'était levée et s'avançait vers elle, d'un regard clair et profond.

— Comme tu me regardes ! fit la pauvre Félicie ; pourquoi donc me regardes-tu ainsi ?

La mère hocha la tête en soupirant.

— Je te regarde ainsi, répondit-elle, afin de m'assurer que ce que je viens d'apprendre est bien la vérité, et me voilà convaincue que depuis trop longtemps j'avais un bandeau sur les yeux.

La jeune fille devint très rouge et baissa la tête.

— Ainsi, Félicie, tu nous as trompés, ton père et moi, tu ne méritais pas la confiance que nous avions en toi ! Ah ! malheureuse, malheureuse !

— Oui, malheureuse, répéta sourdement la jeune fille, en se courbant davantage.

— Quand François Lambert, ce méchant garçon, t'a adressé la première fois des paroles que tu ne devais pas écouter, pourquoi ne m'as-tu pas prévenue ? et depuis, pourquoi ne m'as-tu rien dit ? A quoi donc sert une mère ? Est-ce que la mère n'est pas là pour donner des conseils à sa fille, pour la défendre ? Oh ! si j'avais été dure pour toi, si je ne t'avais pas aimée, je comprendrais. Mais j'étais une bonne mère, au contraire, trop bonne, hélas ! puisque ma tendresse était aveugle...

Le mal est fait, le malheur est arrivé, et il est grand, ton malheur, qui est aussi le mien et celui de ton père.

Ta faute est connue, on en parle : aujourd'hui ta honte est visible à tous les yeux, tu ne peux plus la cacher, et dans quelques jours, si ce n'est dès demain, quel scandale dans la commune !

7.

— Maman, maman! prononça la malheureuse enfant d'une voix gémissante.

Et elle fondit en larmes.

La mère aussi se mit à pleurer.

Elle prit le bras de sa fille, la fit asseoir, s'assit à côté d'elle, et après un moment de silence :

— C'est probablement, reprit-elle, lorsque tu es allée travailler au Longpré, pour madame Moutier, que le garçon de ferme t'a parlé la première fois.

— Oui.

— Qu'est-ce qu'il t'a dit ?

— Je ne me souviens pas.

— Mais le soir, quand tu es rentrée, ou le lendemain matin, tu te rappelais ; pourquoi ne m'as-tu pas avertie que le garçon s'était permis de te parler d'amour.

— Le soir même, c'était le troisième jour que j'étais à la ferme ; le mal était fait et je n'ai osé te rien dire, le courage m'a manqué. Il m'avait parlé dans la journée et causé une impression étrange ; le soir, il m'attendait sur le chemin et m'a prise dans ses bras, m'a entraînée au bord de la rivière et je n'ai jamais eu qu'un souvenir confus de ce qui s'est passé.

— Comment, tu n'as pas appelé au secours, tu ne t'es pas défendue ?

— Je n'ai pas pu.

— Oh ! tu n'as pas pu !

— J'étais tout étourdie, comme ivre ou paralysée.

— Mais il t'avait donc ensorcelée ?

— Hélas ! oui, ensorcelée ?

— Ainsi, il ne t'avait parlé qu'une seule fois et tu l'aimais déjà ?

— Non, non, je ne l'aimais pas !
— Tu ne l'aimais pas et tu t'es donnée à lui !...
— Je ne me suis pas donnée à lui, il m'a prise !
— Alors il a usé de violence ?
— Non, puisque je ne me suis pas défendue.
— Mon Dieu, tes réponses m'épouvantent, je ne parviens pas à comprendre.
— Hélas, je ne comprends pas non plus.
— Je me souviens qu'un soir tu es rentrée très tard ; c'était ce jour-là, un samedi ?
— Oui.
— Le lendemain matin, je t'ai trouvée toute drôle, tu étais fatiguée, tu avais les yeux brillants, hagards, et je me suis inquiétée.
— Je souffrais, je souffrais beaucoup ; je me sentais rougir de honte, et il y avait de la frayeur et de l'horreur en moi.
— Ah ! j'ai eu grandement tort de ne pas te questionner, de ne pas te forcer à me tout dire. Félicie, si je t'avais interrogée avec insistance, aurais-tu avoué ta faute ?
— Peut-être, maman, mais je crois plutôt que j'aurais gardé le silence.
— Pourquoi ?
— Je ne peux pas dire.
— Tu ne peux pas dire !
— Une peur que j'avais, une peur singulière.
— Mon Dieu, Félicie, mais je ne te reconnais plus.
— Ah ! je ne me reconnais plus moi-même ! s'écria la jeune fille en sanglotant.
La mère attendit qu'elle se fût un peu calmée.
— Revenons au beau François, dit-elle ; c'est plus

tard, après la faute commise, quand le mal que tu t'étais fait à toi-même était irréparable, que tu t'es mise à aimer ton séducteur.

— Mais je ne l'aime pas, je ne l'aime pas !

La mère regarda sa fille avec stupeur.

— Hein ! fit-elle, que dis-tu ? Tu ne l'aimes pas !

— Non, non, je ne l'aime pas ! s'écria Félicie avec une sorte d'énergie sauvage.

La pauvre mère leva ses bras vers le ciel, contempla un instant sa malheureuse enfant avec des yeux ahuris et reprit :

— Pourtant, vous vous donniez des rendez-vous.

— Lui, mais pas moi, pas moi.

— Il importe peu, puisque tu y allais.

— Oui, j'y allais malgré moi.

— Oh !

— Malgré moi, maman ; je savais bien que j'avais tort, que je faisais mal, mais il le voulait et j'obéissais ; une puissance contre laquelle je ne pouvais rien m'entraînait vers lui ; c'était comme un horrible démon qui me poussait, en me criant : « Marche ! marche ! »

— Est-ce que, même la nuit, tu allais à ses rendez-vous ?

— Oui, quelquefois la nuit, pendant que mon père et toi dormiez, je suis sortie.

— Mon Dieu, c'est à ne rien croire de tout cela ! Tu sortais la nuit ! Et rien ne te retenait, rien ne t'arrêtait ?

— Rien.

— Tu n'avais donc pas des craintes ?

— Aucune.

— Pas même celle d'être vue par quelqu'un ou d'être surprise par ton père ou par moi ?

— Je ne songeais pas à cela.

— Et tu ne pensais pas non plus au grand chagrin que nous aurions, à l'épouvantable douleur que tu nous causerais quand nous apprendrions que tu te conduisais mal ?

— Si, je pensais à cela quand je n'étais plus dominée par lui et que, pour quelques heures, je redevenais maîtresse de moi-même. Je ne saurais te dire comme je le voudrais quels étaient ma douleur, mon désespoir. Je me voyais au fond d'un noir abîme. Je versais des larmes brûlantes, je maudissais ma malheureuse existence, je me tordais dans d'intolérables souffrances, dans des angoisses mortelles. Tous les blâmes, tous les reproches, je me les suis adressés; ah! tu ne peux pas être plus sévère pour ta malheureuse fille que je ne l'ai été moi-même.

C'est alors que, sans cesse, je pensais à toi et à mon père dont je n'étais plus digne, et plus d'une fois j'ai eu la pensée de me tuer.

— Que dis-tu, mon Dieu. que dis-tu ?

— Oui, j'ai pensé à mettre fin à mes jours.

— Malheureuse !

— Je voyais dans la mort une délivrance; j'aurais ainsi échappé au déshonneur, à l'opprobre. Je ne me suis pas tuée. Pourquoi ? Un sentiment, tout nouveau en moi m'a retenue. Ce sentiment je le connais maintenant, c'est celui de la maternité !

— Oh ! fit la mère, qui se sentit remuée jusqu'au fond des entrailles.

Elle saisit les mains de sa fille, les pressa dans

les siennes et, d'une voix vibrante d'émotion :

— Félicie, dit-elle, tu seras sans doute sévèrement jugée par les autres; mais moi, ta mère, je suis désarmée; les paroles que tu viens de prononcer sont ton absolution.

— Ah! maman, maman! s'écria la jeune fille entre deux sanglots, tu ne veux pas m'accabler, mais je ne m'absous pas, moi!

— Prenons courage l'une et l'autre, mon enfant; je te soutiendrai dans tes épreuves et nous pleurerons ensemble.

Félicie inclina sa tête charmante, appuya ses lèvres sur les mains de sa mère, puis dit :

— Mon malheur ne te rend pas impitoyable, la mère a pitié de son enfant... Ah! c'est un soulagement pour mon cœur; mais il y a dans mon âme une plaie profonde qui ne guérira jamais. Maman, je te demande pardon de la grande douleur que je te cause et des douleurs qui viendront encore, car, hélas! tout n'est pas fini... Pardonne-moi, ma mère, pardonne à une malheureuse, pardon, pardon!

— Mais tu vois bien que je n'ai pas une parole de colère, que je ne trouve même pas un reproche à t'adresser; tu vois bien que ta mère t'a pardonnée. D'ailleurs, après t'avoir écoutée, et en trouvant bien extraordinaire ce que tu m'as dit, j'en suis à me demander jusqu'à quel point tu es coupable et même si tu es réellement coupable. Je ne vois plus en toi qu'une victime.

— Oh! oui, une victime!

— Le beau François...

— Ma mère, ne parlons plus de cet homme, son nom seul me cause une terreur que je ne puis définir.

— Il faut pourtant que nous en parlions encore ; pour qu'il t'ait subjuguée ainsi, pour que tu lui obéisses comme une esclave et que tu sois poussée vers lui par une force que tu dis irrésistible, quelle espèce de pouvoir a-t-il donc sur toi ?

— Un pouvoir étrange, infernal.

— Et tu ne peux pas t'y soustraire ?

— J'ai essayé. Impossible. Ce pouvoir, ma mère, j'ai vainement cherché à me l'expliquer ; ah ! il est terrible et je le subis. Ce n'est pas assez de dire que je suis l'esclave de cet homme, l'esclave a une volonté et moi, avec lui, je n'en ai plus ; je suis comme une machine que sa volonté fait mouvoir.

N'importe où il me dirait d'aller, j'irais ; il m'ordonnerait de me jeter dans la rivière, j'obéirais ; il me forcerait à le suivre au bout du monde.

— Mais c'est épouvantable !

— Epouvantable, horrible !

— Et tu dis que tu ne l'aimes pas ?

— Je ne l'aime pas. Je ne saurais bien expliquer ce qu'il me fait éprouver, ce sont des appréhensions, des craintes continuelles, une sorte de terreur. Dès que je l'aperçois, dès que son regard exprime une volonté, il me semble que tout s'éteint en moi et que je tombe dans une effroyable détresse.

— Mon Dieu, qu'est-ce que c'est donc que cet homme ?

— Ce que c'est, je ne saurais le dire, peut-être un démon vomi par l'enfer.

— Est-ce qu'il t'aime, lui ?

— Je n'en sais rien ; il le dit, mais je n'ai aucune croyance en ses paroles.

— Ne t'a-t-il pas fait quelques promesses ?

— Il m'a dit qu'il m'épouserait.

— Ce serait une réparation, et après en avoir dit de toutes les couleurs, les mauvaises langues se tairaient.

— Je consentirais à devenir sa femme, oh! pas pour mon bonheur, mais dans l'intérêt de l'enfant que je vais bientôt mettre au monde. Seulement, je ne me fais pas illusion, il ne voudra pas.

— Alors c'est réellement un misérable!

— Un misérable et un lâche! ajouta amèrement la jeune fille.

Toutes deux restèrent un moment silencieuses.

Félicie reprit :

— Maman, je suis très effrayée de ce qui va arriver; on ne verra plus en moi qu'une fille perdue, une fille de rien; je serai méprisée, repoussée comme une pestiférée, tout le monde me jettera la pierre, on me traînera dans la boue, on m'abreuvera de tous les outrages, et tout cela, hélas! rejaillira sur mon pauvre père. Ecoute, je ferais bien de m'en aller.

— T'en aller, où?

— Loin d'ici, le plus loin possible. Dans une grande ville, je trouverai facilement, je crois, du travail dans un atelier de couture. D'ailleurs, j'ai mes petites économies que tu as bien voulu me laisser, tout près de deux cents francs; cela me ferait vivre ou m'aiderait à vivre jusqu'au moment... Après, je mettrai mon enfant en nourrice et je travaillerai fort pour l'élever. Je suis courageuse, vaillante et j'aime le travail. En m'en allant, vois-tu, je vous délivrerai de toutes sortes d'ennuis et de désagréments, vous serez débarrassés de moi et de celui qui va venir.

— Ah! tais-toi, malheureuse enfant, tais-toi!

— Pourtant, chère mère.

— Voyons, est-ce que, vraiment, tu aurais le cœur de nous abandonner?

— Je ne m'en irais pas sans déchirements, sans grande douleur; mais il y a des sacrifices nécessaires, et si cruel qu'il soit, je ferais celui-là s'il devait être le prix de votre tranquillité.

— Tiens, Félicie, c'est affreux ce que tu dis et je ne comprends pas que tu puisses avoir une pareille pensée. Toi, nous quitter, jamais! Pour ton père et pour moi, ce serait le coup de mort!

Ce qui arrivera, nous l'attendrons. Je te le répète, je pleurerai avec toi, je souffrirai avec toi, et si tu as besoin d'être défendue, ta mère te défendra.

— Je ne vous quitterai pas, maman!

— Bien, bien. Et à partir de maintenant, tu ne me cacheras plus rien, plus une seule de tes pensées.

— Je te le promets.

— Et tu te mets sous ma protection?

— Oui.

— Elle ne te fera pas défaut, sois tranquille. Moi aussi j'ai du cœur et je suis vaillante. Si le misérable ne t'épouse pas, s'il est assez lâche pour abandonner la mère et l'enfant, nous serons là, ton père et moi; nous ne le jetterons pas sur le fumier ou dans la rivière, ce pauvre petit être, innocent de la mauvaise action de son père; tu l'élèveras et nous t'aiderons à l'élever.

— Oh! maman, maman! fit Félicie avec un accent d'admiration et de reconnaissance profonde.

— Maintenant, reprit la mère, il n'y a rien à cacher à ton père, nous devons lui faire connaître la vérité tout entière.

— Mon Dieu, je tremble !

— Ce sera terrible, mais c'est un moment à passer.

— Hélas ! soupira la jeune fille.

La mère continua :

— Pierre ne se doute de rien encore ; mais il est inquiet ; il sent que quelque malheur le menace, il flaire une mauvaise chose. Il a surpris des chuchotements qui lui ont paru singuliers, des regards fixés sur lui qui lui ont déplu ; certaines paroles, certains sourires lui ont fait froncer les sourcils ; il est en éveil, il cherche à deviner, à comprendre. Nous ne devons pas attendre qu'on lui jette en passant, injurieusement, notre malheur à la face.

— Oh ! non, il ne faut pas cela ! Ce soir, quand il rentrera, tu lui diras tout. Mais pas devant moi, n'est-ce pas ? Oh ! pas devant moi !

A six heures et demie, le bêlement des moutons dans les rues annonça le retour du berger. Peu après, Pluton et Médor entrèrent joyeusement dans la maison, la queue frétillante, caressèrent leur maîtresse, puis allèrent trouver la grande terrine de grès dans laquelle Julie venait de tremper leur soupe.

Pierre Lucotte parut à son tour.

— Tiens, fit-il, s'adressant à sa femme, je croyais que tu travaillais aujourd'hui pour madame Bertholet, dans son champ de lin.

— J'ai, en effet, arraché le lin; mais, comme tu vois, je n'ai pas fini la journée.

— Ah! fit-il avec un commencement d'inquiétude, est-ce que tu as été malade?

— Non.

— Alors pourquoi es-tu revenue?

— Je suis revenue pour t'attendre.

Il ne chercha pas à dissimuler sa surprise.

— Pierre, reprit Julie, j'ai quelque chose à te dire.

— Quoi donc?

— Quelque chose de très grave.

— De très grave? répéta-t-il.

— Oui, une révélation à te faire, une affreuse révélation.

— Mais de quoi s'agit-il donc, mon Dieu? Parle!

— D'abord, Pierre, il faut que tu me promettes d'être calme, de ne pas te laisser aller à ton premier mouvement.

— Je te promets tout ce que tu voudras... Ah! tu me mets la mort dans l'âme! Mais, au nom de Dieu, parle! parle!

Alors avec toutes sortes de précautions et de grands ménagements, cherchant dans son cœur les paroles qui pouvaient rendre moins douloureux le coup qu'elle portait, Julie apprit à son mari l'épouvantable chose.

Il laissa échapper un cri rauque, appuya ses deux mains sur sa poitrine haletante et s'affaissa lourdement sur un siège.

Il était devenu blanc comme un suaire, avait les lèvres frémissantes, les prunelles dilatées, le regard plein de sombres éclairs.

La femme, qui s'était attendue à une subite explosion de fureur, se sentit un peu rassurée.

L'orage ne serait pas trop violent. Les précautions qu'elle avait prises n'avaient donc pas été inutiles.

Mais elle ne pouvait pas deviner ce qui, à cet instant, se passait dans l'âme du berger.

Elle reprit la parole et rapporta, dans ses parties essentielles, la conversation qu'elle avait eue avec sa malheureuse fille.

Elle put parler longtemps et dire tout ce qu'elle voulut. Il ne l'interrompit pas. Il ne prononça pas un mot, ne fit pas un mouvement.

Il était là écrasé, stupide, dans une immobilité de statue. Mais ses yeux enflammés avaient une expression à donner le frisson.

Ecoutait-il ce que sa femme lui disait, et, s'il écoutait, comprenait-il?

Celle-ci cessa de parler.

— Ah! fit Pierre.

Et il passa plusieurs fois sa main sur son front couvert d'une sueur glacée.

A ce moment, Félicie, qui s'était réfugiée dans sa chambre, et avait écouté, frissonnante, les paroles de sa mère, ouvrit lentement la porte et parut.

Elle était livide et se soutenait à peine.

A sa vue, le père se dressa comme par un ressort. Ses yeux lancèrent des flammes et s'injectèrent de sang.

— Misérable, infâme! s'écria-t-il d'une voix terrible.

Il s'empara d'une lourde hache avec laquelle il avait, le matin, fendu du bois, et, menaçant, effrayant de fureur, il marcha sur sa fille qui, sans pousser un cri, sans faire un pas en arrière, se courba pour recevoir le coup mortel.

— Coquine, gueuse! hurla le berger, tu vas recevoir ton châtiment!

La hache allait s'abattre sur la malheureuse.

Mais la mère eut le temps de se jeter sur son mari, de le repousser et de lui arracher des mains l'arme, qu'elle lança dans un coin de la pièce.

Alors la jeune fille se redressa, tomba à genoux devant son père, lui lia ses bras autour des jambes et d'une voix suppliante :

— Grâce, mon père, grâce! s'écria-t-elle.

— Arrière, misérable, arrière!

— Mon père, mon père!

— Tu n'as plus de père, je n'ai plus de fille, je ne te connais plus!

— Ne soyez pas sans pitié!

— Ote-toi de devant mes yeux, maudite, cache-toi, tu me fais horreur!

Elle retira ses bras et, le buste en arrière, elle lui dit d'une voix déchirante, mais pleine d'énergie :

— Puisque vous me repoussez, puisque je ne puis faire fléchir votre juste colère, je n'ai plus besoin de vivre, reprenez votre hache et tuez-moi; je demande la mort!

— Non, je ne veux pas te tuer; mais va-t'en, malheureuse, va-t'en!

— Maman, je suis condamnée, mon père est sans pitié, il me chasse!

La mère, jusqu'alors spectatrice muette de cette scène qui brisait son cœur, fit deux pas vers son mari.

— Pierre, dit-elle avec une douleur profonde, si tu es impitoyable pour ton enfant malheureuse, qui donc aura pitié d'elle? Devant qui pourra-t-elle trouver grâce?

Pierre Lucotte tressaillit violemment.

La voix de sa femme, qui joignait ses supplications à celle de sa fille, venait de le remuer jusqu'au fond de l'âme. L'amour paternel reprenait sa puissance et le ressentiment s'apaisait.

— Mon père, reprit la jeune fille, tendant vers lui ses mains tremblantes et les yeux noyés de larmes, si vous me refusez le pardon que j'implore à genoux, c'est que vous me maudissez. Alors, que ma destinée s'accomplisse... Je vais m'en aller et vous n'entendrez plus jamais parler de moi.

— Tu l'entends, Pierre, tu l'entends! s'écria la mère avec désespoir.

Lucotte regarda sa femme, puis sa fille, couvrit son visage de ses mains et se mit à sangloter.

La mère jeta ce cri, qui s'élançait de son cœur :

— Ah! il pardonne!

XI

LE MISÉRABLE

Après avoir pleuré, Pierre Lucotte avait ouvert ses bras à sa fille, puis fait signe à sa femme de venir aussi se presser contre son cœur et, longtemps, il les avait tendrement étreintes.

A minuit, Pierre et Julie ne dormaient pas encore, bien qu'ils se fussent couchés comme toujours à neuf heures. Ils parlaient de l'infortunée Félicie et la femme expliquait de son mieux à son mari comment un si grand malheur était arrivé à leur enfant ; elle appuyait sur ce point que, malgré tout, il était impossible qu'on puisse dire que Félicie était une fille de mauvaise conduite.

Mais le mal était fait, le beau François le réparerait-il autant qu'il le pouvait ?

Voilà la question que se posait Lucotte.

Le lendemain était un dimanche. Une heure plus tôt que les autres jours de la semaine, la trompe du berger sonna le rassemblement du troupeau.

Le dimanche et les jours fériés le berger partait plus tôt pour revenir un peu avant dix heures et il ne retournait pas aux champs. Il avait à lui toute l'après-midi; c'étaient ses heures de vacances, un repos qui lui était accordé par son cahier des charges; ces quelques heures, il pouvait les consacrer entièrement à sa femme et à sa fille, ce qu'il faisait ordinairement.

Il revint juste au moment où Julie et Félicie, habillées, sortaient pour se rendre à l'église.

Félicie aurait bien voulu ne pas accompagner sa mère.

— Je n'ose plus me montrer, avait-elle dit; je sens que, maintenant, je dois me cacher.

— Viens tout de même, avait répondu la mère, femme très pieuse; entendre la messe le dimanche est un devoir : d'ailleurs tu n'es pas une criminelle et il ne t'est pas défendu de prier le bon Dieu. Et puis, sois tranquille, près de moi tu n'as à redouter aucune avanie. Si une femme, n'importe laquelle, se permettait de t'insulter, ah! malheur, je la défigurerais !

Le berger, qui avait un reste de bois à fendre, acheva sa besogne et rentra les quartiers dans un coin de l'écurie, tout en soignant le pot-au-feu que sa femme lui avait recommandé.

A midi on se mit à table.

Lucotte ne disait rien. Il était songeur, préoccupé.

— Il rumine quelque chose, pensait sa femme.

Félicie aussi gardait le silence. Hélas! elle n'avait rien à dire. Elle était d'une grande tristesse et avait de grosses larmes dans les yeux.

Le repas terminé, Lucotte dit à sa femme de lui préparer son vêtement des grands jours, se lava la tête dans une cuvette d'eau fraîche, peigna avec soin ses cheveux et sa barbe et s'habilla, endossant par-dessus sa veste ronde, une blouse de toile bleue, presque neuve.

— Où donc vas-tu? lui demanda sa femme.

Après avoir un instant hésité:

— C'est bon, répondit-il, quand je reviendrai je te dirai où je suis allé.

Mais Julie avait deviné. Elle se mit à trembler.

— Mon Dieu, se dit-elle, s'il lui répond un mot de travers, s'il ne lui donne pas satisfaction, il est capable de le tuer!

Lucotte s'en alla, ayant l'air tranquille, les deux mains dans ses poches, comme un homme qui va s'offrir une agréable flânerie.

Il traversa la rivière sur le pont du moulin et prit le chemin de la ferme du Longpré.

Dans la cour il trouva le fermier qui jouait avec ses fillettes.

— Tiens, fit gaiement M. Moutier, c'est ce brave Lucotte.

— C'est moi, monsieur Moutier; vous êtes étonné, car je crois bien que c'est la deuxième fois depuis sept ans que je viens au Longpré.

— On ne se plaindrait pas de vous y voir venir plus souvent; vous savez bien, Lucotte, qu'on a ici de l'amitié pour vous.

— M. Moutier et madame Moutier ont toujours été bons pour moi; je n'ai pas oublié le temps où je travaillais pour vous, monsieur Moutier.

— Ni moi, mon cher Lucotte, et je vous le dis sans flatterie, je n'ai pas trouvé depuis vous un faucheur qui vous aille seulement à la cheville. Mâtin, comme vous saviez manier la faux !

Mais nous allons entrer et nous trinquerons ensemble.

— Je vous remercie bien de votre honnêteté, monsieur Moutier, mais je n'ai besoin de rien.

— Pas même une petite goutte?

— Rien, monsieur Moutier.

— Vous êtes toujours le même, mon brave Lucotte, l'homme sobre par excellence. Mais vous n'êtes pas venu à la ferme pour rien. Voyons, quel bon vent vous amène?

— C'est un mauvais vent, monsieur Moutier.

— Hein, que dites-vous? Mais c'est vrai, vous êtes pâle comme un mort, vous avez quelque chose.

— Une grosse peine, monsieur Moutier.

— Qu'est-ce donc que cette grosse peine?

— Permettez-moi de garder le silence : ce que j'ai, vous et madame Moutier ne le saurez que trop tôt.

Monsieur Moutier, j'ai besoin de parler à François Lambert, votre premier garçon.

— Ah !

— Où est-il?

— Il est allé jusqu'au clos du Vivrais où sont les poulains; mais dans le cas où il lui prendrait fantaisie de faire un grand tour et d'aller à Manerville ou à Saint-Romain, je vais le faire appeler.

— Merci, monsieur Moutier; seulement, qu'on ne lui dise pas pourquoi vous le faites demander.

Le fermier entra dans son écurie et reparut au bout d'un instant, disant :

— Je viens d'envoyer un des garçons.

— Avec votre permission, monsieur Moutier, je vais attendre.

— Mais vous aller entrer dans la salle, on a une chaise à vous offrir.

— Oh ! si ça ne vous fait rien, je préfère rester dans la cour. Je serais fâché de vous déranger le moindrement et je vous en prie, monsieur Moutier, faites comme si je n'étais pas là. Vous avez vos occupations.

— C'est aujourd'hui dimanche, jour de repos, répondit le fermier en souriant, et il me plaît de vous tenir un instant compagnie.

— C'est faire bien de l'honneur à un pauvre berger.

— Mais qui est peut-être le plus honnête homme que je connaisse. A propos, donnez-moi donc des nouvelles de votre brave femme, comment va-t-elle ?

— Tout doucement.

— Et votre gentille Félicie ?

Lucotte hocha la tête et sa physionomie prit une expression de douleur profonde qui frappa aussitôt le fermier.

— Lucotte, qu'y a-t-il donc de ce côté-là ? demanda-t-il.

— Vous le saurez bientôt, monsieur Moutier, répondit le berger d'un voix altérée.

Le fermier comprit qu'il devait cesser ses interrogations, et entrant dans ce qui était l'élément du père Lucotte, il se mit à lui parler bergerie et moutons.

Vingt minutes s'écoulèrent ainsi.

Les petites filles étaient rentrées dans la ferme et jouaient à la poupée dans une chambre.

Soudain, le beau François, qui était entré dans les bâtiments par une porte de derrière, apparut dans la cour, sortant d'une grange.

Il était accompagné du domestique qu'on avait envoyé l'appeler, et d'un autre qui était allé au clos avec lui.

A la vue du berger il fit un brusque mouvement en arrière. Il allait probablement battre en retraite, lorsque le fermier lui cria :

— Arrivez donc, François, arrivez donc, on vous attend !

Il était difficile au garçon de ferme de s'esquiver, ce qui, d'ailleurs, n'aurait pu tourner qu'à sa confusion. Faisant contre mauvaise fortune bon cœur, et bien qu'il se sentît fort mal à son aise, il s'avança hardiment, fier et même quelque peu goguenard.

Il existe de ces individus, couards et lâches, qui deviennent tout à coup audacieux en face du danger.

C'est le courage de la peur.

Car il avait peur, le beau François ; il devinait pourquoi le berger était là et il se demandait avec effroi comment les choses allaient se passer.

Les deux domestiques étaient restés sur le seuil de la grange.

— Mon cher Lucotte, dit le fermier, prêt à se retirer discrètement, je vous laisse causer avec le garçon.

— Monsieur Moutier, répondit lentement le père de Félicie, ce que j'ai à dire à M. François Lambert, vous pouvez l'entendre, et j'ajoute qu'il me sera agréable que vous l'entendiez. En certaines matières, voyez-vous, les honnêtes pères de famille sont les meilleurs juges. Je vous en prie, monsieur Moutier, restez.

— Quand on a à s'expliquer entre soi, on n'a pas besoin de témoins, hasarda le garçon de ferme.

— Je n'ai rien à cacher, moi, répliqua Lucotte, et voudrais-je cacher votre infamie, monsieur Lambert, je ne le pourrais plus. Demain, ce sera le scandale de Manerville et de tous les pays aux alentours.

Le berger parlait gravement, avec un calme relatif ; mais on sentait les efforts qu'il faisait pour se contenir.

Le fermier, qui ne comprenait pas, et que ce début avait singulièrement étonné, dressait l'oreille.

La fermière s'était rapprochée d'une fenêtre, s'y était accoudée et regardait curieusement.

— Monsieur François Lambert, reprit Pierre Lucotte, je ne viens pas vous trouver en suppliant, je n'ai pas à vous parler en tremblant, mais comme un père outragé, avec mon droit et toute la force de mon indignation.

Monsieur Lambert, vous savez ce que vous avez fait, quelles sont maintenant vos intentions ?

— Je ne comprends pas ce que voulez dire.

— Ah ! vous ne comprenez pas !... Je vous demande si vous êtes disposé à une réparation.

— Qu'entendez-vous par là ?

— Je vous demande si vous songez à épouser ma fille, afin que l'enfant qu'elle va mettre au monde ait un père et ne soit pas un bâtard ?

— Je ne pense pas le moins du monde à me marier.

Les yeux du berger flamboyèrent.

— Ainsi, répliqua-t-il d'une voix qu'il avait peine à contenir, voilà ce que vous trouvez à me répondre ; du reste, je ne suis pas trop surpris, je m'attendais à cela. Ainsi la douleur et le désespoir que vous causez ne sont rien pour vous ! Par je ne sais quelles manœuvres infernales, vous arrivez à commettre un acte que je ne veux pas encore qualifier, et vous trouvez que vous n'avez encouru aucune responsabilité ! Vous avez saisi une pauvre jeune fille comme une proie, vous en avez fait votre victime, vous l'avez plongée dans un malheur épouvantable et vous dites : « Qu'elle s'arrange, qu'elle fasse ce qu'elle voudra, qu'elle devienne ce qu'elle pourra ! Moi, de tout cela, je me lave les mains ! Vous jetez une malheureuse enfant dans la boue et au lieu de l'aider à se relever, vous piétinez sur elle !

Et l'enfant, monsieur ? Ah ! l'enfant ne vous intéresse pas davantage. Il viendra au monde, mais qu'il vive ou qu'il meure, cela vous est bien égal ; de cet enfant, vous vous souciez comme d'un fétu de paille. »

Malgré ces dures paroles du berger, le beau François gardait encore une assez bonne contenance.

Madame Moutier, qui écoutait et ne perdait pas un mot, était devenue pâle comme l'ivoire.

Quant au fermier, il était absolument stupéfié et restait immobile, les bras croisés, ahuri, hébété.

Les domestiques, devant la grange, se regardaient comme deux chiens de faïence.

— Tu vas voir, dit l'un, ça va mal finir.

D'une voix où commençait à gronder sourdement la colère, le père Lucotte reprit :

— Mais quelle espèce d'homme êtes-vous donc, monsieur François Lambert? Est ce que vous êtes pétri d'une autre pâte que celle de tout le monde? Est-ce qu'il y a un cœur dans votre poitrine? Est-ce que vous avez une âme? Mais êtes-vous bien un homme? N'êtes-vous pas plutôt une sorte de monstre à face humaine?

— Voyons, monsieur Lucotte, vous me faites là une scène qui n'amuse guère monsieur et madame Moutier, qui vous entendent; avez-vous enfin fini?

— Oui, j'ai fini, et j'attends que vous me répondiez.

— Mais je n'ai rien, absolument rien à répondre.

— Monsieur Lambert, je vous le demande une dernière fois, que comptez-vous faire?

— Ce que je compte faire? mais rien.

— Alors, vous ne faites pas plus de cas d'une mère et d'un enfant que d'une guenille que vous roulez sous vos pieds?

Le beau François haussa les épaules.

— Et mon honneur, à moi, s'écria Lucotte tremblant de colère, et le mal que vous m'avez fait et le préjudice que vous me causez, est-ce que vous comptez cela aussi pour rien?

— Hé, répliqua le garçon de ferme avec un cynisme révoltant, ce n'est pas la première fois que semblable chose arrive; bien d'autres avant vous ont passé par là. Si l'on devait épouser toutes les filles avec lesquelles on s'amuse un instant, les garçons auraient fort à faire. Votre fille aura un enfant, c'est un des accidents de la vie, on n'a jamais pensé à faire de cela une affaire d'État. Elle n'est pas la seule, que cela vous console. Allez, elle n'en mourra pas, ni vous non plus.

Le mariage ne fait point mon affaire; si j'avais quelque velléité de me marier, je vous dirais peut-être : je réfléchirai! et peut-être épouserais-je votre fille qui, après tout, en vaut bien une autre. Mais voilà, me marier ne me va pas du tout.

Le berger frémissait de la tête aux pieds et était prêt à suffoquer. Il fallait vraiment que les paroles du garçon l'eussent frappé de stupeur pour qu'il l'eût laissé aller jusqu'au bout.

— François Lambert, dit-il sourdement, je sais maintenant à quoi m'en tenir sur votre compte.

— Eh bien, monsieur Lucotte, grand bien vous fasse.

— Vous êtes une bête sauvage, plus à craindre que le loup affamé qui guette mes moutons, et je ne sais quelle espèce de dégoût vous m'inspirez.

— Hé, riposta le misérable en ricanant, votre fille n'a pas été aussi dégoûtée que vous.

Cette fois, la mesure était comble, débordait.

La colère du berger éclata comme un coup de tonnerre.

— Misérable, ignoble bandit! hurla-t-il, pendant que de ses prunelles sombres jaillissaient de sinistres éclairs.

Et avant que le beau François ait eu le temps de se mettre sur ses gardes, il bondit sur lui et le renversa sur le sol.

S'il avait eu un couteau à la main, il aurait enfoncé la lame dans la poitrine du séducteur. Mais, heureusement, il n'avait pas d'armes sur lui.

Le garçon de ferme poussait des cris d'épouvante, se débattait vainement sous les genoux du berger qui l'écrasaient. Celui-ci noua ses mains nerveuses et fortes autour du cou du misérable et serra avec fureur.

Etreinte terrible de deux mains non moins redoutables que des tenailles.

Le beau François se débattait encore, ses lèvres se frangèrent d'écume, le sang lui sortait par le nez, il ne criait plus, il râlait.

— Mais il l'étrangle, mon Dieu! il l'étrangle! s'écria madame Moutier, à demi morte de frayeur.

Alors, le fermier sortant de son état de torpeur, essaya de délivrer le garçon de ferme.

— Laissez-moi, laissez-moi! criait Lucotte, il faut qu'il meure, je veux le tuer, le scélérat! Il nous a déshonorés! Je suis la vengeance! Je venge ma fille!

Cependant, le fermier et les deux domestiques, qui vinrent lui prêter main-forte, parvinrent à arracher le beau François des mains du berger.

Et pendant que celui-ci était maintenu par le fermier, qui cherchait à l'apaiser, à le calmer, les camarades du beau François le relevaient, et comme il avait presque perdu connaissance et ne pouvait se tenir sur ses jambes, ils l'aidaient à s'asseoir sur le timon d'une voiture.

— Tout de même, disait le fermier à Lucotte, si nous n'étions pas venus à son secours, vous l'auriez étranglé!

— Le mal n'aurait pas été grand, monsieur Moutier; maintenant que je ne suis plus sous l'emportement de la fureur, que j'ai repris mon sang-froid, quelque chose me dit que si je l'avais étranglé j'aurais purgé la terre d'un être nuisible et rendu service à la société.

— Peut-être, mon cher Lucotte ; mais songez un peu à la situation dans laquelle vous vous seriez mis ; nul n'a le droit de se faire justice lui-même.

— Vous avez raison, monsieur Moutier, et pourtant qui donc aurait le cœur de voir un meurtrier dans un pauvre père qui a vengé son enfant ?

— Regardez-le, Lucotte, voyez dans quel état il est, il a l'air d'un déterré. Ah ! il se souviendra de la correction qu'il vient de recevoir et il se gardera bien de s'en jamais vanter.

— Il n'était que temps que vous et les garçons vinssiez à son secours.

— Nous ne savions rien de cette vilaine affaire, père Lucotte, et j'en tombe des nues. Ah ! si j'avais eu vent de la chose, c'est avec moi d'abord qu'il aurait eu à s'expliquer ; comme vous tout à l'heure, je lui aurais demandé ce qu'il comptait faire, et s'il m'avait répondu comme il l'a fait avec vous, Lucotte, je vous jure bien, quoi qu'il me rende des services et que je tienne à lui, qu'il n'aurait eu qu'à décamper immédiatement.

— Je vois que vous prenez part à notre malheur.

— Vous ne sauriez en douter, mon cher Lucotte ; oui, je vous plains sincèrement, ainsi que votre femme et votre fille.

Le berger avait les yeux constamment fixés sur le beau François, et M. Moutier sentait qu'il faudrait bien peu pour que la colère du malheureux père fît de nouveau explosion.

Le garçon de ferme s'était remis de sa frayeur, plus grande que le mal qui lui avait été fait. Il se dressa sur ses jambes et, sans avoir besoin d'être soutenu, marcha vers la maison.

Lucotte était prêt à se jeter de nouveau sur lui.

— Laissez-le, dit le fermier, il va réfléchir, et j'espère bien qu'il comprendra qu'on ne commet pas impunément une mauvaise action et que celui qui cause un dommage doit le réparer.

— Il peut réfléchir tant qu'il voudra ; mais pour moi, à tout jamais, cet homme est et sera toujours un misérable, un lâche, un infâme !

Apostrophant violemment le garçon de ferme, il reprit :

— Lâche, lâche ! tu te souviendras du crime que tu as commis à Manerville, car ma fille n'est pas victime d'une séduction, mais d'un crime ; oui, c'est un crime infâme que tu as commis ! Aujourd'hui tu as échappé à ma vengeance, mais veille bien sur toi, François Lambert ; si tu retombes entre mes mains, je t'écraserai la tête comme j'ai fait l'autre jour à une couleuvre qui avait mordu un de mes agneaux.

Rappelle-toi bien ces paroles, François Lambert, larron d'honneur, ton crime ne restera pas impuni ; que ce soit un peu plus tôt ou un peu plus tard, tu recevras le châtiment que tu as mérité ; et c'est moi, tu entends, beau François, c'est moi, Pierre Lucotte, qui te tuerai comme une bête malfaisante !

Le garçon de ferme ne répondit rien ; mais il se hâta de disparaître.

— Père Lucotte, dit le fermier, vous êtes fort en colère et je le comprends ; mais quand vous serez calmé, vous ne verrez pas les choses si en noir, et peut-être bien que tout finira par s'arranger pour le mieux.

Le berger eut encore un éclair dans le regard et secoua la tête.

— Monsieur Moutier, dit-il, je vous demande pardon du trouble que j'ai apporté chez vous; mais, voyez-vous, je n'ai pas pu me contenir, il fallait que ça éclatât.

Le fermier prit la main du berger et en la serrant avec émotion :

— Je me mets à votre place, Lucotte, et je sens que je n'aurais pas agi autrement que vous.

— Ah! vous me comprenez bien, monsieur Moutier.

— Je suis père et j'ai trois filles, répondit le fermier.

Sur ces mots, les deux hommes se quittèrent.

XII

L'ÉCLAT

Le fermier rejoignit sa femme qu'il trouva très pâle et très agitée.

— Je suis tout sens dessus dessous, lui dit-elle ; c'est affreux ! Je n'ai pas eu le courage de sortir ; qu'aurais-je pu dire à ce pauvre homme ? mais j'ai entendu et j'ai vu… Je ne saurais dire toute la peine que j'éprouve. Oh ! les pauvres gens ! Et cette malheureuse Félicie, si douce, si bonne, si charmante ! elle ne méritait pas ce qui lui arrive.

— Ça, c'est vrai.

— Et c'est parce qu'elle a voulu m'être agréable qu'elle est maintenant dans le malheur.

— Que dis-tu ?

— Si elle n'était pas venue travailler à la ferme, la pauvre fille, tout cela ne serait pas arrivé.

— Comment, tu crois…

— Je crois, je suis sûre ; je me suis bien aperçue de quelque chose, mais je n'aurais pu croire que François… Pourtant je n'ai jamais eu bien grande confiance en ce garçon, que tu te plaisais à porter aux nues. C'est un hypocrite, un sournois, un vilain homme, et s'il n'épouse pas la pauvre Félicie, je ne veux plus de lui ici.

— C'est bon, dit le fermier, nous verrons, je sais ce que j'ai à faire.

Il alla visiter ses écuries, ses granges, revint et demanda à la servante où était François.

— Dans sa chambre, répondit-elle.

— Allez lui dire de descendre et de venir causer avec moi.

Un instant après, le beau François entrait dans la petite salle à manger où son maître l'attendait.

Celui-ci avait pris son air le plus grave.

— François, dit-il, ce qui s'est passé ici il y a une heure est fort désagréable ; votre attitude vis-à-vis de Pierre Lucotte, dont vous avez séduit la fille, a été des plus inconvenantes; il y a des choses qu'on ne dit pas et d'autres surtout qu'on ne doit pas faire.

Si moi et les autres n'avions pas été là pour venir à votre secours, Lucotte vous aurait bel et bien étranglé, et je me demande jusqu'à quel point on l'aurait pu trouver coupable.

Mon garçon, quand on rencontre sur son chemin une brave et honnête fille, on la laisse tranquille, on la respecte; c'est ce que vous n'avez pas fait. Vous avez commis une très mauvaise action et, à mon tour, je vous demande si vous êtes prêt à réparer tout le mal que vous avez causé.

— Je n'ai aucune réparation à offrir.

— Ainsi vous refusez absolument d'épouser cette jeune fille que vous avez mise dans la peine.

— Oh ! absolument.

— C'est bien votre dernier mot?

— Je l'ai dit et je le répète, il ne me convient pas de me marier.

— Vous comprenez à votre manière les questions d'honnêteté et d'honneur, c'est votre affaire ; je ne sais pas où de tels principes vous mèneront, c'est encore votre affaire et non la mienne. Mais ce qui me regarde, c'est de ne plus garder chez moi un garçon en qui je ne peux plus avoir aucune confiance.

— Alors, vous me renvoyez?

— Oui.

— Je ne suis pas surpris, je m'attendais à recevoir mon compte.

— Vous ne coucherez pas cette nuit à la ferme, vous allez partir immédiatement.

— Comme il vous plaira, patron.

— Eh bien, monsieur François, répliqua le fermier d'un ton sec, c'est ainsi que cela me plaît. Allez faire un paquet des choses qui vous appartiennent, pendant ce temps je préparerai la somme qui vous est due.

— Je n'ai plus à faire mon paquet, il l'est.

— C'est très bien. Combien vous est-il dû?

— Trois cent quarante francs.

— Nous sommes d'accord. Attendez-moi.

Le fermier sortit de la pièce et revint bientôt apportant l'argent que le beau François mit froidement dans sa poche.

— Monsieur Moutier, je vous dis adieu.

— Oui, adieu.

— Et sans rancune, n'est-ce pas? fit le gredin d'un ton narquois.

Si le fermier ne s'était pas retenu, il l'aurait pris par les épaules et jeté par la fenêtre.

Dans la grande salle, le beau François se trouva en face de la fermière.

— Madame Moutier, lui dit-il, je suis heureux de vous rencontrer.

— Pourquoi cela ?

— Pour vous présenter mes hommages avant de partir.

— Ah ! vous partez !

— M. Moutier vient de me donner congé.

— Êtes-vous payé ?

— Oui,

— Eh bien, monsieur Lambert, partez.

— Vous me faites un singulier accueil, madame Moutier.

— Faudrait-il, par hasard, que je vous remercie du mal que vous avez fait ? répliqua-t-elle avec aigreur.

— Je n'ai pas été ici sans y rendre des services et je suis bien pour quelque chose dans la prospérité actuelle de votre ferme.

— Vous avez travaillé et nous vous avons payé, nous ne vous devons plus rien, nous sommes quittes.

Et, avec un mouvement de suprême mépris, la fermière lui tourna le dos.

Un quart d'heure plus tard, ses hardes sur l'épaule, sans regrets, sans remords, mais ayant sur son front plissé le stigmate des maudits, le beau François se dirigeait vers Saint-Romain, où il savait trouver une voiture qui le conduirait, à deux lieues de là, à une autre voiture avec laquelle il se rendrait à une station du chemin de fer.

Il avait appris qu'on commençait à jaser à Manerville, et il s'était dit que lorsque le scandale éclaterait, il ne pourrait plus rester à la ferme du Longpré. Or, il avait pris ses mesures en conséquence.

Peu de temps auparavant, un commerçant de Meaux était passé au Longpré et avait causé assez longuement avec François Lambert. Ce commerçant, qui achetait dans les villages et les fermes les blés en grains qu'il revendait ensuite aux principaux meuniers de Seine-et-Marne et de Seine-et-Oise, avait parlé au premier garçon de M. Moutier d'une certaine veuve, propriétaire d'une fort belle ferme en Seine-et-Marne, qui cherchait un homme, connaissant bien la culture, pour diriger son exploitation.

Le marchand avait ajouté :

— Vous êtes jeune, intelligent, actif, courageux; si la dame dont je vous parle vous avait, vous feriez joliment son affaire.

Ces paroles n'étaient pas entrées dans l'oreille de François Lambert, pour sortir immédiatement par l'autre. Il trouva, au contraire, que la communication qu'on lui faisait, tombait à merveille.

Dès ce moment, ses résolutions étaient prises.

Laissons-le aller. Nous le retrouverons bientôt en Seine-et-Marne, se livrant à de nouveaux exploits.

. . . .

Le soir, madame Moutier dit à son mari :

— Nous voilà enfin débarrassés de ce garçon qui finissait par être plus que toi le maître chez nous. Je serais tout à fait contente, si les Lucotte n'étaient pas dans la peine, si le vaurien ne laissait pas une vilaine trace de son passage au Longpré ; maudit soit le jour où il est entré chez nous !

— C'est fâcheux qu'on ne connaisse pas toujours bien les gens qu'on prend chez soi, répondit le fermier ; je n'aurais jamais cru ça de François, il m'a abominablement trompé. C'est un garçon sans cœur et on dirait qu'il a en lui le génie des choses mauvaises. Partout où il ira, il fera couler des larmes et causera des malheurs.

— Je le crois et quelque chose me dit qu'il finira mal.

*
* *

Dès le lendemain, on sut à Manerville que le fermier du Longpré avait congédié son premier garçon ou plutôt l'avait flanqué à la porte comme un gueux, sans lui donner même une heure pour faire ses paquets, ce qui était tout à fait en dehors des usages.

Mais la chose s'expliquait par la scène terrible qui avait eu lieu dans la cour de la ferme, laquelle était racontée tout au long par les domestiques qui en avaient été les témoins, et ils ajoutaient :

— Si nous n'avions pas été là avec M. Moutier, le père Lucotte aurait étranglé le beau François ; il râlait déjà quand nous sommes parvenus à le délivrer des poignets de fer du berger.

Alors ce qui avait été prévu arriva. Les méchantes langues n'eurent plus aucune retenue et le bruit fut grand dans la commune.

Tout le vocabulaire des injures fut employé à l'adresse de Félicie. C'était une libertine, une fille de rien, qui avait su tromper tout le monde, ses parents les premiers, par son hypocrisie. Elle avait tous les vices.

On ne devait jamais se fier à ces espèces de Sainte-

Nitouche. Ce qui lui arrivait, elle ne l'avait pas volé ; c'était bien fait pour elle. Et dire qu'on lui aurait donné le bon Dieu sans confession.

Bref, la jeune fille n'était plus bonne à jeter aux chiens.

Elle était l'objet de tous les cancans, de toutes les médisances et même des plus odieuses calomnies.

Ce n'était certainement pas à Manerville que son dévergondage avait commencé ; à la ville sa conduite avait été celle de la pire des gourgandines.

Ah ! elle ne serait plus aussi fière de sa beauté !
Elle n'avait plus qu'à se cacher.

Personne maintenant ne voudrait lui parler, ni même l'approcher.

Malgré sa douceur et sa bonté, Félicie n'était pas sans avoir excité certaines jalousies ; les jalouses et les envieuses, c'est-à-dire les vieilles filles qui avaient depuis longtemps coiffé sainte Catherine et les laiderons, qui se voyaient condamnées à passer dans la catégorie des premières, étaient surtout acharnées après la malheureuse fille du berger.

Elles la déchiraient à belles dents, la traînaient dans toutes les boues, la salissaient de leur bave venimeuse.

Elles y mettaient de la cruauté, de la férocité.

Stimulés, conseillés par elles, les mauvais garnements du pays chansonnaient la pauvre fille. Le soir, la nuit venue, c'était dans la rue, non loin de la maison du berger, un horrible charivari de cris, de chants, de sifflets.

D'autres vauriens, avec du charbon, traçaient sur les murailles la caricature d'une jeune fille tenant un poupon dans ses bras.

Félicie pleurait. Hélas! elle ne pouvait que pleurer.

Mais elle ne regrettait pas que le beau François fût parti. De ce côté, au moins, elle était délivrée. Elle n'éprouvait aucune peine qu'il eût refusé de l'épouser; elle sentait qu'elle aurait été malheureuse avec lui.

— Ma vie est brisée, se disait-elle. Je n'ai plus rien de bon à espérer; mais mon père et ma mère m'ont pardonné et ce sont eux maintenant qui me consolent; grâce à eux, il me semble que mon malheur est moins grand. Je mettrai mon enfant au monde, je travaillerai pour l'élever, je lui consacrerai ma vie, et comme je ne demanderai rien à personne, on me laissera tranquille.

C'était la pensée de l'enfant qui lui donnait la force de supporter les avanies.

Quand, pour une cause ou pour une autre, elle était obligée de sortir, elle était si triste, si accablée, courbait si humblement la tête, avait si bien l'air de demander grâce, qu'elle aurait attendri des tigres.

Et, de fait, à plus d'un et à plus d'une, elle faisait venir les larmes aux yeux, et ceux-ci murmuraient:

— Pauvre Félicie!

Ils ne la repoussaient pas et ne s'éloignaient pas d'elle; ils lui adressaient, au contraire, des paroles de consolation et d'encouragement.

Car s'il y a dans un village des méchants, des cœurs sans pitié, il y a aussi des personnes généreuses, sensibles au malheur des autres, des âmes compatissantes.

Celles-ci plaignaient la jeune fille et même prenaient sa défense contre ceux dont la bouche ne s'ouvrait que pour vomir des injures.

Mais c'était par sa mère surtout que Félicie était défendue, et cela avec un courage qu'une mère seule peut avoir. Ah ! il ne faisait pas bon de dire du mal de sa fille devant elle. Elle leur faisait vite rentrer les paroles dans la gorge aux mauvaises langues.

— Laissez donc ma fille en repos, n'est-elle pas déjà assez malheureuse !

Un jour qu'une vieille fille cherchait à insinuer que Félicie n'avait pas eu à la ville une conduite irréprochable, la mère Lucotte lui avait appliqué sur la figure deux vigoureux soufflets.

On n'osait plus bavarder devant elle.

Le berger ne disait rien, lui ; il n'allait plus nulle part et ne parlait à personne. Il faisait son métier comme par le passé, consciencieusement, répondait aux questions qu'on lui adressait, touchant ses bêtes, et c'était tout.

Il était triste à faire pitié ; on devinait le chagrin et toutes les douloureuses pensées qu'il renfermait en lui.

Le pauvre homme vieillissait à vue d'œil, en quinze jours sa barbe noire était devenue toute grise.

Cependant une grande consolation pour Félicie et ses parents fut dans une visite que vint leur faire madame Moutier et ses trois jeunes filles.

— Pour moi, ma pauvre Félicie, lui dit la fermière en l'embrassant, vous n'avez même pas commis une faute, non, vous n'êtes pas coupable, vous êtes une malheureuse victime. Ah! j'ai un grand regret aujourd'hui de vous avoir fait venir travailler à la ferme. C'est moi qui vous ai pour ainsi dire jetée dans la gueule du loup. Hélas! nous ne savions pas encore, alors, quel homme affreux était ce François Lambert.

Ce que je vous dis, ma pauvre enfant, je l'ai déjà dit à d'autres et je le répéterai. Je souffre beaucoup de la façon dont vous êtes traitée ici, quand tout le monde devrait vous plaindre. Je ferai, je vous le promets, tout ce qui dépendra de moi pour arrêter ce torrent d'injures et mettre fin à toutes ces vilenies.

La bonne fermière ne manqua pas à sa promesse ; elle et son amie, madame Bertholet, furent les premières à prendre hautement la défense de Félicie. Malgré cela, pendant plus d'un mois, les méchantes langues continuèrent à s'en donner à cœur joie.

Mais, comme les flots, les foules sont changeantes.

Un revirement soudain allait se faire en faveur de la fille du berger.

Un dimanche, jour de grande fête, madame Moutier vint assister à la messe avec ses enfants. Félicie était aussi dans l'église.

Madame Moutier sortit la première et attendit la jeune fille sur la place. Là, sous les yeux de tout le monde, elle marcha à la rencontre de Félicie, lui tendit la main et l'embrassa sur les deux joues.

La jeune fille, qui ne s'attendait pas à une démonstration aussi sincèrement affectueuse, laquelle était en même temps une protestation contre la malveillance et les propos méchants, devint rouge de confusion et fondit en larmes.

Et ce fut en sanglotant qu'elle embrassa les fillettes de la fermière.

Celle-ci avait évidemment agi avec intention, et l'effet qu'elle avait espéré se produisit.

Madame Moutier était très considérée et justement estimée. En embrassant publiquement Félicie, elle la couvrait de son égide, et ce baiser d'une honnête femme, d'une mère de famille, relevait la malheureuse et était aux yeux des gens qui savent apprécier les nobles sentiments, les actes généreux, une sorte de réhabilitation.

On parla beaucoup de ce qui s'était passé sur la place, et si l'action de la bonne fermière ne fut pas comprise de tous, personne non plus n'eut la hardiesse de la blâmer.

Les méchants se turent et il n'y eut plus à Manerville que des gens disposés à plaindre la jeune fille et à déplorer le malheur qui lui était arrivé. Du moment qu'une dame comme madame Moutier la protégeait et la défendait ouvertement, c'est qu'elle n'avait pas mérité tant que cela les outrages dont on l'avait abreuvée, le mépris dont on l'avait écrasée.

Elle était donc bien, comme quelques personnes n'avaient cessé de le répéter, l'innocente victime d'un lâche.

François Lambert était un grand misérable et ce fut contre le séducteur que se tourna la fureur des mères. S'il eût encore été à la ferme, on ne sait pas ce qui serait arrivé ; mais ce qui serait arrivé au beau François, s'il était resté au Longpré, nous le savons, le père Lucotte l'aurait tué!

On laissa Félicie tranquille, ses amies ne lui témoignèrent plus la même froideur, ne se détournèrent plus d'elle avec dédain et mépris ; les chansons injurieuses cessèrent, les coups de sifflets ne se firent plus entendre, il n'y eut plus de charivari, les images grossières, insultantes, disparurent de dessus les murailles.

Le calme était revenu dans la commune.

Le père et la mère Lucotte respiraient enfin. Mais les blessures faites au cœur de Félicie restaient saignantes.

Elle mit son enfant au monde et bientôt après on l'admira dans son courage et sa résignation ; il y en eut qui s'étonnèrent de la tendresse excessive qu'elle avait pour sa petite fille, comme si l'affection d'une mère vraiment mère n'était pas la même pour son enfant, qu'il soit légitime ou qu'il ait été renié par son père.

Félicie ne pouvait être qu'une bonne mère, et s'il existait encore quelques mauvais sentiments contre elle, elle trouva grâce devant toutes les mères. Sans se plaindre, sans murmurer, elle se donna à la tâche qui lui était imposée, aux devoirs qu'elle avait à remplir.

Ni Félicie ni ses parents n'avaient cherché à savoir ce que le beau François était devenu ; on ne parlait pas plus de lui dans la maison du berger que s'il n'eût jamais existé ; sans doute la jeune mère n'avait pas oublié le misérable; mais elle s'efforçait de chasser de sa pensée tous les douloureux souvenirs qui se rattachaient à ce maudit qui avait brisé sa vie.

Dans le cœur de la victime du beau François tout était amour maternel, dévouement et abnégation. La maternité était l'essence même de sa nature. Et il fallait que cela fût pour qu'elle eût pris si vite en affection l'enfant trouvé dans le manteau de la morte et témoigné si vivement le désir de le garder quoique ayant déjà sa petite à élever.

L'élan avait été spontané ; elle ne s'était point demandé si la tâche ne serait pas au-dessus de ses forces, si, même aidée par son père, il lui serait possible de faire vivre deux enfants. Elle n'avait songé à rien de tout cela. C'était un instinct en même temps qu'un sentiment de puissant intérêt et de profonde pitié qui l'avaient fait agir.

Et puis encore, nous l'avons déjà dit, elle avait obéi à une impression indéfinissable, à quelque chose de mystérieux qui s'était soudainement révélé en elle.

XIII

LA PETITE SUZANNE

Nous savons que l'enquête, qui avait pour objet de découvrir la nourrice à laquelle l'enfant était destiné, n'avait eu aucun résultat.

On se livra à une nouvelle enquête au sujet de la morte inconnue et de l'enfant, laquelle fut menée activement par le maire et le juge de paix, avec le parquet d'Amiens et les journaux du département.

L'événement mystérieux de Manerville eut ainsi un grand retentissement dans toute la Picardie et bien au-delà des limites de la province.

Il s'agissait de savoir d'où venait la femme et de faire connaître les faits aux parents de l'enfant afin qu'ils puissent le réclamer.

Il fut confirmé que l'inconnue était descendue à la station de Picquigny où elle avait pris la voiture du messager. Mais à celui-ci, qui fut interrogé, elle n'avait point dit d'où elle venait ni où elle allait.

Elle n'avait pas été moins mystérieuse avec le messager qu'avec la femme de l'aubergiste de Gabry.

On fit des recherches parmi les billets remis à l'arrivée par les voyageurs ; mais il y avait eu ce jour-là foire et marché à Picquigny et les billets étaient nombreux : six de première classe, trente de deuxième classe et une centaine de troisième classe. Tous avaient été délivrés à Amiens, à Abbeville, à Péronne et dans les différentes gares entre ces villes.

Parmi les billets se trouvait certainement celui de la femme, mais il était impossible de le reconnaître et l'on ne pouvait dire à quel endroit elle avait pris le chemin de fer.

Toutefois, il était difficile d'admettre qu'elle fût d'Amiens ou d'Abbeville ou des environs d'une de ces villes, car, dans ce cas, grâce à la publicité des journaux et aux recherches de l'enquête, des renseignements sur elle et l'enfant auraient été fournis.

Il y avait donc lieu de supposer qu'elle venait de loin, qu'elle s'était arrêtée à Amiens ou à Abbeville, quelques heures seulement peut-être, et qu'ensuite elle avait pris un nouveau billet de chemin de fer pour se rendre à Picquigny.

Enfin aucun renseignement n'arrivait à Manerville et tout faisait prévoir que la nouvelle enquête n'aurait pas un meilleur résultat que la première.

La morte restait inconnue et personne ne venait réclamer l'enfant.

Du reste, les recherches se trouvèrent brusquement interrompues et l'on eut d'autres préoccupations d'un ordre tout différent, mais infiniment plus sérieuses, plus graves.

La guerre dont on parlait depuis quelques jours

comme d'un malheur possible, la guerre venait d'être déclarée. On procédait en toute hâte à la mobilisation de nos corps d'armée; on rappelait sous les drapeaux des anciens soldats non mariés; on ne s'occupait plus que de l'armée, on ne pensait qu'à la guerre, à la première rencontre avec l'ennemi.

Les enfants de la France marchaient à la frontière, et l'on était plein de confiance, car on ne doutait point de la valeur de nos soldats.

Les vieux parlaient avec enthousiasme des grandes guerres et des éclatantes victoires du premier Empire et, sans avoir besoin de remonter aussi loin, on pouvait rappeler, pour élever les cœurs et donner bon espoir, les victoires de Magenta et de Solférino.

On ne croyait pas qu'une armée française pût être vaincue. Hélas! on ne savait pas encore que nos braves soldats allaient combattre un contre cinq.

Mais la guerre a toujours été et sera toujours le pire des fléaux, une chose épouvantable, horrible. Il ne faut pas voir que les arcs de triomphe dressés en l'honneur des vainqueurs, il faut penser aux hommes mutilés, à ceux qui sont tombés pour ne plus se relever, à tout le sang versé. Et pour qui? Et pour quoi?

Que font aux peuples les querelles des souverains?

La gloire, chose vaine!

La guerre, chose impie!

Ils ont un terrible compte à rendre devant le tribunal de l'humanité ceux qui jettent des milliers et des milliers d'hommes les uns sur les autres pour s'égorger.

On allait en venir aux mains. Tout le monde n'était pas rassuré. Quand on commence une partie, on n'est jamais sûr de la gagner. Et elle était grosse la partie qui allait se jouer sur notre frontière de l'Est.

Ceux qui avaient des fils là-bas étaient dans des angoisses mortelles, et l'on attendait des nouvelles comme autrefois les Israélites dans le désert attendaient la manne céleste. Les pères ne cherchaient pas à cacher leurs inquiétudes. Les mères pleuraient.

Elles vinrent, les nouvelles. Mais quelles nouvelles ! C'était la terreur jetée aux quatre coins de la France. Nos soldats, était-ce croyable, nos soldats reculaient refoulés par un million d'Allemands, énorme troupeau de chacals affamés qui se ruaient sur la France, proie depuis longtemps convoitée par leurs appétits.

Les événements se précipitaient, et à mesure que les hordes ennemies avançaient, se répandant comme une tache d'huile sur le territoire sacré de la patrie, la stupeur et l'épouvante augmentaient au sein des villes et dans les campagnes.

On apprit le désastre de Sedan. Ce fut un nouveau coup de foudre.

« Défendons Paris ! Aux armes, aux armes ! »

Les Parisiens s'armèrent.

Mais Paris, la grande ville, qui répand sa lumière sur le monde, la ville de l'industrie, du commerce, des sciences, des lettres et des arts, Paris fut investi, Paris était isolé de la France. La France n'avait plus son âme !

Mais, animée par le souffle puissant de Gambetta, le grand patriote, elle allait lutter encore, lutter jusqu'à l'heure suprême où, apprenant que Paris n'avait plus de pain, elle devait se reconnaître vaincue et s'écrier avec désespoir :

— Je ne peux plus !

*
* *

Quand le maire de Manerville vit que l'enquête n'amenait aucune découverte concernant la femme et que, malgré la grande publicité donnée à l'affaire par les journaux, on ne venait pas réclamer l'enfant, il dit à Félicie Lucotte :

— Je crois bien que vous allez avoir satisfaction en ce qui concerne le désir que vous avez si vivement exprimé d'être la nourrice de l'enfant de la morte. J'ai fait tout ce qui dépendait de moi pour que cette petite soit retrouvée par sa famille ; de ce côté je n'ai rien à me reprocher. Je ne suppose pas qu'elle soit abandonnée par sa mère, mais, enfin, personne ne venant la réclamer, elle vous est définitivement confiée.

— Vous savez combien je me suis déjà attachée à la chère mignonne ?

— Oui, et je sais aussi quels bons soins vous lui donnez ; la santé dont elle jouit, les forces qu'elle prend font votre éloge, Félicie.

— Elle est ma seconde petite fille et je ne saurais dire, vraiment, si j'aime l'une plus que l'autre.

Le maire sourit, trouvant cette déclaration un peu exagérée.

Et cependant la jeune mère avait parlé en toute sincérité et selon les sentiments de son cœur.

— Monsieur le maire, reprit-elle, ça me fait beaucoup de peine qu'on ne puisse pas connaître la mère de la pauvre petite ; mais je n'ai pas à vous le cacher, je suis contente, bien contente de la garder.

— Vous prenez une tâche qui pourra un jour vous paraître lourde.

— Dieu m'aidera.

— Et aussi quelques personnes généreuses du village ; j'espère bien que la mairie fera également quelque chose pour vous. De plus, je demanderai à l'Assistance publique qu'il vous soit alloué mensuellement la petite somme que reçoivent les nourrices à qui elle confie ses enfants trouvés et abandonnés.

— Je vous remercie de toutes vos bontés, de tout le bien que vous me voulez, monsieur le maire.

Cette conversation entre le maire et Félicie avait eu lieu quelques jours avant que la guerre fût déclarée. Or, la guerre était venue mettre obstacle à bien des choses.

Le maire n'avait pas reçu de réponse à la demande qu'il avait adressée à l'Assistance publique, et les Allemands étaient maintenant autour de Paris.

Mais le maire avait toujours chez lui les quinze cents francs en billets de banque et les deux cents francs en or dans la bourse à mailles d'argent, trouvés dans le sac de la morte.

Il se demanda un jour ce qu'il allait faire de cette somme et s'il n'avait pas le droit d'en disposer en faveur de Félicie Lucotte, pour l'aider à élever l'enfant qu'elle avait adoptée.

Rigoureusement il n'avait pas ce droit et il le

sentait, sans être cependant exactement fixé sur ce point.

A qui appartenait ce petit capital? Etait-ce à la femme décédée ou à l'enfant?

S'il appartenait à la femme, il devait retourner à ses héritiers; seulement, il était aussi difficile de trouver ces héritiers que d'établir l'identité de la défunte. On pouvait considérer que l'enfant était l'unique héritière; soit. Dans tous les cas, le maire ne pouvait, légalement, disposer du capital. Ce n'était pas une chose trouvée, mais une sorte de dépôt non réclamé. La somme alors devait être remise à la Caisse des dépôts et consignations.

Le maire ne voyait pas aussi loin; d'ailleurs la caisse était à Paris, et, dans le reste de la France, son fonctionnement était arrêté.

Le maire resta longtemps hésitant; cependant, il ne pouvait admettre qu'il eût entre les mains, ne faisant rien, ne servant à rien, une somme qui semblait appartenir à l'enfant et qui pourrait être si bien utilisée.

Bref, il fit entendre raison à ses derniers scrupules et, les billets et la bourse dans sa poche, il alla trouver Félicie.

— Vous savez, sans doute, lui dit-il, que j'ai trouvé dans le sac de voyage de la morte une somme assez rondelette?

— J'ai, en effet, entendu parler de cela, monsieur le maire.

— Eh bien, je vous apporte la somme : dix-sept cents francs.

Et il jeta les billets et la bourse dans le tablier de la jeune mère.

— Mais, fit-elle, pourquoi me donnez-vous cela? que voulez-vous que je fasse de tout cet argent.

— Vous en parlerez à votre père et il lui trouvera un emploi. Il me gênait chez moi, et comme je ne pouvais pas m'en servir, il n'était utile ni à moi ni à personne. Cette somme revient naturellement à la petite et c'est à elle qu'elle doit servir. Si le capital peut être conservé pour lui être remis plus tard, ou à sa mère si on l'a retrouve, ce sera pour le mieux. Du reste, je parlerai aussi de cet argent à Lucotte et nous nous entendrons pour son placement. Un capital, si modeste qu'il soit, ne doit pas être improductif; ce qu'il rapportera sera pour vous, Félicie, et vos charges seront diminuées d'autant. Puisque l'Assistance publique, sur laquelle j'avais compté, ne fait rien pour vous, il est de toute justice que vous soyez indemnisée d'une autre manière.

— Je travaille, monsieur le maire, et je parviens à vivre avec mes enfants sans être trop à charge à mes parents.

— Oui, Félicie, quant à présent; mais les petites grandiront, et à mesure qu'elles grandiront les dépenses augmenteront; il y a tant de choses à acheter pour les enfants.

— Les pauvres ne font pas pour leurs enfants ce que font les riches.

— C'est le cœur de la mère, c'est un sentiment d'amour-propre et même d'orgueil, inné en elle, qui fait pour ses enfants; témoin votre mère, Félicie, quand vous étiez petite fille.

— Ah! je n'ai pas oublié ce que mon excellente mère a toujours été pour moi.

— Donc, voilà qui est entendu, vous vous servirez de cet argent.

— Selon ce que vous et mon père aurez décidé, monsieur le maire.

— C'est cela. A propos, vous avez conservé la médaille ?

— Certainement. Quand ma petite Suzanne sera un peu plus grande, je la lui attacherai au cou et elle la portera constamment. Cette médaille sera pour elle un souvenir, monsieur le maire.

— Oui, un souvenir. Vous conserverez aussi cette bourse en argent.

— Précieusement, comme la médaille, monsieur le maire.

Le soir, quand son père rentra, Félicie lui parla de la visite que le maire lui avait faite, et lui remit la somme apportée par le magistrat municipal.

Déjà elle avait serré la bourse dans laquelle, à la place de l'or, elle avait mis la médaille.

— Oui, répondit Lucotte, je sais cela ; tout à l'heure j'ai rencontré M. le maire et nous avons causé un instant ensemble.

— Avez-vous décidé quelque chose au sujet de l'argent ?

— Oui.

— Alors ?

— J'achèterai pour la petite Suzanne douze mères brebis, prêtes à donner des agneaux ; elles coûteront environ quatre cents francs. Si nous n'avons pas de mortalité, la vente des agneaux et de la laine chaque année sera d'un bon rapport. Sur le produit, il y aura à prendre, bien entendu, ce qui aura été dépensé pour les nourrir, surtout l'hiver ; mais on trouvera et grandement l'intérêt de l'argent.

— Avec les treize cents francs qui resteront, on achètera, toujours pour la petite, un titre de rente sur l'État.

Eh bien! fille, cet arrangement te convient-il?

— Mais certainement, mon père.

— En ce cas, c'est très bien. En attendant, serre l'argent dans l'armoire.

Le berger prit la petite Suzanne dans ses bras, ce qui lui arrivait souvent, et lui fit toutes sortes de caresses. Elle n'était pas seulement sa préférée; il n'aimait pas l'enfant de sa fille, toute son affection était pour la petite étrangère.

— Dès le premier jour où tu as pris cet enfant, Félicie, reprit le berger, je t'ai dit : « C'est bien, ce que tu as fait ». Aujourd'hui, tu le vois, une bonne action est toujours récompensée.

L'enfant de la morte, — on l'appelait ainsi à Manerville, — avait été baptisée. La fille aînée de madame Moutier avait été sa marraine, sur le désir qu'elle en avait témoigné, et elle avait donné à sa filleule son prénom « Suzanne » et le prénom de madame Moutier : « Adélaïde ».

La petite Suzanne-Adélaïde, à qui les meilleurs soins étaient donnés, poussait comme un champignon et avait la plus jolie petite figure d'ange qu'on pût voir.

La petite Berthe annonçait qu'elle serait brune comme sa mère; elle aussi était jolie, mais elle n'avait pas les traits aussi fins, aussi délicats que Suzanne et sa mignonnerie. A en juger par les fins cheveux qu'elle avait déjà sur la tête et par ses grands yeux couleur pervenche, Suzanne serait blonde.

— Brune et blonde, disait Félicie, quand, tenant les deux petites sur ses genoux, elle les contemplait dans une sorte de ravissement.

Alors, elle se mettait à sonder l'avenir, où tout est inconnu et mystère, et s'absorbait dans ses pensées. Attendrie, ayant souvent les yeux pleins de larmes, elle pensait à la mère de cette enfant, qu'elle tenait dans ses bras ; car elle avait une mère, cette pauvre petite inconnue, une mère qui ne pouvait, comme elle, couvrir son cher enfant de baisers.

Où était-elle, cette mère ? Que faisait-elle ?

Peut-être, à ce moment, cherchait-elle partout sa chère petite ; peut-être avait-elle déjà versé toutes les larmes de ses yeux ?

— Qui sait, se disait Félicie, si cette mère n'est pas, comme moi, une pauvre fille dont quelque misérable a abusé ?

Et elle sentait en elle un redoublement de tendresse pour l'enfant.

Elle n'admettait pas, son cœur s'y refusait, que la petite Suzanne fût une pauvre petite abandonnée. Jugeant des autres par elle-même, elle ne croyait pas qu'il existât des mères indignes de ce nom, des mères dénaturées capables d'abandonner leur enfant.

Elle pensait, au contraire, que si l'enfant était né d'une faute et qu'on ait eu intérêt à le faire disparaître, à le perdre, il fallait pour cela qu'on l'eût enlevé de force à sa mère, qu'on le lui eût volé.

Et elle sentait son sang se glacer dans ses veines en songeant au désespoir qu'elle aurait si on venait tout à coup lui arracher des bras ses chères petites.

Alors, comme si elle eût redouté ce malheur, elle les étreignait fiévreusement et les tenait longtemps pressées sur sa poitrine.

— Va, chère mignonne, disait-elle en appuyant ses lèvres sur le front de la petite Suzanne, si tu n'as pas les baisers de ta mère, tu auras les miens et, je le jure bien, en tout je remplacerai celle qui t'a mise au monde et tu ne t'aperceveras jamais qu'elle t'a manqué.

La petite Suzanne avait été frappée par le malheur dès le jour de sa naissance ; mais Félicie s'était trouvée là, comme envoyée par la Providence, et l'enfant avait retrouvé une mère.

Sous la protection de cette jeune femme si pleine de dévouement, si riche de sentiments, si grande et si noble par le cœur, on pouvait penser que la fatalité qui semblait s'être attachée à la pauvre petite inconnue ne continuerait pas à la poursuivre.

Nous verrons plus tard ce que l'avenir lui réservait.

Maintenant, laissons Félicie à ses devoirs de mère, laissons-la entourer ses filles de tendresse et les élever avec courage et 'abnégation que nous lui connaissons.

XIV

MADAME SAVOUROUX

La riche fermière, dont le négociant en grains de Meaux avait parlé à François Lambert, était veuve depuis plusieurs années. Elle était née Victorine Robert et s'appelait, du nom de son mari, madame Victorine Savouroux.

Lorsque l'on part de Thomery, ce charmant village, dont le raisin dit chasselas de Fontainebleau fait la fortune et la renommée, pour se rendre à Montereau, chef-lieu de canton qu'enrichit l'industrie céramique, on traverse une série de petites localités industrielles et agricoles d'un aspect des plus riants, des plus vivants, où la pauvreté semble inconnue.

C'est qu'elle est vraiment fertile et laborieuse cette partie de notre ancienne petite Brie et de notre ancien Gâtinais.

Nulle part en France les terres ne sont mieux cultivées et les prairies arrosées par d'aussi nombreux cours d'eau.

Donc, sur le parcours de Thomery à Montereau,

soit qu'on suive le chemin de fer, soit qu'on prenne les routes à travers le pays, on ne rencontre de tous les côtés que de grandes fermes et des fabriques.

Les grandes fermes, les fermes modèles, pour nous servir de l'expression consacrée, sont particulièrement à citer.

Le matériel agricole y est l'objet de soins incessants. Nul département n'est mieux organisé et n'est plus en progrès que celui de Seine-et-Marne.

Les grands propriétaires et les riches fermiers mettent leur amour-propre à créer des concours, à instituer des comices, des expositions, des sociétés d'assurances contre la grêle et la mortalité des animaux, des caisses de retraite pour les vieux serviteurs de la charrue.

C'est dans cette partie du département de Seine-et-Marne où nous faisons passer le lecteur que se trouvait la ferme de Margaine, dont madame veuve Savouroux était la propriétaire.

C'était un fertile et riche domaine d'environ quatre-vingts hectares de culture sans enclaves.

Le nom de Margaine donné à la ferme venait de son premier propriétaire, lequel, après avoir acquis le sol, avait fait construire les bâtiments d'exploitation.

Plusieurs massifs d'arbustes, parmi lesquels s'élevaient de superbes sorbiers, habilement disposés sur les côtés de la maison d'habitation, lui donnaient un aspect joyeux.

La ferme de Margaine, agréablement située sur un cours d'eau, était renommée dans toute la contrée, non seulement par l'importance de sa superficie agraire, par le nombre et la beauté du bétail, par la richesse de la culture, mais surtout par madame Savouroux, qui marchait hardiment dans la voie que lui avait tracée son époux défunt.

La veuve Savouroux était une femme supérieure à bien des hommes, ce qui ne laissait pas que d'humilier plus d'un propriétaire et plus d'un fermier.

En 1869, époque où nous présentons la fermière à nos lecteurs, elle touchait à sa quarantième année et ne paraissait pas avoir plus de trente-deux ans.

C'était une femme de belle taille et de prestance imposante, portant haute et fière sa tête brune, bien posée sur un cou à la Niobé.

Elle avait dû être fort jolie, car on pouvait dire qu'elle l'était encore. Ses grands yeux noirs, très expressifs, étaient surmontés de sourcils épais, très arqués, dont les extrémités se rapprochaient sensiblement de la naissance du nez, ce qui indique, paraît-il, d'après la croyance populaire, une jalouse nature.

Elle avait le front intelligent; le nez était droit avec des narines mobiles, très ouvertes; la bouche avait encore de belles dents, qui se montraient, un peu trop, peut-être, entre des lèvres épaisses dont le carmin et les mouvements révélaient une sensualité très prononcée. Son teint coloré indiquait un état de santé florissant, un tempérament chaud.

Madame Savouroux avait bien quelques imperfections physiques, par exemple de trop grandes oreilles et des mains trop longues, grossièrement attachées aux poignets.

Elle n'en était pas moins une campagnarde de grande allure, très appétissante et méritant bien le surnom flatteur de la dame de Margaine.

Bref, la veuve Savouroux n'était pas seulement une belle femme, comme disaient les paysans, mais une maîtresse femme.

Active, travailleuse, suffisamment instruite, possédant à un haut degré l'aptitude de l'assimilation, elle avait le jugement sûr, était d'une perspicacité rare et d'une honnêteté professionnelle à toute épreuve, non par esprit d'équité, mais par calcul.

On la craignait, et si elle n'inspirait pas à ceux qui l'approchaient une grande affection, elle savait se faire respecter.

Mais si active et si entendue qu'elle fût, elle ne pouvait être partout en même temps, tout voir par ses yeux et tout faire de ses mains. Il lui fallait, pour l'aider à diriger l'exploitation, un homme intelligent, capable, pouvant la comprendre et disposé à partager ses idées, sa manière de voir et de faire.

Depuis la mort de son mari, elle avait eu plusieurs premiers garçons, espérant toujours qu'elle arriverait à mettre la main sur l'homme qui lui était nécessaire. Mais aucun de ceux qui s'étaient succédé à Margaine n'avait été à la hauteur du mandat qu'elle voulait lui confier.

Peut-être était-elle trop difficile ; dans tous les cas, elle n'avait point encore trouvé l'homme, jeune ou vieux, qui pourrait la seconder sérieusement, la remplacer au besoin, être, comme on dit, son bras droit.

Et en se disant qu'il existait certainement, elle continuait à le chercher.

* *

La destinée a des bizarreries qui conduisent certaines personnes vers un point diamétralement opposé à celui vers lequel elles avaient cru d'abord qu'elles seraient dirigées.

Ainsi, madame Savouroux, cultivatrice, n'appartenait pas à une famille de cultivateurs, et avant d'épouser Ambroise Savouroux, elle ne connaissait absolument rien en agriculture.

Mademoiselle Victorine n'avait pas été élevée pour la vie des champs, c'est-à-dire pour une existence de labeur et un milieu de paysans.

Elle était la fille aînée de M. Florentin Robert, riche manufacturier d'Elbeuf, et paraissait appelée à trôner dans un salon, en grande toilette, et non à vaquer, en sabots, aux soins grossiers d'une ferme.

Le manufacturier avait une seconde fille nommée Léonie, de deux ans moins âgée que Victorine.

Celle-ci, d'une nature absolument opposée à celle de sa sœur cadette, l'avait jalousée dès l'enfance; d'abord parce qu'elle était la préférée du père et de la mère ; ensuite parce qu'elle devait être un jour plus riche qu'elle, étant la filleule d'une millionnaire sans enfant, qui devait la faire son héritière.

Léonie avait reçu une éducation tout à fait artistique dont elle avait admirablement profité.

Musicienne distinguée, peignant très bien, aimant la littérature, elle avait épousé par inclination Albert de Langrolle, fils d'un banquier dont il était l'associé.

Albert de Langrolle n'avait pas été indifférent à

Victorine. Plus âgée que sa sœur et pensant que c'était une raison pour qu'elle se mariât la première, elle avait cru un instant que le fils du banquier l'épouserait et l'emmènerait à Paris pour y jouir de cette vie de luxe et de plaisirs dont elle entendait parler chaque jour.

Elle avait même eu à ce sujet, avec sa sœur, une discussion violente au cours de laquelle elle avait laissé voir son caractère impérieux, laissé deviner ses sentiments de jalousie.

Si, jusque-là, les deux sœurs avaient vécu en bonne intelligence, c'est que Léonie, très douce, très bienveillante, ennemie de toute querelle et aimant d'ailleurs beaucoup son aînée, avait toujours cédé en tout à Victorine.

Celle-ci avait bien vite abusé de tant de condescendance et avait fini par croire, presque de bonne foi, qu'elle seule était quelque chose dans la maison, qu'elle seule avait tous les droits.

Le banquier avait une maison de campagne voisine de celle du manufacturier. D'excellentes relations étaient nées de ce voisinage. De Langrolle père et fils étaient les banquiers de M. Robert et celui-ci avait vite caressé l'idée de marier sa fille aînée au fils du banquier.

Aussi sa joie avait-elle été grande quand il s'était aperçu des assiduités du jeune homme.

Victorine avait alors vingt ans et Léonie dix-huit.

Albert, homme du monde, Parisien jusqu'au bout des ongles, se montrait galant auprès de Victorine, bien qu'il préférât Léonie.

L'imagination de l'aînée prit sa course à travers

l'idéal et se mit à galoper au pays bleu des rêves.

Léonie, qui voyait plus clairement et sentait mieux que sa sœur, ne s'était pas méprise, elle, sur les véritables intentions du jeune homme, et elle en avait été très heureuse, car déjà elle l'aimait.

Or, un jour, causant avec Victorine, amicalement, Albert laissa tomber cette parole :

— Mademoiselle, mon père doit tenter aujourd'hui auprès du vôtre une démarche de laquelle dépend le bonheur de ma vie.

— Ah ! fit-elle rougissante.

— Et j'espère, mademoiselle, que cette démarche de mon père recevra de M. Robert un accueil favorable et sera également bien accueillie par vous.

La confidence était purement amicale et aussi de convenance, mais elle avait le tort de prêter à l'équivoque.

Victorine s'y trompa, comme d'autres jeunes filles s'y fussent trompées, et ce fut avec une joie qu'elle ne prit pas la peine de déguiser qu'elle répondit :

— Tout ce que fait mon père est bien fait, monsieur, et je ne vois pas pourquoi je ferais mauvais accueil à une démarche qu'il aurait favorablement accueillie.

Sur ces mots elle s'éloigna afin de pouvoir s'abandonner à la douce émotion qu'elle éprouvait.

Ainsi son rêve, son double rêve de jeune fille amoureuse et ambitieuse se réalisait. Elle aimait, elle était aimée, elle allait entrer dans la grande vie parisienne avec un beau nom et une belle fortune.

On était en mai, et elle se promenait dans le jardin aux allées fleuries, aux bosquets déjà pleins d'ombrages, souriant à ses espérances, à ses visions de bonheur.

Comme il est beau le chemin des illusions !

Soudain, au détour d'une allée, elle se trouva face à face avec sa sœur qui, elle aussi, aspirait l'air avec délices.

Incapable de se contenir, Victorine saisit sa sœur à bras-le-corps, l'étreignit et l'embrassa, mais avec plus d'emportement que de tendresse réelle.

— Que je suis heureuse ! lui dit-elle.

Quoique peu accoutumée à ces transports, Léonie, qui aimait profondément Victorine et qui se trouvait d'ailleurs dans d'excellentes conditions d'esprit, lui rendit ses caresses avec empressement.

— Ma chère Victorine, ma sœur chérie, moi aussi je suis bien heureuse.

— J'ai une grande nouvelle à t'apprendre.

— J'ai aussi une chose importante à te communiquer.

— Une chose agréable ?

— Oui. Mais quelle est ta grande nouvelle? Parle, parle, parle vite ; et quand je me serai réjouie avec toi, je te ferai partager mon bonheur.

Victorine regarda alors sa sœur avec attention.

— En effet, dit-elle, avec plus de surprise que de satisfaction, ton bonheur doit être grand, car tu portes sur ton visage l'expression d'une joie profonde.

Et elle ajouta avec une pointe d'ironie, qui échappa à Léonie :

— Tes yeux lancent des flammes; ah ça ! est-ce qu'il n'y aurait pas un peu d'amour sous jeu? Voyons, petite sœur, raconte-moi cela.

— Parle la première, Victorine.

— Non, non, je suis ton aînée et c'est à toi de me faire tes confidences.

Elle prit le bras de Léonie et d'une voix à la fois câline et curieuse, elle reprit :

— Un mariage qui se prépare pour toi, n'est-ce pas ?

— Eh bien, oui. Et toi?

— Un mariage aussi.

— Mariage d'amour ?

— D'amour et de convenance. Fortune, jeunesse, situation, tout s'y trouve.

— C'est pour toi comme pour moi.

— Comment est-il celui que notre père te destine?

— Très bien. Et le tien ?

— Très bien aussi.

— Je le connais ?

— Parfaitement. Et... où en sont les choses?

— Son père a fait sa demande et notre père a donné son consentement.

— Alors ton mariage est décidé ?

— Oui.

— Mais tu ne m'as pas dit le nom de ton futur mari?

— Il n'y a plus à en faire mystère, c'est M. Albert de Langrolle.

Les expressions nous manquent pour rendre l'effet foudroyant que cette révélation inattendue fit sur Victorine. Il lui sembla qu'une pointe d'acier lui traversait le cœur.

Chez elle, instantanément, le naturel reprit le dessus.

Brutalement, elle repoussa Léonie et, la colère dans les yeux, d'une voix rauque, elle lui dit :

— Voyons, voyons, est-ce que j'ai bien entendu? Est-ce que tu as dit Albert de Langrolle?

— Mais oui, et tu as parfaitement entendu, répondit Léonie, surprise et effrayée.

— M. de Langrolle t'a demandée en mariage pour son fils?... Non, ça n'est pas vrai, ça ne peut pas être vrai... Tu mens, Léonie, tu mens !

— Comment, je mens ! Est-ce que tu deviens folle, Victorine ?

— Malheureuse ! Mais tu ne comprends donc pas?

— Je ne comprends pas encore.

Le naturel impérieux et violent de Victorine était maintenant aiguillonné par la jalousie et la plus amère déception qu'une jeune fille puisse éprouver.

— Ah! tu ne comprends pas ! s'écria-t-elle d'une voix frémissante; eh bien, je vais te faire comprendre !

— Je t'écoute, dit Léonie avec un calme qui n'était qu'apparent, car son cœur était violemment agité.

— Je vous dirai d'abord, mademoiselle, que vous n'êtes plus pour moi qu'une étrangère, moins qu'une étrangère même, une ennemie.

— Mon Dieu! mais tu es donc vraiment folle!

— Vous êtes mon ennemie !

— Ton ennemie !

— Oui, car une rivale est une ennemie.

— Ta rivale, moi !

— Vous aimez celui que j'aime !

— Oh ! fit Léonie, qui comprenait enfin.

Elle était stupéfiée.

Après un moment de silence, elle reprit :

— Mais je ne savais pas que tu aimais M. Albert, et ce n'est pas ma faute si je l'aime aussi, si nous nous aimons.

— Tais-toi ! ah ! tais-toi !

— Victorine, si, au lieu de m'aimer, M. Albert de Langrolle t'avait aimée et eût fait demander ta main, je n'aurais fait entendre aucune plainte ; j'aurais souffert, sans doute, mais sans rien dire ; puisant dans mon affection pour toi toute la force nécessaire, j'aurais fait le sacrifice de mon amour.

— Admirable dévouement, abnégation sublime ! fit Victorine d'un ton railleur, dont sa sœur ne sentit pas le mordant. Enfin, vous avez été instruite par notre père de la demande dont vous êtes l'objet?

— Si notre mère eût encore vécu, c'eût été elle qui m'eût transmis la demande de M. de Langrolle ; mais elle n'est plus, hélas ! et c'est notre père qui m'a immédiatement consultée avant de donner à M. de Langrolle la réponse qu'il attendait. Notre entrevue, qui ne dura pas longtemps, eut lieu dans son cabinet. Je le suivis ensuite au salon, et là, devant moi, M. de Langrolle a renouvelé sa demande.

— Et la réponse de mon père a été favorable et vous avez vite accepté d'être la femme de M. Albert de Langrolle.

— Je l'aime !

Ce mot fit tressaillir Victorine et elle jeta sur sa sœur un mauvais regard.

Maintenant elle reconnaissait qu'elle s'était trompée sur le véritable sens des paroles de M. Albert de Langrolle. La déception était affreuse. Quelle humiliation pour son orgueil !

— Oh ! c'est horrible ! s'écria-t-elle en couvrant son visage de ses mains.

Et elle fondit en larmes.

Léonie eut un doux regard de commisération ; puis elle attira sa sœur vers elle et lui écarta les mains pour l'embrasser.

— Ah ! il faut bien que tu l'aimes aussi, toi, puisque tu pleures. Eh bien, oui, ma sœur, pleure, pleure... Ah ! si notre mère était près de nous, elle te prendrait dans ses bras et te bercerait doucement, comme elle le faisait quand tu étais enfant, pour calmer tes petites colères.

— Laissez-moi, laissez-moi, dit Victorine d'un ton farouche en repoussant sa sœur.

Léonie soupira.

— Tu es méchante avec moi ! dit-elle tristement, cependant je ne le mérite pas.

Et elle s'éloigna en essuyant de grosses larmes.

Victorine ne songea pas à la rappeler ; elle ne se repentait point de sa dureté.

Elle pleurait toujours, mais c'était parce que celui dont elle avait espéré être la femme la dédaignait et lui préférait sa sœur ; elle pleurait de chagrin, de désespoir ; c'était la jalousie qui la faisait pleurer.

Après avoir cru au bonheur qu'elle avait rêvé, tout son être était ébranlé sous le poids de la déception cruelle qui l'accablait.

— Ah ! s'écria-t-elle dans un sanglot, je suis bien malheureuse !

XV

LA DESTINÉE

M. Robert, qui avait pensé à marier sa fille aînée la première et qui ne s'était pas douté que Léonie fût l'objet des assiduités d'Albert de Langrolle, avait été fort surpris de la demande du banquier ; mais il avait donné son consentement au mariage sans faire une objection.

Après tout, du moment qu'il mariait une de ses filles au fils du banquier, il lui importait peu que ce fût Victorine ou Léonie.

La crise subie par la fille aînée avait été trop violente et trop rapide pour ne pas avoir des suites graves.

Mise au lit avec une fièvre ardente, Victorine fut, pendant quelques jours, en danger de mort. Mais sa constitution robuste, sa jeunesse, les soins qui lui furent donnés et le dévouement inaltérable de sa sœur triomphèrent du mal. Au bout de trois semaines elle fut remise sur pied.

Nous n'avons pas besoin de dire que Léonie avait

gardé le secret le plus absolu sur les causes de la maladie de sa sœur.

Une autre que Victorine aurait peut-être réfléchi et rougi de sa conduite ; mais la maladie ne la rendit pas meilleure ; en revenant à la santé, elle se retrouva plus jalouse et plus envieuse encore avec l'hypocrisie en plus.

— J'ai été bien cruelle pour toi, dit-elle à sa sœur le jour du mariage, en lui attachant au corsage le bouquet de fleurs d'oranger, je t'en demande...

Léonie lui ferma la bouche par un baiser.

— Tout est oublié, dit-elle ; nous avons traversé une heure d'orage, mais le soleil est revenu ; ne parlons plus jamais de ce qui s'est passé entre nous. Embrassons-nous, et pour toujours restons unies et aimons-nous ainsi que nous en priait encore notre bonne mère la veille de sa mort.

Les deux sœurs s'embrassèrent ; mais si Léonie avait pu lire dans le cœur de Victorine, elle eût été épouvantée de ce qu'il contenait de haine implacable.

Quelques jours après, M. Albert de Langrolle emmena sa jeune femme à Paris.

Quand Victorine se vit seule dans la maison de son père, elle fut prise d'un sombre ennui et du violent désir de se marier.

De temps à autre, elle recevait une lettre affectueuse de Léonie, et celle-ci excitait encore sa jalousie en lui parlant de son bonheur, des personnes chez lesquelles elle était reçue, des salons qui lui étaient ouverts, des fêtes auxquelles elle assistait.

Un jour, un officier, un capitaine, se présenta

pour Victorine ; il n'avait que trente ans, c'était un officier d'avenir ; il était agréé par M. Robert ; mais la jeune fille le refusa ; il ne lui plaisait point. Pourquoi ? Elle n'aurait pas su le dire. Peut-être était-ce parce qu'elle ne voulait pas se donner un maître, mais prendre un mari qu'elle pourrait dominer. C'était dans sa nature.

Dix-huit mois s'écoulèrent.

Léonie avait donné le jour à une petite fille dont Victorine avait accepté d'être la marraine et à laquelle on avait donné le nom de Marceline.

Victorine vieillissait ; elle se demandait avec inquiétude et amertume si elle était condamnée à devenir vieille fille, ce qui, cependant, lui paraissait bien impossible quand elle se regardait dans un miroir et que le chiffre de sa dot sonnait à son oreille.

Enfin, un ami de son père lui parla du propriétaire de la ferme de Margaine. Ambroise Savouroux lui fut présenté. Le riche paysan avait tout près de quarante ans, il ne plaisait pas davantage à Victorine que ne lui avait plu le capitaine ; mais elle était lasse d'attendre, elle l'épousa.

Sans transition, l'activité lui étant nécessaire, et poussée par le besoin d'autorité qui faisait le fond de son tempérament et de son caractère, elle se mit presque du jour au lendemain à son rôle de fermière. Et, bientôt, ce qu'elle avait fait par raison devint pour elle une passion. Elle s'y livra avec une espèce de fureur, comme dans tout ce qu'elle entreprenait.

Son ardeur était d'autant plus grande qu'elle y trouvait une compensation aux nouvelles déceptions que son mariage lui avait fait éprouver, car Ambroise Savouroux, si brave homme qu'il fût, n'était point le mari qu'elle avait autrefois rêvé.

Et quand elle comparait son existence à celle de sa sœur, elle souffrait horriblement. Léonie avait toutes les satisfactions, toutes les joies, elle rien ; rien, pas même un enfant.

Mais les heureux devaient, hélas ! payer cher leur bonheur et la mort, coup sur coup, allait ouvrir des tombes autour de la fermière.

M. de Langrolle père était mort, laissant à son fils une situation assez embarrassée dans des opérations de Bourse.

Pendant deux ans, Albert de Langrolle lutta courageusement pour maintenir le crédit de sa maison et éviter une catastrophe. Mais tous ses efforts furent inutiles ; les pertes se succédèrent coup sur coup et bientôt il n'eut plus à se faire illusion, le désastre était complet.

La dot de Léonie et la fortune de son père, qui avait mis tout son argent dans les mains de son gendre, furent englouties dans la catastrophe.

Le malheureux Albert de Langrolle ne put résister à ce coup terrible ; il se brûla la cervelle dans un moment de désespoir et de folie.

Le manufacturier, poursuivi par ses créanciers et finalement mis en faillite, fut emporté en huit jours par une attaque de paralysie.

Madame de Langrolle avait été, elle aussi, mortellement atteinte par ces coups de foudre successifs ; elle mourut six mois après le suicide de son mari.

Sa dernière pensée avait été pour sa fille, sa

chère Marceline, qui avait alors douze ans, et était élevée dans un des premiers pensionnats de jeunes filles de Paris.

Qu'allait devenir son enfant ?

Mais elle s'était rassurée sur le sort de l'orpheline, en se disant que sa tante et marraine ne l'abandonnerait point, veillerait sur son avenir et l'aimerait.

Léonie de Langrolle fut enterrée par les soins de sa sœur, qui s'était rendue à Paris et avait assisté aux derniers moments de la mère de Marceline.

Avant de quitter la ville elle reconduisit la jeune fille à son pensionnat et annonça à la directrice qu'elle payerait régulièrement les mois de pension, et que son désir étant que Marceline achevât son éducation, elle la laisserait au pensionnat jusqu'à l'âge de seize ou dix-sept ans.

La directrice se montra enchantée, car la jeune fille était une excellente élève, admirablement douée sous tous les rapports, et déjà la plus ravissante créature qu'on pût voir.

Cependant, il fallait à la mort une nouvelle victime.

Ambroise Savouroux, au retour d'une course forcée en pleine canicule, essoufflé, ruisselant de sueur et ayant très soif, but plusieurs verres de bière glacée. Une congestion pulmonaire se déclara, et malgré les soins de sa femme et ceux d'un médecin appelé tardivement, il succomba au bout de trois jours.

Madame Savouroux se demanda ce qu'elle allait faire.

Elle était riche ; elle pouvait vendre sa ferme et

aller demeurer à Paris où elle trouverait à se remarier, cette fois selon son goût.

Oui, elle songeait à un second mariage, n'ayant pas trouvé dans le premier toutes les satisfactions désirables.

Cependant, après avoir bien réfléchi, sans renoncer toutefois à se remarier, si l'occasion s'en présentait, elle se décida à garder sa ferme et à en continuer elle-même l'exploitation.

Victorine était jeune encore; outre sa fortune, elle avait toujours sa beauté, maintenant en pleine maturité, son intelligence et une santé magnifique. Avec tous ces avantages, elle avait parfaitement le droit de penser qu'elle trouverait un second mari.

Oh ! elle savait bien que les prétendants ne lui manqueraient pas ; seulement elle voulait choisir.

Les délais légaux de son veuvage n'étaient pas expirés que les aspirants se présentèrent, les uns d'eux-mêmes, les autres par l'intermédiaire du notaire.

Une riche veuve, jeune et belle, est toujours une proie pour les coureurs de dot.

A toutes les ouvertures, Victorine répondit : non. C'était autre chose qu'elle voulait. Retomber dans les bras d'un paysan, fût-il beau comme Apollon et riche comme le marquis de Carabas, jamais, jamais ! Elle avait subi Ambroise Savouroux, cette première expérience lui suffisait.

— Mais enfin, lui disait son notaire, qu'alléchait la perspective d'un bon contrat, qu'est-ce que vous voulez ?

— Je veux un homme que je prenne pour lui-même, qui ne me soit ni supérieur parce que j'en souffrirais, ni inférieur parce que j'en rougirais. Je ne veux pas qu'il soit vieux parce que je suis jeune encore, ni qu'il soit trop jeune parce qu'il serait trop vite infidèle. Je ne veux pas qu'il soit laid parce que je suis belle, et je veux qu'il soit un peu de mon monde pour qu'il s'y plaise.

S'il est riche, tant mieux, s'il est pauvre, tant pis ; la question d'argent ne m'arrêtera pas.

— Pourtant, chère madame, elle doit entrer en ligne de compte.

— Oui, si vous voulez ; mais ce serait fort bête à moi de placer cela au premier rang. D'ailleurs, j'entends me marier sous le régime dotal.

Tout en sachant bien que ma fortune est le principal attrait que j'offre à un prétendant, je veux que ma seconde jeunesse et ma beauté le décident tout autant que mes valeurs mobilières, mes prairies et mes hectares de terre labourables.

— Vos prétentions sont certainement légitimes, mais prenez garde, vous pouvez bien être à la recherche de quelque merle blanc.

— Alors, je garderai mon veuvage et ma liberté.

— Heu ! heu ! à moins que...

— A moins que ? Voyons, dites toute votre pensée. Vous savez que je puis tout entendre, pourvu que ce soit dit convenablement, bien qu'à Margaine on ne mâche pas toujours les mots.

— Eh bien, chère madame, fit le notaire en souriant, à moins que vous ne soyez prise tout d'un coup...

— Prise de quoi ?

— D'amour.

— Vous supposez cela ?

— Dame, ça s'est vu. Des femmes prétendues invincibles ont capitulé.

— Je ne suis pas plus terrible qu'une autre, mon cher notaire, si l'amour s'emparait de moi, je capitulerais aussi. Mais alors l'amour me rajeunirait et ma part serait encore belle.

Tout cela était sagement raisonné; mais il arriva ceci : c'est que voyant la dame de Margaine refuser les plus beaux partis et s'adonner plus que jamais à l'exploitation de son domaine, on en conclut qu'elle ne voulait pas se remarier.

Les prétendants cessèrent de prendre le chemin de Margaine.

Victorine fut bien un peu mortifiée, mais elle n'en laissa rien voir.

Elle se contentait de dire, à part soi, le soir surtout, quand elle rentrait dans sa chambre solitaire :

— Dieu que les hommes sont bêtes !

Elle ajoutait en haussant les épaules :

— Après tout, il y a bien de bonnes terres en friche !

D'autres fois, elle se disait en manière de consolation :

— La liberté n'est pas une chose sans valeur, pourquoi m'enchaînerais-je à un mari ?

. . . .
. . . .

Quand Marceline eut ses seize ans accomplis, au commencement de l'année 1868, et ses études étant à peu près terminées, sa tante la retira du pensionnat et elle vint habiter à la ferme où elle paraissait devoir demeurer jusqu'au jour de son mariage si, toutefois, il plaisait à madame Savouroux de marier sa nièce.

Marceline, au physique et au moral, ressemblait beaucoup à sa mère ; c'est dire qu'elle avait la douceur, la bonté, la grâce, qu'elle était tout à fait charmante, avec des gentillesses naïves et pleines de candeur.

Très sensible, très impressionnable, elle semblait être faite pour subir la domination de tous ceux qui lui témoigneraient de l'affection. Elle était d'ailleurs très aimante.

Blonde comme sa mère avec un teint blanc rosé, des traits purs, délicats, une bouche au sourire doux, ingénu, des yeux bleus au regard adorable, elle eût été un délicieux modèle pour un peintre comme Greuze ou Boucher.

En elle tout était ravissant. Elle avait des pieds d'enfant et ses mains étaient des merveilles de finesse. Sa voix aux inflexions tendres, suave et douce comme une musique, caressait agréablement l'oreille.

Il y avait bien dans sa physionomie un peu de mélancolie, mais pas de tristesse ; et, d'ailleurs, cette expression mélancolique disparaissait bien vite aux premiers mots affectueux.

Madame Savouroux, qui n'avait jamais eu d'affection sérieuse pour personne, n'aimait pas plus sa nièce qu'elle n'avait aimé sa sœur. Si elle s'était occupée de Marceline, c'était un peu parce qu'il lui avait été impossible de l'abandonner complètement, et beaucoup afin que le monde dise :

— La dame de Margaine est une bonne tante.

Marceline était jeune, jolie, gracieuse, bien

élevée, très instruite ; elle possédait enfin trop de perfections pour trouver grâce devant sa marraine dont nous connaissons la mauvaise nature.

Madame Savouroux devint jalouse de sa nièce comme elle l'avait été de sa sœur.

Devant le monde, l'hypocrite paraissait avoir une affection profonde pour Marceline ; souvent même, afin de mieux dissimuler ses sentiments odieux, elle témoignait à la jeune fille une tendresse menteuse.

Mais elle ne pouvait faire longtemps violence à son caractère, le naturel reprenait le dessus. Alors elle avait pour Marceline des paroles d'une incroyable dureté ; elle l'accablait du poids de son autorité, lui faisait cruellement sentir qu'elle était sous sa dépendance, à sa charge, qu'elle était bien heureuse d'avoir eu une tante pour la recueillir.

Elle abreuvait la pauvre enfant de toutes les humiliations et ne se sentait nullement touchée des larmes qu'elle faisait couler.

De cette jeune fille charmante, délicate, instruite, bien élevée, madame Savouroux faisait une servante de ferme.

A Margaine, tout le monde travaillait ; pourquoi sa nièce ne ferait-elle rien ? Elle travaillait bien, elle, la propriétaire du domaine.

Marceline ne refusait pas de travailler, de se rendre utile, au contraire ; si rude et si grossier que fût l'ouvrage qu'on lui donnait à faire, elle s'y mettait sans répugnance ; il fallait bien qu'elle s'occupât, qu'elle fît quelque chose.

C'était des paroles aigres, humiliantes, des rebuffades, des emportements sans cause comme sans raison dont la jeune fille souffrait.

Pourquoi était-elle traitée ainsi?

Quand elle faisait tout ce qui dépendait d'elle pour plaire à sa tante, pour lui prouver son dévouement, son affection, elle ne comprenait pas pourquoi elle était avec elle si sévère, si dure, si méchante.

Hélas! elle ne pouvait pas comprendre. Il ne lui était pas possible de deviner les sentiments jaloux et haineux de la fermière.

La terrible Victorine n'avait rien oublié du passé; elle n'avait pas pardonné à sa sœur morte. Elle se vengeait de la mère sur l'enfant.

C'était épouvantable, monstrueux!

Au début d'une scène violente, Marceline levait sur sa tante un regard doux, étonné, suppliant, qui aurait attendri un cœur de tigresse. Mais dans le cœur de madame Savouroux il y avait plus de férocité que dans celui d'un fauve.

La jeune fille souffrait sans se plaindre, comprenant qu'auprès de sa tante les plaintes étaient inutiles. Elle pleurait en silence et souvent, la nuit, elle mouillait son oreiller de ses larmes.

Elle avait été enchantée de sortir du pensionnat. Ah! maintenant, comme elle aurait voulu y être encore! Elle y avait vécu si tranquille, si heureuse! Là, elle était aimée; on n'avait pour elle que de douces et bonnes paroles.

Devant ses institutrices, sa tante lui avait dit:

« Je n'ai plus que toi au monde, tu es toute ma famille, je remplacerai ta mère, tu seras mon enfant! »

Oui, madame Savouroux avait dit cela. Comme elle avait menti!

Si les mauvais traitements de sa tante faisaient pleurer Marceline, elle pleurait aussi en pensant à sa mère, dont elle gardait dans son cœur et sa pensée le cher souvenir. Dans ses heures d'amertume et de sombre découragement elle s'écriait avec désespoir :

— Ah ! ma mère, ma mère, pourquoi m'as-tu quittée !

Elle s'effrayait de l'avenir ; il lui apparaissait si sombre, si noir, qu'elle n'osait l'interroger.

Dans cette grande ferme, au milieu de tout ce monde qui y travaillait et des étrangers qui y passaient sans cesse, elle se voyait isolée et se sentait comme perdue.

Elle se trouvait dans une situation qui ne pouvait pas durer éternellement, et elle se disait qu'elle ne pourrait pas vivre ainsi longtemps encore. Si soumise qu'elle fût, il y avait des instants où, le cœur et l'âme froissés, sa dignité se révoltait. Non, elle ne pourrait pas rester avec sa tante, ce serait au-dessus de ses forces.

Mais, qu'elle fût un jour chassée par la fermière ou qu'elle s'en allât volontairement, elle se demandait avec une angoisse indicible où elle irait et ce qu'elle deviendrait.

XVI

MAGNÉTISME, SOMNAMBULISME

Le surlendemain du jour où il avait quitté la ferme du Longpré, congédié par le fermier, François Lambert arrivait vers onze heures du matin, par le chemin de fer, à la gare de Fontainebleau et prenait un omnibus qui le transportait rapidement au centre de la ville.

Il avait faim ; et il se dit que ce qu'il avait de mieux à faire tout d'abord c'était de déjeuner.

Comme il marchait dans la rue lentement, cherchant des yeux l'enseigne d'un restaurant, une main s'abattit familièrement sur son épaule.

Il se retourna et laissa échapper un cri d'agréable surprise en reconnaissant M. Capelle, le négociant en grains de Meaux.

— Vous, vous ici, à Fontainebleau ! fit le négociant avec un regard interrogateur.

— Moi-même, en chair et en os, comme vous voyez.

— Mais comment se fait-il ?... par quel hasard ?...

— Un mot va vous faire comprendre : J'ai quitté la

ferme du Longpré, je ne suis plus au service de M. Moutier.

— Est-ce possible ?

— C'est comme j'ai l'honneur de vous le dire.

— Mais, enfin, pourquoi ?

— Je ne me plaisais plus au Longpré.

— Pourtant vous y rendiez des services et y étiez considéré ?

— C'est vrai.

— Et maintenant, qu'allez-vous faire ?

— Comme je ne suis pas rentier et que j'ai besoin de travailler, je vais me replacer.

— Vous avez trouvé ?

— Pas encore, mais j'ai quelque espoir.

— Ah !

— Vous m'avez parlé de madame Savouroux, propriétaire de la ferme de Margaine.

— Oui. Eh bien ?

— Eh bien, monsieur Capelle, c'est à madame Savouroux que je vais aller offrir mes services aujourd'hui même ou au plus tard demain matin.

— Et votre offre, monsieur Lambert, sera immédiatement acceptée.

— Vous le croyez ?

— Absolument. Il y a un mois environ que la fermière a renvoyé son premier garçon et elle ne l'a pas encore remplacé.

— Vous êtes sûr ?

— Je vous parle de ce que j'ai appris il y a trois jours.

— Alors c'est parfait.

— Vous convenez on ne peut mieux à madame Savouroux et elle sera enchantée de vous avoir; c'est d'un homme comme vous qu'elle a besoin ; à cette maîtresse femme il faut un gaillard solide, connaissant à fond l'agriculture, ayant des yeux pour tout voir et l'habitude du commandement. Vous étiez bien, très bien au Longpré, vous serez mieux encore à Margaine. Vous y aurez le titre de régisseur.

— Vous m'en dites tant, monsieur Capelle, que vous me donnez la crainte de ne pas être accepté.

— Non, non, soyez tranquille, vous verrez.

— M'autorisez-vous à me présenter de votre part ?

— Mais certainement, et vous pourrez répéter à madame Savouroux tout ce que je vous ai dit d'elle et de sa ferme.

— Merci.

— A propos, mon jeune ami, avez-vous déjeuné ?

— Pas encore ; je viens seulement d'arriver à Fontainebleau, et quand vous m'avez mis la main sur l'épaule, j'étais justement à la recherche d'un restaurateur.

— En ce cas, si vous le voulez bien, nous déjeunerons ensemble.

— Avec grand plaisir, monsieur Capelle.

— Ensuite, si vous le voulez bien encore, je vous emmènerai au théâtre.

— Au théâtre ? fit François étonné.

— Oui. Il y aura là, à une heure, un spectacle qui, m'a-t-on dit, sera très intéressant et des plus curieux. L'architecte du théâtre, que je connais, m'a gracieusement donné, ce matin, deux entrées. Mais il nous faut avant tout déjeuner.

— Mon estomac vous donne absolument raison.

Les deux hommes se dirigèrent vers un restaurant où le négociant était connu et où on leur servit un repas copieux.

M. Capelle demanda l'addition et paya, disant à son compagnon, qui essayait de protester :

— Cher monsieur Lambert, vous êtes mon invité.

Il était près d'une heure.

— Eh bien, venez-vous au théâtre avec moi ? demanda le négociant.

— Oui, tout de même ; vous êtes un trop aimable compagnon pour que je ne reste pas avec vous le plus longtemps possible.

— Alors, allons-y gaiement.

Les portes du théâtre venaient d'être ouvertes, et plusieurs centaines de personnes pénétraient dans la salle, alléchées par les promesses de grandes affiches qui avait été collées sur les murailles quelques jours auparavant.

Ce fut même avec un vif mouvement de curiosité que François Lambert lut une de ces affiches, placée près de la porte du théâtre.

Elle était ainsi libellée :

GRAND THÉÂTRE DE FONTAINEBLEAU
MARDI PROCHAIN 4 AOUT 1869
GRANDE SÉANCE
de
MAGNÉTISME ET DE SOMNAMBULISME
EXPÉRIENCES
D'HYPNOTISME ET DE SUGGESTION MENTALE
Par l'éminent professeur polonais
PIERRE CRAPOWSKI

En présence de l'assemblée, le professeur fera ac-

complir à un assistant désigné par les spectateurs tout ce qui lui plaira, même les actions les plus contraires aux habitudes, au caractère et à la profession du sujet.

La salle était bondée. Les masses sont engouées du merveilleux, ce qui explique le succès qu'ont toujours dans les foires les somnambules plus ou moins lucides, comme les prestidigitateurs plus ou moins habiles. Ce goût de l'extraordinaire n'est pas celui de la classe ouvrière seule ; il est partagé par les classes bourgeoises, surtout les femmes, et l'on voit à ces séances, pour peu que le local s'y prête, la paysanne, la femme galante, l'ouvrière, la marchande, la grande dame.

Nos lecteurs ont lu ou entendu tant d'explications sur les phénomènes étranges du magnétisme que nous ne nous attarderons pas à leur en fournir de nouvelles.

On sait que l'hypnotisme est tout simplement un sommeil artificiel déterminé par un objet brillant que l'on fait regarder fixement à la personne que l'on veut endormir. L'hypnotisme est donc un procédé pour jeter une personne dans le sommeil somnambulique. Alors, la raison et la volonté sont paralysées. La volonté n'est plus que passive et l'imagination est exaltée au plus haut point.

Et cet état est si étrange, que quelle que soit la suggestion fournie au sujet, même la plus absurde, il est irrésistiblement poussé à agir d'accord avec cette suggestion. Il est incapable de réfléchir, de rentrer en lui-même ; pour l'instant sa volonté n'existe plus, et l'on peut dire alors qu'il se trouve dans un état analogue à 'aliénation mentale.

Il y a deux degrés dans l'hypnotisme.

Dans le premier, tous les sens, excepté celui de la vue, sont très exaltés. La conscience du *moi* n'est pas anéantie, mais le sujet n'en reste pas moins docile. Alors l'expression du visage se modifie presque au gré de l'opérateur, qui exerce sur la personne un pouvoir d'impression énorme.

Au second degré, les phénomènes sont plus extraordinaires encore ; ils tiennent de la catalepsie. L'intelligence est profondément atteinte. Si vous demandez son nom à l'hypnotisé, il le dira sans hésiter; mais immédiatement après, suggérez-lui qu'il est Charlemagne ou Bossuet et vous lui ferez perdre pendant un temps la notion de son existence. Sous l'influence de votre suggestion, il se prendra pour la personne que vous voudrez et il agira, sentira, parlera comme s'il était réellement cette personne.

Il y a plus, — et c'est là où l'hypnotisme est redoutable, — on fera faire à l'hypnotisé tout ce qu'on voudra, absolument tout.

Ainsi, sur l'ordre suggestif du magnétiseur, une femme hypnotisée ira se livrer à un homme qu'elle exècre ; un homme hypnotisé commettra un crime.

Le professeur Crapowski avait commencé la séance par l'exposé des phénomènes qu'il allait produire ; puis passant de la théorie à la pratique, il hypnotisa une femme de robuste apparence, douée d'une grande énergie et qui disait :

— Vous ne m'endormirez pas, plusieurs magnétiseurs l'ont tenté en vain.

Son regard était fixé sur une pièce de cinq francs neuve, tenue à trente centimètres de ses yeux.

Au bout de dix minutes, l'hypnotisation était complète.

Les expériences se succédèrent alors au grand ébahissement de l'assemblée.

Le professeur présenta à la femme une boîte vide en lui suggérant que c'était une tabatière pleine de tabac.

— Je le vois bien, répondit-elle.

L'opérateur fit le simulacre de plonger ses doigts dans la tabatière et les mit ensuite sous le nez de la femme en lui disant :

— Aspirez !

Elle obéit et fut prise à l'instant même d'une crise d'éternuments qui amusèrent beaucoup le public.

Il lui fit croire qu'elle était couverte de guêpes.

Aussitôt elle donna tous les signes d'une vive douleur, secoua ses cheveux, se frotta le visage avec ses mains et se mit en devoir d'ôter ses vêtements pour se débarrasser de ses ennemis imaginaires.

Les spectateurs étaient stupéfiés et même épouvantés.

François Lambert ne quittait pas le professeur des yeux ; il suivait avec une attention soutenue tous ses mouvements pour bien s'assurer qu'il n'était pas victime de quelque supercherie.

Tout à coup, il se fit un grand mouvement dans la salle. Un spectateur de l'orchestre s'était levé et interpellait le magnétiseur polonais.

Celui-ci n'était pas un homme facile à démonter ; il coupa court à une explication qu'il avait commencée, et se tournant vers son interlocuteur, qui n'était autre que le beau François, il lui dit d'une voix froide et ironique.

— Monsieur me fait l'honneur de m'interroger ?
— Oui, monsieur.
— Que voulez-vous ?
— Vous demander de faire une expérience dont j'aurai le choix.
— Ah ! monsieur n'est pas entièrement convaincu.
— C'est vrai.
— Vous croyez sans doute, monsieur, à quelque ruse de prestidigitateur français ?
— Je ne dis pas cela, mais je doute.
— Que monsieur dise donc ce qu'il faut que je fasse pour lui enlever son doute.
— Eh bien, monsieur le professeur, voici : je vais dire tout bas à mon voisin, à celui-ci, que je ne connais pas, ce que je voudrais voir faire à madame.

De la main il désignait la femme hypnotisée.

— Après ?
— Je vous le dirai aussi tout bas et, sans parler, vous suggérerez, — c'est le mot je crois...
— Oui, c'est le mot.
— Vous suggérerez à cette dame ce qu'elle devra faire.

Le silence était presque solennel. On attendait la réponse du professeur qui, il faut le dire, paraissait surpris et hésitait. Mais il comprit que le moment était décisif pour lui et qu'il devait à sa réputation, à sa gloire de sortir vainqueur de l'épreuve.

Il regarda fixement son interlocuteur et ne put réprimer un mouvement de surprise.

Cependant le public commençait à s'étonner de son silence, et comme quelques murmures se faisaient entendre, il étendit la main pour réclamer l'attention.

— Mesdames et messieurs, dit-il, l'expérience que l'on demande présente certaines difficultés.

De nouveaux murmures se firent entendre et il y eut des sourires ironiques.

On croyait que l'opérateur voulait se dérober.

— Mais, se hâta-t-il d'ajouter, je vais la tenter. Quand vous voudrez, monsieur, reprit-il, s'adressant à François Lambert.

Celui-ci se pencha vers son voisin et lui parla à l'oreille pendant quelques secondes.

— Oh! fit le confident.

— C'est fait? demanda le Polonais.

— Oui, monsieur.

— Veuillez venir maintenant sur la scène.

Comme cela se pratique toujours en pareilles circonstances, la scène avait été mise en communication avec l'orchestre au moyen d'un petit escalier mobile de cinq ou six marches.

François Lambert, devant qui chacun s'écartait, monta sur la scène.

— Monsieur, lui dit le professeur, faites-moi savoir ce que vous voulez.

François fit connaître son intention.

Le magnétiseur eut un mouvement de surprise

— Mais, monsieur... fit-il.

François Lambert répondit :

— Ça ou rien, monsieur.

— Soit.

Le Polonais alla vers l'hypnotisée, qui était assise dans un fauteuil, les bras pendants et dans un état complet d'immobilité; il lui prit la main et leva le bras, puis il lâcha la main et le bras resta tendu. La femme était bien dans un état de catalepsie artificielle.

Un sourire de satisfaction glissa sur les lèvres du magnétiseur.

Il vint s'asseoir devant une table, prit une feuille de papier et une allumette et fit semblant d'écrire une phrase.

Il montra ensuite au beau François, puis au public le papier absolument intact. Après quoi il s'avança de quelques pas, plaça le papier sous les yeux de la femme et, concentrant sa volonté, il attendit.

Après quelques minutes, sans hésitation, l'hypnotisée se leva. Son visage était comme illuminé, ses yeux brillaient et elle avait sur les lèvres un sourire singulier.

Elle marcha vers le beau François, s'arrêta tout près de lui et, avec un mouvement félin, lui passa les bras autour du cou et l'embrassa avec une sorte de frénésie.

Mais elle était laide et son âge semblait devoir lui défendre cet accès de passion désordonnée.

François Lambert se dégagea assez brusquement afin de se soustraire à ces trop vives démonstrations; mais la femme le poursuivit et deux fois ils firent ainsi le tour de la scène, pendant que les spectateurs battaient des mains, trépignaient, riaient à gorge déployée.

Il fallut l'intervention du magnétiseur pour mettre fin à cette scène aussi scandaleuse que grotesque.

L'hypnotisée, soumise à une autre suggestion, alla se rasseoir en cachant sa tête dans ses mains.

Alors, s'adressant au spectateur de l'orchestre à qui François Lambert avait parlé tout bas, le Polonais le pria de faire connaître ce qui lui avait été dit.

— Ce monsieur, répondit-il, m'a dit qu'il allait vous demander de forcer cette dame à venir l'embrasser.

François fit signe que c'était, en effet, ce qu'il avait demandé.

Il y eut un redoublement d'applaudissements ; l'enthousiasme de l'auditoire était à son comble.

— Ma foi, mon cher monsieur, dit le Polonais à François, vous seriez, si vous le vouliez, un rude magnétiseur, et, dans tous les cas, vous n'auriez pas grand besoin d'hypnotiser les gens pour vous en faire obéir.

— Oh ! vous voulez rire.

— Nullement. Quand vous regardez fixement, c'est le fluide magnétique qui s'échappe de vos yeux.

— Ah ! fit François, qui tressaillit à certains souvenirs.

Il salua le magnétiseur et regagna sa place.

XVII

CE QUE DÉCOUVRE LE BEAU FRANÇOIS

A la sortie du théâtre, M. Capelle, qui avait plusieurs rendez-vous dans la ville, quitta son compagnon après lui avoir serré la main et souhaité bonne chance.

Resté seul, le beau François s'en alla, songeur, à travers les rues.

Ce que lui avait dit le Polonais résonnait encore à ses oreilles. Il était tout étourdi, comme ivre.

Il sortit de la ville et jusqu'à la nuit tombante il se promena dans la forêt, cherchant les allées solitaires, s'enfonçant même dans les taillis ou sous les hautes futaies, afin de se mieux livrer à ses méditations, à ses rêves.

Il avait la tête pleine de pensées extraordinaires.

Le beau François n'était, comme il se plaisait à le dire et voulait le faire croire, ni le neveu, ni même un petit cousin du vieux notaire qui s'était intéressé à lui et l'avait recommandé à M. Moutier, de la ferme du Longpré.

Son père était un de ces athlètes de foire qu'on

voit sous une tente de saltimbanques, jongler avec des poids de vingt kilos, soulever des charges énormes et appeler à la lutte les amateurs, en leur jetant un caleçon de coton.

Sa mère était la fille d'un petit charron de village, qui s'était éprise du beau lutteur et l'avait suivi sans en demander l'autorisation à sa famille.

Cette vie errante plut d'abord à la jeune fille; son compagnon l'aimant beaucoup, elle se trouvait heureuse.

Mais peu à peu sa constitution délicate souffrit de cette existence nomade qui, si elle donnait la liberté, ne procurait pas toujours le pain quotidien.

La fille du charron fut durement éprouvée quand elle donna le jour à son fils; pendant près de deux mois, elle fut entre la vie et la mort.

De son côté, le lutteur, à la suite d'un accident où il avait failli périr, avait perdu beaucoup de sa souplesse et une partie de ses forces.

Le couple jugea qu'il était sage de changer de profession, de troquer la vie de grandes routes pour une existence sédentaire.

Ils vendirent assez avantageusement le petit établissement forain, se marièrent pour légitimer la naissance de leur fils, et le lutteur Lambert se fit cabaretier.

Comme il avait été militaire et avait conquis au régiment un brevet de prévôt, il ajouta à son industrie de cabaretier celle de maître d'armes, de boxe, de savate et de bâton; et on put vivre convenablement et tranquille.

Le petit François grandit, fut mis à l'école et mordit ferme aux livres.

A seize ans, ses parents le placèrent chez un fermier, agriculteur renommé, pour y apprendre la culture. C'était dans les goûts du jeune homme.

Il allait atteindre sa vingtième année lorsque son père mourut, et il se trouva exempt du service militaire comme fils de femme veuve.

Ce fut un malheur.

D'un caractère indiscipliné, il avait fallu toute l'énergie de l'ancien lutteur pour le soumettre. Délivré du joug paternel, François ne se contraignait plus. Il était coureur, gros dépensier, ne se refusait aucune satisfaction. Sa mère, faible comme la plupart des mères, ne savait rien lui refuser, et il abusa si bien de cette tendresse aveugle, qu'en moins de six mois la veuve fut réduite à la misère.

Alors François quitta le pays pour aller travailler tantôt dans une ferme, tantôt dans une autre, pendant que sa mère entrait comme servante chez un notaire, où elle mourut deux ans plus tard.

C'était ce notaire, maintenant retiré du notariat, qui s'était intéressé à François, en souvenir de sa servante.

Très intelligent, très énergique, très ambitieux, très tenace dans ses idées et sans scrupules sur le choix des moyens, il voulait arriver à la fortune.

Froidement, il marchait à son but.

Toutefois son ambition était raisonnée, il ne rêvait pas l'impossible. Connaissant parfaitement la culture, il ne demandait pas autre chose, après avoir été garçon de ferme, que de devenir fermier à son tour.

Joli garçon, il ne rêvait pas non plus l'impossible

en pensant que la fille de quelque gros métayer s'éprendrait de lui et l'épouserait.

Il avait cherché cette fille de fermier et ne l'avait pas trouvée. Il est vrai qu'à vingt-six ans on peut attendre et chercher encore avec espoir.

C'était la fatalité qui avait placé Félicie Lucotte sur son chemin. Nous avons vu comment il avait été pris du désir impérieux de posséder la jolie couturière et comment la malheureuse enfant était devenue sa victime.

Ce pouvoir fascinateur dont la nature l'avait doué, il l'avait exercé d'une façon inconsciente, attribuant ses succès sur les beautés plus ou moins faciles de la campagne, à ses seuls avantages physiques, à son éducation supérieure à celle des autres paysans.

Toutefois il s'était étonné en s'apercevant que ses victimes, loin de l'aimer, le haïssaient, et que ce qu'il avait pris pour de l'amour, n'était que le résultat d'une cause mystérieuse dont il ignorait la nature.

Cela lui avait donné à réfléchir.

François Lambert était un sceptique, il affectait d'être incrédule en tout ; cependant il croyait néanmoins à ces histoires fantastiques qui se racontent aux veillées villageoises.

Il en est ainsi de la plupart des esprits forts ; ils ne croient ni à Dieu, ni à diable, ils ne reconnaissent que la matière, mais sont accessibles à de nombreuses superstitions.

Le beau François n'avait pas été sans entendre parler de magnétisme, des phénomènes de la seconde vue ; sur les champs de foire, il avait vu des somnambules ou soi-disant telles; mais il ne lui était jamais venu à la pensée qu'il pût avoir la force de volonté et la puissance du regard du magnétiseur.

Maintenant son esprit était éclairé ; bien des choses qui, autrefois, lui avaient paru incompréhensibles, lui étaient expliquées.

Il avait vu travailler un praticien ; des expériences, sérieuses cette fois, avaient été faites sous ses yeux ; et puis il croyait toujours entendre ces paroles du Polonais, jetées à son oreille avec un accent singulier :

« Si vous le vouliez, vous seriez un rude magnétiseur ; vous n'auriez même pas grand besoin d'hypnotiser les gens pour vous en faire obéir; quand vous regardez fixement, le fluide magnétique s'échappe de vos yeux. »

Ensuite, François se rappelait comment la pauvre petite couturière de Manerville s'était livrée à lui sans défense.

Il se souvenait aussi de ce molosse qu'il avait fait reculer et hurler sous son regard, et il retrouvait dans sa mémoire les paroles du vieux paysan :

« Vous lui faites peur, à ce chien, vous avez un regard si drôle ! »

Il ne pouvait plus en douter, cette force de volonté du professeur polonais, il la possédait ; il la possédait cette puissance terrible, surnaturelle !

Eh bien, alors, pourquoi ne s'en servirait-il pas pour atteindre le but qu'il poursuivait ?

Il voulait être maître, il voulait être riche; il pourrait monter aussi haut qu'il le voudrait. Il n'y a que les sots et les imbéciles qui reculent devant le choix des moyens.

Il se dressa superbe, plein d'orgueil.

Il y eut dans son regard des lueurs étranges.

Un rire sec, strident éclata entre ses lèvres.

Le démon dut rire ainsi le jour où Ève mordit au fruit défendu.

Le beau François aurait pu s'écrier, lui aussi :

— Le monde est à moi !

*
* *

Madame Savouroux était seule. Assise devant une fenêtre ouverte, ce qui lui permettait d'aspirer l'air embaumé des champs et de promener sa vue sur une partie de son domaine, elle se plongeait dans de tristes réflexions. Ce jour-là sa solitude lui pesait lourdement et elle se demandait si, décidément, elle était condamnée à un veuvage éternel.

Marceline n'était pas à la ferme.

Le notaire de madame Savouroux était venu passer la journée du dimanche à Margaine en compagnie de sa fille, jeune personne à peu près du même âge que mademoiselle de Langrolle.

On avait demandé à madame Savouroux d'emmener Marceline à Montereau ; elle y passerait quelques jours ; ce serait une distraction qui lui ferait du bien, car elle paraissait souffrante.

D'abord la fermière avait répondu non ; mais la fille du notaire et son père avaient insisté et madame Savouroux, qui ne voulait pas qu'on soupçonnât la nature de ses sentiments à l'égard de sa nièce, avait fini par céder.

Et Marceline était partie, heureuse comme un oiseau captif auquel on ouvre la porte de sa cage.

Elle ne devait revenir que dans cinq ou six jours, ramenée par le notaire.

Il pouvait être dix heures du matin.

Une servante entra dans la pièce où se trouvait sa maîtresse et lui annonça qu'un inconnu demandait à lui parler.

— Qu'est-ce qu'il me veut ?

— Je l'ignore, madame ; je ne me suis pas permis de le questionner.

— Comment est-il, cet inconnu ?

— Je l'ai trouvé très bien, madame ; il est convenable, a fort bon air.

— Est-il jeune ou vieux ?

— C'est un jeune homme.

— Un paysan ?

— Je ne sais pas, madame, il n'en a point les manières.

— Quel est son nom ?

— Il ne me l'a pas dit.

Madame Savouroux se leva, alla se placer devant une glace, parut satisfaite et dit à la servante :

— Faites entrer ce monsieur dans la salle, je descends.

La servante disparut, et, presque sur ses talons, madame Savouroux descendit. Elle entra dans la salle et se trouva en face du visiteur.

Il était debout, le chapeau à la main. Il s'inclina devant la fermière, qui le regardait curieusement.

— Vous avez demandé à me parler, monsieur, dit-elle d'une voix quelque peu hautaine ; veuillez donc me dire qui vous êtes et ce que vous désirez.

— Madame, répondit-il, je me nomme François

Lambert et j'ai des connaissances sérieuses en agriculture.

— Ah ! Et comment les avez-vous acquises, ces connaissances ?

— Par des études spéciales, madame.

— De la théorie, alors ?

— A laquelle j'ai ajouté dix années de pratique.

— C'est meilleur.

— J'ai appris par une personne qui a pour vous, madame, une grande admiration, que vous aviez besoin d'un auxiliaire pour vous aider dans l'exploitation très importante du domaine de Margaine, et je viens tout simplement vous offrir mes services.

— C'est très bien, monsieur. Mais dites-moi, je vous prie, quelle est cette personne qui vous envoie vers moi ?

— Elle me connaît depuis longtemps déjà, madame, je me présente au nom de M. Capelle, de Meaux.

— Ah ! vous connaissez M. Capelle ?

— Oui, madame.

— C'est une bonne recommandation. Ainsi, monsieur, vous pensez pouvoir remplir ici l'emploi de chef d'exploitation ?

— Je le pense, madame.

La première impression de madame Savouroux avait été défavorable à François Lambert ; mais elle l'examina de nouveau, très attentivement, et sa première impression se modifia sensiblement.

— Où avez-vous déjà travaillé, monsieur ? demanda-t-elle d'un ton qui commençait à être gracieux.

François nomma plusieurs fermes, puis tira de sa poche des papiers qu'il tendit à la dame.

C'étaient des certificats que la fermière parcourut rapidement des yeux et rendit aussitôt.

— Oui, vous avez de l'expérience, dit-elle. Maintenant asseyez-vous et causons.

Un sourire de satisfaction glissa sur les lèvres du beau François. Il avait lu sur la physionomie de la dame de Margaine qu'il était accepté.

— Monsieur François Lambert, reprit-elle, en s'asseyant en face de lui, il faut ici, en effet, un homme intelligent, connaissant bien la culture, capable de me seconder, enfin un autre moi-même ; j'accepte l'offre que vous me faites. Nous vous verrons à l'œuvre et il ne dépendra que de vous d'avoir ma confiance.

Il s'inclina et répondit :

— Je m'efforcerai de la mériter ; je sais ce que la dame de Margaine attend de moi.

Elle sourit, évidemment flattée qu'il l'appelât la dame de Margaine.

Alors elle exposa à François Lambert en quoi consisteraient ses fonctions.

— Vous aurez, dit-elle, sous ma direction, — elle appuya sur les trois mots, — la haute main sur tout le monde ; vous aurez à tout surveiller ; le territoire de la ferme est vaste, mais en très bon état.

— La réputation de la ferme de Margaine n'est plus à faire, dit-il d'un ton flatteur.

— Soit. Mais il y a toujours des améliorations à étudier, des changements à introduire pour ne pas être en arrière du progrès ; je laisserai peut-être beaucoup à votre initiative.

Je vous en préviens, je suis exigeante, parce que

je donne moi-même l'exemple du travail; mais on vous dira que je ne suis pas ingrate.

— Tout le monde sait que la dame de Margaine est généreuse.

— Généreuse, non. Juste, oui.

Demain, monsieur Lambert, nous visiterons ensemble le domaine. Après un essai réciproque d'un mois, si nous nous convenons, nous signerons un engagement de trois ans ou de plus longue durée. Cela vous convient-il?

— Cela me convient, madame.

— Il y a à la ferme deux premiers garçons; c'est avec eux que vous prendrez vos repas; mais aujourd'hui vous déjeunerez et dînerez avec moi; nous avons à causer de bien des choses, comme vous le pensez.

— C'est vrai.

— Le monde de la ferme dîne habituellement à huit heures. Le personnel de la ferme est nombreux en ce moment, car nous sommes en pleine moisson; je vous présenterai à lui ce soir même.

Madame Savouroux se leva et sortit en disant:

— Vous pouvez aller jeter un coup d'œil dans les granges, les écuries et les étables, mais ne vous éloignez pas trop; je me mets régulièrement à table à midi.

Le beau François était dans la place.

— Superbe femme! se disait-il en regardant en connaisseur une trentaine de jeunes poulains qui s'ébattaient dans un enclos. Quel âge peut-elle avoir? Trente-cinq ans à peine. Après tout, que m'importe son âge? Elle a encore des cheveux et, je crois bien, toutes ses dents... Oui, elle est bien conservée et... elle est la propriétaire du domaine de Margaine.

XVIII

NOUVEAU CRIME

François Lambert n'était pas de ces hommes qui mettent un frein à leurs convoitises, qui savent patienter et, par d'habiles manœuvres, se préparer un triomphe.

Les préliminaires d'une cour amoureuse étaient un jeu qu'il laissait à d'autres.

Dès le lendemain, en visitant le domaine en compagnie de madame Savouroux, il commença l'attaque.

Il savait qu'il ne risquait rien, qu'il pouvait tout oser.

La fermière fut peut-être surprise de l'audace de M. François, mais elle ne prit point ses grands airs, et le serviteur ne tarda pas à se convaincre qu'il n'attendrait pas longtemps sa victoire.

Tout, du reste, le servait à souhait.

La fière madame Savouroux était arrivée à cet état d'énervement qu'expliquaient sa longue continence, les ardeurs de son tempérament et les surexcitations, les troubles de la période psychologique dans laquelle entre une femme qui touche à la quarantaine.

La jeunesse de François Lambert, l'étrangeté de son regard, la hardiesse de ses paroles, tout exerça sur la veuve une influence à laquelle elle ne put se soustraire.

Elle avait été honnête femme et veuve sage, il est vrai, mais sans grand mérite. D'abord les occasions lui avaient manqué, ensuite son intérêt lui avait imposé une réserve et une retenue forcées.

Les sens de madame Savouroux n'avaient jamais été complètement endormis et l'heure était venue de donner satisfaction à ses appétits. Entraînée par sa nature, fascinée, enivrée, elle se donna.

Au bout de cinq jours, le beau François était le maître à Margaine.

Tout de suite après sa victoire, il se sentit grandi de dix coudées.

Et avec quels regards il contemplait les beaux et solides bâtiments de la ferme! Et quels regards aussi il jetait dans les enclos peuplés d'un superbe bétail et sur les riches terres du domaine dont ses yeux pouvaient à peine mesurer l'étendue!

S'il posait sa main sur un animal, bœuf, cheval ou mouton, c'était comme une prise de possession et il semblait dire:

— Tu es à moi, tu m'appartiens!

Il ressemblait au vautour carnassier qui s'abat sur une proie et l'emporte.

Il frappait le sol de son pas vigoureux comme le guerrier de l'antiquité enfonçait sa lance dans la terre conquise pour marquer son droit de possession.

Il était le maître!

Il possédait la riche fermière, tout était à lui.

Madame Savouroux avait parlé à François de sa nièce, qui était allée passer quelques jours à Montereau, mais d'un ton si froid, si indifférent, que le régisseur n'avait pas apporté une grande attention à ce qu'elle lui disait de Marceline, qu'elle présentait d'ailleurs comme une petite sotte, une fille sans conséquence, bonne à rien, qu'elle avait dû recueillir à Margaine pour ne pas la laisser dans la misère, seule au monde.

Le beau François s'était dit :

— Cette nièce doit être une grosse paysanne mal bâtie, gauche, bouffie, aux mains rouges, laide et bête.

Mais quand il se trouva tout à coup en présence de Marceline, à son retour de la ville, il fut ébloui et complètement sous le charme de la beauté, de la grâce, de la distinction de la jeune fille.

Le doux son de la voix de Marceline frappa délicieusement ses oreilles et il ne lui fallut pas longtemps pour juger que cette charmante enfant, qu'on lui avait dit être une sotte, une petite fille sans conséquence, bonne à rien, était, au contraire, malgré son attitude humble et craintive, une jeune fille très intelligente, très instruite, ayant reçu une éducation parfaite.

Il s'était attendu à voir dans la nièce de la fermière une espèce de magot, et Marceline était tout simplement une merveille.

Pourquoi donc madame Savouroux ne lui avait-elle pas dit la vérité au sujet de Marceline ?

Il le comprit facilement.

Victorine n'aimait pas sa nièce ; elle était jalouse

de sa jeunesse, de sa beauté, de son instruction, en un mot de tout ce qu'il y avait de parfait, d'adorable dans la jeune fille.

Assurément, la fermière était encore une fort belle femme ; mais sa beauté plantureuse ne pouvait rivaliser avec la beauté délicate et rayonnante de Marceline. La taille épaisse, riche d'embonpoint de Victorine ne pouvait plus avoir la grâce de celle de sa nièce, fine, élancée, souple comme un jonc. Le corps de l'une était massif, celui de l'autre n'offrait au regard que des formes délicieuses. Et puis la tante avait quarante ans et la nièce dix-sept.

Le beau François eut bientôt établi ces diverses comparaisons, et s'il eût été le beau Pâris ce n'est pas à Victorine, mais à Marceline qu'il aurait adjugé la pomme.

Ce qu'il avait éprouvé en voyant la première fois Félicie Lucotte, il l'éprouva de nouveau à la vue de Marceline. Ce fut la même sensualité, ce furent les mêmes ardeurs dévorantes, les mêmes désirs de possession.

Marceline était une nouvelle proie à saisir et il n'était pas homme à la laisser échapper.

— Imbécile ! se dit-il, je me suis trop pressé. Ah ! si j'avais su !...

En effet, il s'était trop pressé et il le regrettait.

Mais qu'était-ce pour un misérable tel que lui d'être l'amant de la tante et d'avoir la nièce pour maîtresse ?

En parlant de la jeune couturière de Manerville, il avait dit :

— Petite affaire, sans conséquence, la fille d'un berger ?

Maintenant il disait :

— Excellente affaire, l'unique héritière de madame Savouroux !

Froidement et lâchement, il avait fait de Félicie sa victime. Il l'avait abandonnée parce qu'elle était une fille pauvre. Froidement et lâchement aussi il se préparait à faire une autre victime ; seulement celle-ci, il ne l'abandonnerait pas. Avec Marceline de Langrolle, unique parente et héritière de madame Savouroux, il arrivait à son but.

Il avait d'abord songé à épouser la fermière ; dame, qui veut la fin veut les moyens. Maintenant ce mariage lui apparaissait sous un aspect ridicule. Une femme de quatorze ans plus âgée que lui ! Mais ce serait la pire des sottises ; oui, en vérité, ce serait trop bête ! D'autant plus que la nièce lui offrait, sinon immédiatement, mais dans un temps plus ou moins éloigné, les mêmes avantages.

S'il plaçait au-dessus de tout ces avantages, c'est-à-dire de devenir définitivement le propriétaire et maître de la ferme, il faisait entrer, néanmoins, en ligne de compte, la satisfaction d'avoir une femme jeune, belle, gracieuse, distinguée.

Car si exclusive que puisse être l'ambition chez l'homme, elle ne l'empêche point d'être accessible aux petites satisfactions de l'amour-propre et de la vanité.

Enfin, ce n'était plus la tante, mais la nièce qu'il voulait épouser.

— Sans doute, pensait-il, je trouverai dans madame Savouroux de la résistance ; mais cette résistance, je la briserai !

Dès les premiers jours, affectant de la déférence

et du respect, il se montra très empressé auprès de Marceline.

Ce n'était qu'une froide politesse en présence de la fermière, dont il ne relevait aucune des brutalités envers sa nièce, se gardant bien de prendre la défense de la jeune fille.

Mais quand il n'avait pas à redouter les regards soupçonneux et jaloux de Victorine, ses manières n'étaient plus les mêmes. Il avait des caresses dans la parole et le regard; il plaignait la pauvre enfant de la rudesse avec laquelle elle était traitée; il lui faisait, pour l'amadouer, des compliments auxquels, du reste, elle était peu sensible; il lui tenait des discours dont elle ne saisissait pas très bien le sens, mais contre lesquels elle sentait qu'elle devait se mettre en garde.

Il la troublait, faisait monter le rouge à son front, et son instinct, à défaut d'expérience, l'avertissait d'un danger.

Le beau François ne lui était pas plus sympathique qu'il ne l'avait été à la fille du berger, et pas plus que Félicie elle ne se rendait compte de ce qu'il lui faisait éprouver. Toutefois elle sentait bien qu'il exerçait sur elle une influence étrange.

Autant qu'elle le pouvait, elle évitait de le rencontrer, de se trouver seule avec lui et le fuyait quand cela lui était possible. Elle ne savait pas pourquoi, mais elle le craignait, mais elle avait peur de lui.

Elle ignorait la nature des relations intimes qui existaient entre sa tante et le régisseur, et elle avait la pensée trop honnête, l'âme trop pure pour seulement les soupçonner; mais elle n'était pas sans remarquer qu'ils avaient entre eux des manières singulières et, du côté de sa tante, surtout, des familiarités choquantes.

Elle ne supportait qu'avec peine les obsessions de M. François, elle en souffrait.

Un jour, sans oser toutefois et par pudeur tout dire à sa tante, elle se plaignit à elle des importunités du régisseur.

Cette déclaration fut fort mal accueillie par madame Savouroux.

— En vérité, dit-elle durement à sa nièce, tu es une fille bien ridicule et il faut que tu sois une bien sotte créature pour ne pas te trouver contente de l'affection qu'on te témoigne, des gracieusetés que l'on a pour toi.

Par exemple, continua-t-elle d'un ton railleur, t'imagines-tu que M. François Lambert te fait la cour? Allons donc, tu ne peux avoir cette pensée... ce serait de ta part une outrecuidance rare ; M. François Lambert a autre chose à faire qu'à courtiser une fille comme toi, bonne à rien.

Et elle renvoya brusquement Marceline à ses occupations.

Cependant elle voulut avoir de François une explication. Il se mit à rire et lui répondit ensuite tout ce qu'il voulut. Elle le crut. Elle était désarmée. Du reste, elle n'avait plus aucune autorité sur le jeune homme.

Marceline n'avait au monde que madame Savouroux pour la protéger, et cette protection, hélas! lui manquait.

Pouvait-elle chercher et trouver un autre appui? De quelque côté qu'elle tournât les yeux, elle ne voyait autour d'elle que des visages indifférents ou des gens qui, pour plaire à la fermière, lui seraient hostiles.

Et loin de se calmer, ses craintes, ses terreurs augmentaient.

Malgré le peu de succès que sa première démarche avait obtenu, elle se présenta devant madame Savouroux trois jours après et lui dit :

— Ma tante, je viens vous demander la permission de vous quitter.

— Me quitter ! Pour aller où ?

— Je ne le sais pas encore.

— Ah ça ! est-ce que tu es folle ?

— Ma tante...

— Est-ce que tu crois qu'il peut me plaire que tu t'en ailles sur les chemins comme une vagabonde.

— Oh !

— Vraiment, mademoiselle, vous avez de singulières idées.

— Ma tante, vous savez combien la directrice de la maison où j'ai été élevée a été bonne pour moi.

— Elle ne se souvient plus de vous, fit la fermière en haussant les épaules.

— Laissez-moi croire qu'elle ne m'a pas oubliée.

— Soit ; après ?

— Eh bien, j'ai l'espoir que, grâce à elle, je trouverai à me placer comme institutrice dans une famille.

— Vouloir me quitter, mademoiselle, répliqua aigrement madame Savouroux, est une singulière façon de me témoigner votre reconnaissance pour ce que j'ai fait pour vous. Vous permettre de me quitter ! non pas... Pour qu'on entende les gens dire que je ne vous rendais pas heureuse ou que je vous ai chassée ! Non, non, pas de ça. Vous resterez près de moi, s'il vous plaît, et vous voudrez bien reconnaître les droits que j'ai sur vous.

La jeune fille essaya d'insister ; mais la terrible femme lui ferma la bouche.

— Tout ce que vous pourriez me dire est inutile. Je ne veux pas ! Vous êtes à Margaine, vous y resterez. Je suis votre tante et marraine, votre unique parente et, au moins jusqu'à votre majorité, mon devoir est de veiller sur vous.

Ces derniers mots sonnèrent aux oreilles de Marceline comme une amère raillerie.

Elle aurait pu répondre :

— Je sens le besoin d'être protégée et vous ne me protégez pas !

Elle aurait eu aussi beaucoup d'autres choses à dire ; mais avec la mégère qu'elle avait pour tante il lui fallait garder tout ce qu'elle avait sur le cœur.

La pauvre enfant étouffa un soupir et courba la tête.

Quand le beau François apprit que Marceline avait témoigné le désir de quitter la ferme, il fronça les sourcils et eut un sourire grimaçant. Il approuva fort madame Savouroux d'avoir répondu comme elle l'avait fait. La jeune fille était sa seule parente, sa place était à Margaine et pas ailleurs.

A la pensée que mademoiselle de Langrolle pouvait lui échapper, une colère sourde grondait en lui.

Mais il n'avait pas cela à craindre, du moment que, sans le savoir, madame Savouroux se faisait sa complice. Il n'avait plus qu'à dire, pour saisir sa proie :

— Je veux !

L'amour est aveugle, disent les poètes. Dans l'antiquité, les personnages puissants du paganisme avaient fait de l'amour un dieu, en lui donnant Vénus pour mère, et, pour bien indiquer qu'il ne voyait pas, ils le représentaient ayant un bandeau sur les yeux.

La dame de Margaine, bien que prévenue par sa nièce, ne soupçonnait point les intentions de son régisseur. Elle ne voyait rien, elle ne voulait rien voir.

S'abandonnant entièrement à sa passion, passion sans frein, toujours terrible chez une femme de quarante ans, grisée, affolée de plaisir, elle s'écriait :

— Enfin, je vis, maintenant !

Elle vivait, car elle aimait et, naïvement, se croyait aimée, aimée pour elle-même.

Elle pouvait le croire, d'ailleurs, car le beau François se montrait aussi prévenant que désintéressé.

Les serviteurs de la ferme s'étonnèrent du pied que le régisseur avait pris à Margaine en moins d'une semaine. Comment pouvait-il se faire que madame Savouroux eût ainsi et en si peu de temps abdiqué toute autorité ?

Ils firent leurs petites remarques et découvrirent bientôt le secret de la situation.

Ils en causaient entre eux, à voix basse.

Mais, après tout, la fermière était bien libre de faire ce qui lui plaisait ; elle n'avait de compte à rendre à personne.

Certainement, M. François Lambert était un malin, qui avait su s'y prendre ; mais il connaissait les choses agricoles comme pas un, était très entendu aux affaires, et n'était pas du tout un mauvais garçon.

Que pouvait-on lui reprocher ?

Il rencontrait une veuve belle, riche, amoureuse, qui se prenait à l'aimer ; il n'avait pas joué le rôle de Joseph auprès de madame Putiphar et il avait bien fait. Chacun d'eux y trouvait son compte et ils ne faisaient tort à personne.

Toutefois, le régisseur était loin de plaire à tous. Les vieux ouvriers de la ferme trouvaient qu'il était dur, avait l'air hautain.

— Il n'est pas vilain garçon, disait un charretier, mais il a quelque chose de mauvais dans la figure et dans le regard.

— Oui, tout de même, répondait un bouvier, mais ça ne prouve rien.

Ce que disaient les uns et ce que pensaient les autres ne les empêchait point de saluer François Lambert avec déférence et aussi avec crainte, car on savait qu'il était le maître.

Le beau François, sûr de l'aveuglement de la fermière, et ne voyant que le but qu'il voulait atteindre, ne prenait plus aucun ménagement avec Marceline, et celle-ci, si naïve et si ignorante qu'elle fût de bien des choses, était dans des angoisses continuelles et de plus en plus effrayée.

Sa tante ne lui permettant pas de partir, elle eut la pensée de s'enfuir.

Mais comment faire ?

On avait probablement deviné ses intentions, car

elle s'aperçut qu'elle était surveillée et pour ainsi dire gardée à vue par une fille d'écurie, chargée spécialement du soin de la basse-cour, et qu'on appelait la Roussotte.

On allait jusqu'à l'enfermer la nuit dans sa chambre.

La pauvre enfant, éperdue, folle, ne savait plus à quel saint se vouer. Et plus que jamais, avec des cris de douleur, elle appelait sa mère à son secours.

Elle tomba bientôt dans un état de passivité inconsciente, de catalepsie morale qui devait amener, nous ne dirons pas sa chute, mais sa perte.

Comment les choses se passèrent-elles ?

Quelles violences physiques et suggestives le beau François employa-t-il contre la jeune fille ?

Dans quelle mesure madame Savouroux se rendit-elle complice du misérable ?

Cela resta un mystère connu seulement du coupable et de Dieu.

Mais, hélas ! le crime fut commis.

FIN DE LA PREMIÈRE PARTIE

DEUXIÈME PARTIE

MALHEUR AUX FAIBLES

I

L'AMANT ET LA MAÎTRESSE

Quand la malheureuse Marceline eut conscience de sa situation et de l'atrocité de la conduite de François Lambert, elle fut prise d'un insurmontable dégoût de la vie et d'elle-même. Elle voulut se tuer. Elle s'empara d'un couteau de cuisine qui se trouva sous sa main, et si la Roussote n'était pas heureusement arrivée à temps pour se jeter sur elle et la désarmer, elle se serait plongé la lame dans la poitrine.

Aux cris d'épouvante poussés par la servante, la fermière accourut.

— Mais qu'y a-t-il donc? demanda-t-elle, en voyant Marceline pâle, échevelée, les yeux hagards, et la Roussotte pâle aussi et toute tremblante.

— Il y a, madame, répondit la servante, que votre nièce allait se tuer avec ce couteau si je ne l'en avais pas empêchée.

— Miséricorde ! se tuer, se tuer ! mais pourquoi ?

La jeune fille se plaça devant sa tante et, la regardant bien en face, lui dit d'un ton farouche :

— François Lambert, à qui vous avez donné toute votre confiance, François Lambert est un infâme !

— Que dit-elle ? Est-ce que tu es folle, Marceline ?

— Un infâme, vous entendez ?... Un infâme !...

— Mais, malheureuse !...

— Ah ! oui, malheureuse, malheureuse !... Vous demandez pourquoi j'ai voulu me tuer, je vais vous le dire, ma tante ; j'ai voulu me tuer, parce que maintenant, j'ai horreur de tout ce qui existe, parce que la vie m'est à charge et que je ne veux plus vivre.

Vivre, vivre ! et pourquoi vivrais-je ? J'ai subi toutes les tortures de l'âme, j'ai eu tous les écœurements, je suis lasse de souffrir !

Elle saisit le bras de madame Savouroux et le serrant avec force :

— Je suis flétrie, déshonorée, perdue ! s'écria-t-elle ; ne me demandez plus pourquoi je veux mourir.

La fermière devint très pâle.

Marceline reprit avec véhémence :

— Pourquoi, dites, pourquoi ne m'avez-vous pas laissé partir quand je vous l'ai demandé ? Je vous ai avertie ; je vous ai fait connaître mes craintes ; mais vous avez haussé les épaules et fermé l'oreille à tout ce que j'ai pu vous dire. Hélas ! j'avais le pressentiment de mon malheur, je sentais le danger dont j'étais menacée ; maintenant l'œuvre

du mal s'est accomplie, je suis déshonorée, perdue!...
Horrible destinée! il fallait que je fusse la victime
de ce misérable, de cet homme odieux, qui est ici
plus le maître que vous. Et tenez, en ce moment, je
me demande si vous n'avez pas volontairement
fermé les yeux.

— Oh! fit madame Savouroux, qui tressaillit
violemment.

— Et pourtant, continua la jeune fille, croyant à
vos fausses paroles d'affection, je vous ai suivie avec
joie quand vous m'avez retirée du pensionnat. Vous
deviez m'aimer, être pour moi une seconde mère ;
vous me l'aviez promis ; au lieu de cela, je n'ai
trouvé auprès de vous que froideur, humiliations,
duretés. Vous ne m'avez pas traitée comme une parente, mais comme une étrangère.

Sous le poids de ces reproches sanglants, mais
mérités, madame Savouroux baissa la tête.

— Je suis ici dans une maison maudite, poursuivit
la jeune fille d'une voix rauque, maudit soit le jour
où j'y suis entrée! Qu'il soit maudit aussi le jour où
je suis née, puisque ma pauvre mère ne devait pas
rester près de moi pour me protéger !

En proie à une violente émotion, elle s'arrêta un
instant, puis s'écria :

— Ah! ma mère, ma mère, tu vois ce qu'on a fait
de ton enfant !

La malheureuse était à bout de forces.

Elle s'affaissa sur un siège, cacha son visage dans
ses mains et éclata en sanglots.

— Ah! ma tante, ma tante, murmura-t-elle au
milieu de ses larmes, cela ne vous portera pas bonheur!

La fermière n'entendit pas. Elle s'était approchée de la Roussotte et, à voix basse, lui donnait l'ordre de surveiller Marceline plus étroitement que jamais, de ne pas la perdre de vue un instant.

La jeune fille pouvait ne pas avoir renoncé à son projet d'en finir avec la vie, et il fallait à tout prix l'empêcher de le mettre à exécution.

La mort de Marceline n'aurait certes pas causé un grand chagrin à l'affreuse Victorine ; et, maintenant, surtout, après ce qu'elle venait d'apprendre, sa nièce, en mourant, l'aurait débarrassée d'une rivale.

Mais un suicide à Margaine, le suicide de la nièce de madame Savouroux ! ce serait un scandale épouvantable ; il fallait l'éviter.

La fermière était sortie de la chambre de Marceline dans un état de surexcitation impossible à décrire. Tous les aiguillons de la jalousie s'enfonçaient dans son cœur ; elle avait comme un brasier dans la tête, où toutes les fureurs étaient déchaînées.

Elle alla trouver François, qui était tranquillement occupé à établir ses comptes.

Aussitôt la colère de Victorine fit explosion.

Elle accabla son amant d'injures, lui reprochant amèrement son indigne conduite, ne trouvant pas de mots assez durs, assez cruels à lui jeter à la face. Il l'avait trompée, trahie, c'était épouvantable, c'était monstrueux !

Le beau François s'était levé et, impassible, les mains dans ses poches, la tête haute, les yeux brillants, il laissa madame Savouroux égréner jusqu'au bout le chapelet de ses paroles furieuses. Elle put ainsi, sans être interrompue, vomir tout ce qu'elle avait sur le cœur.

Enfin elle s'arrêta, hors d'haleine.

— Eh bien, est-ce fini, maintenant ? fit le beau François. Si c'est fini, ma chère, et que vous vouliez bien rester calme, asseyez-vous et causons.

— Causer de quoi ? Que pouvez-vous avoir à me dire ?

— J'ai à vous dire bien des choses pour répondre à tous les reproches que vous venez de m'adresser.

— Et que vous méritez.

— Peut-être.

— Ah ! par exemple !

— Allons, allons, fit-il en se rapprochant d'elle et en l'enveloppant de son regard, ne retombez pas dans une autre crise de fureur ; contenez-vous, soyez calme et écoutez-moi.

Elle se laissa tomber sur un siège.

— Je vous écoute, dit-elle ; qu'avez-vous à me dire ?

— J'aime Marceline.

Elle sursauta et fit un mouvement, prête à se dresser sur ses jambes. Mais il la tenait sous son regard puissant et elle resta assise, pantelante.

— Eh bien oui, reprit-il, sans rien perdre de son calme imperturbable, j'aime Marceline.

— Et vous osez me dire cela, à moi, crûment !

— Il faut bien que je réponde à vos paroles de tout à l'heure.

— C'est odieux.

— Selon vous, pas selon moi.

— Mais ma nièce ne vous aime pas.

— Elle m'aimera, car je veux qu'elle m'aime.

— Non, non ! Je saurai bien la mettre à l'abri de votre fatale influence.

— Comment ?

— Elle quittera la ferme.

— Elle restera à Margaine.

— Non, elle partira.

Il secoua la tête et répliqua d'un ton sec :

— Je ne veux pas qu'elle parte.

— Vous ne voulez pas... Par exemple, c'est ce que nous verrons.

— Voyons, ma chère, ne faites donc pas l'enfant ; vous savez bien que quand je veux...

Madame Savouroux, qui n'était plus la fière et impérieuse Victorine d'autrefois, laissa échapper un soupir et baissa la tête.

Un sourire courut sur les lèvres du régisseur.

Après un bout de silence, la fermière reprit d'une voix presque craintive :

— François, tu ne m'aimes donc plus ?

Il haussa les épaules et répondit :

— Mais si, mais si, je t'aime toujours.

— Ne viens-tu pas de me dire que tu aimais Marceline ?

— Oui, je t'ai fait cet aveu.

— Mais alors, si tu aimes Marceline, tu mens, tu mens en disant que tu m'aimes toujours !

Il répliqua avec un aplomb superbe :

— Je ne mens pas, j'ai dit vrai : j'aime Victorine, la tante, et Marceline, la nièce.

Et comme elle le regardait avec effarement :

— Voyons, continua-t-il, est-ce que pour aimer le vin rouge on ne peut pas aimer le vin blanc ?

Il fit une pause et ajouta :

— Et boire le vin blanc comme le vin rouge ?

— C'est abominable ce que vous dites, François,

abominable. Ah! je n'aurais jamais cru cela de vous!

— Il y a de ces surprises, fit-il.

Il continua cyniquement :

— Ma chère Vicorine, les choses ne sont en réalité que ce qu'on veut bien qu'elles soient ; avec un peu de bonne volonté on s'habitue à tout. Allons, voyez donc la vie telle qu'elle est, ne soyez plus d'une autre époque, mais du temps où nous vivons.

— Vous me faites frémir!

— Je vous aime, laissez-moi vous aimer, j'aime votre nièce, laissez-moi l'aimer!

— Non, non, jamais! s'écria-t-elle dans un élan de révolte sincère!

— Pourtant il faut que ce soit ainsi.

— Non, non! Marceline ne demande qu'à s'en aller de la ferme, qu'elle appelle une maison maudite ; elle partira.

— Vous avez réellement pris cette résolution?

— Oui.

— Et elle est définitive?

— Oui.

— Alors je partirai avec elle.

Madame Savouroux se sentit frappée comme d'un coup de massue.

— Hein, que dis-tu? balbutia-t-elle, tu partirais... avec elle?

— Oui.

— Tu partirais, tu abandonnerais Margaine où tu es tout, maintenant ; tu m'abandonnerais, moi, qui t'aime à en perdre la raison, à en mourir, moi, qui ai tout sacrifié pour toi?

Sa voix était devenue humble, suppliante.

Le regard de François eut un éclair de triomphe.

— Finissons-en, dit-il brusquement ; je ne veux pas que Marceline s'en aille, restera-t-elle ?

La poitrine de la fermière se soulevait violemment. On devinait qu'un combat terrible se livrait en elle ; elle aurait voulu résister encore, ne pas se reconnaître vaincue ; mais que pouvait-elle contre la volonté de son dominateur ? Il la menaçait de la quitter et elle était terrifiée.

Voyant qu'elle ne répondait pas, le beau François répéta, d'un ton impérieux :

— Restera-t-elle ?

— Elle restera, répondit Victorine avec effort.

— A la bonne heure. Enfin, te voilà raisonnable.

— Dis plutôt que je suis lâche.

— Allons donc !

Il lui jeta ses bras autour du cou et l'embrassa à pleines lèvres.

Madame Savouroux se dégagea et le repoussa.

Il riait.

— Va, lui dit-elle, avec une expression pleine d'amertume et voisine du dégoût, nous nous valons ! Je suis lâche, lâche, lâche !... Je voudrais me révolter, secouer le joug, je ne peux pas... Tu m'as ensorcelée, je n'ai plus d'autre volonté que la tienne ; affolée d'amour, je ne sais pas vraiment ce que tu parviendrais à me faire faire, et j'en arrive à dire comme toi : « Les choses ne sont que ce qu'on veut qu'elles soient. »

Le régisseur se remit à rire.

— Rassurez-vous, patronne, répondit-il d'un ton passablement ironique, je n'exigerai rien que vous ne puissiez faire.

— Mais quelles sont donc vos intentions, demanda-t-elle avec anxiété.

— Vous voulez les connaître ?

— Il me semble que c'est assez naturel.

— Est-ce que vous n'avez pas déjà un peu deviné ?

— Je ne sais rien deviner, moi.

— En ce cas, il est inutile de vous laisser chercher. Voici : Mon intention est d'épouser mademoiselle de Langrolle, votre nièce.

Madame Savouroux, stupéfaite, fit trois pas en arrière.

— Epouser ma nièce ! exclama-t-elle.

— Mon Dieu oui, fit tranquillement le beau François.

— Croyez-vous donc que je consentirai à ce mariage ?

— Je le crois.

— Jamais, jamais !... Si vous croyez cela, François, vous vous trompez ; je jure bien...

— Il ne faut jurer de rien, l'interrompit-il.

— Oh ! épouser ma nièce !

— Je lui dois une réparation ; elle l'aura pleine et entière en devenant ma femme.

— François, vous n'avez point cette pensée, n'est-ce pas ? dites-moi que vous avez voulu m'effrayer, voir ce que je dirais.

Il resta silencieux.

— D'ailleurs, reprit-elle, Marceline refuserait ; je vous l'ai dit et je vous le répète, elle ne vous aime pas.

— Maintenant, c'est possible ; mais je vous ai dit et je vous répète : Je veux qu'elle m'aime, elle m'aimera.

— Vous vous bercez d'un espoir trompeur, répliqua Victorine avec une sorte d'emportement ; Marceline, votre victime, dégoûtée de la vie, ne veut plus vivre. Elle a déjà tenté de se tuer, et en ce moment elle ne serait plus qu'un cadavre si la Roussotte n'était pas accourue pour lui arracher des mains le couteau dont elle allait se frapper.

François blêmit et ne put dissimuler un mouvement d'effroi.

— Non seulement Marceline ne vous aime pas, poursuivit la fermière, mais elle vous hait, vous lui faites horreur.

— Maintenant ; plus tard elle pensera différemment.

— Vous êtes un étonnant garçon, François, vous ne doutez de rien.

— C'est vrai, de rien.

— Vous avez tort ; je connais ma nièce, elle ne vous aime pas, elle ne vous aimera jamais.

— C'est vous qui le dites.

Elle frappa du pied avec impatience et reprit :

— Oh ! je vois clair maintenant dans vos calculs et même plus clair que vous, car je vois qu'ils ne sont pas exacts : Laissez-moi vous le dire, François, vous caressez une chimère, c'est un château de cartes que vous avez construit, vous échouerez piteusement dans vos projets, car vos magnifiques combinaisons seront mises à néant par Marceline.

— Avec votre aide, sans doute?

— Oui, avec mon aide.

Le beau François se mordit les lèvres.

— Nous nous comprenons mal, vraiment, dit-il avec raideur ; cette aide, que vous voulez donner à votre nièce contre moi, j'ai la prétention de l'obtenir de vous dans le sens contraire.

— Vous dites ? s'écria-t-elle, en se redressant, toute rouge ?

— Je dis, ma chère Victorine, que je compte sur vous pour amener doucement votre nièce à changer de sentiments à mon égard.

— Ah ! par exemple, c'est trop fort !

— C'est comme cela.

— François, vous le savez et je vous le dis encore, je suis jalouse, jalouse comme une tigresse, et je ne sais pas, non, je ne sais pas ce que je serais capable de faire dans un accès de jalousie. Si grand que soit votre pouvoir sur moi, je lui résisterai ; la jalousie, qui me déchire comme une griffe de fer, qui met du feu dans mes veines, la jalousie donnera la force à ma volonté, et ma volonté ne sera pas brisée par la vôtre.

— C'est ce que nous verrons, fit-il, une lueur sombre dans le regard.

Du reste, ajouta-t-il, je ne suis pas pressé, j'attendrai et je vous laisserai tout le temps d'agir.

— Grand Dieu ! exclama-t-elle, mais quel homme êtes-vous donc ?

— Un homme comme un autre... et vous le savez bien, répondit-il en ricanant.

— Non, non, fit-elle bouleversée, vous êtes un démon !

Elle jeta sur son amant un regard d'une expression étrange et sortit précipitamment comme épouvantée.

Le beau François était resté debout, la tête inclinée, songeur.

Au bout d'un instant, il murmura :

— Elle a voulu se tuer ! Diable, diable, se tuer, cela ne ferait pas du tout mon affaire.

A la suite des scènes que nous venons de raconter, il y eut à Margaine, pendant quelque temps, une tranquillité relative.

François Lambert avait réfléchi et compris que vouloir arriver trop vite à son but, serait peut-être provoquer une catastrophe. Il s'effrayait à cette pensée que Marceline, dans un moment d'égarement et de désespoir, était capable de se suicider.

Ce n'était pas une passion que lui avait inspiré la jeune fille, mais elle lui faisait éprouver un sentiment qui ressemblait un peu à l'amour et pouvait, en s'élargissant, devenir l'amour lui-même.

Il cessa de tourmenter Marceline ; il ne cherchait plus à se trouver seul avec elle ; lorsque, forcément, il était en sa présence, il affectait de ne plus se souvenir de son action coupable ; il lui parlait avec douceur, beaucoup de politesse, évitait de la regarder ; enfin jouant admirablement son rôle hypocrite, il faisait tout ce qu'il pouvait, sans toutefois y réussir complètement, pour rassurer sa victime et lui rendre sa quiétude.

C'était auprès de Victorine qu'il agissait avec ténacité afin de la rendre favorable à son projet ; mais il rencontrait une résistance opiniâtre qui l'étonnait et le rendait perplexe.

— C'est bien, se disait-il, il faudra quand même que j'aie raison de son opposition à ce que je veux.

Il ne voulait pas se souvenir que la fermière lui avait dit :

— Ma force sera dans ma jalousie.

Marceline s'était délivrée de la funeste pensée du

suicide et paraissait résignée à son sort ; mais il y avait dans son âme un mal qui ne guérirait peut-être jamais.

Elle s'était abandonnée à une sombre tristesse ; renfermée en elle-même, en apparence insensible à tout, ne s'occupant plus des choses extérieures, elle semblait ne vivre qu'avec ses douloureuses pensées.

Elle ne s'apercevait même pas que la Roussotte remplissait auprès d'elle le rôle de geôlière.

On aurait dit qu'en elle, d'un seul coup, tous les ressorts avaient été brisés.

Elle avait beaucoup pleuré ; maintenant, ses yeux, qui avaient constamment un éclat fiévreux, restaient secs, comme si la source des larmes en fût tarie.

Elle cherchait la solitude, l'isolement, ne parlait plus à personne, et c'était à grand'peine que madame Savouroux, devenue un peu meilleure, parvenait à lui arracher une parole.

Sans cesse harcelée par son amant, la fermière résolut de mettre fin à cette tyrannie et de couper court, en même temps, à toutes les manœuvres du beau François.

Elle ferait partir secrètement sa rivale, et elle se disait que François, ne sachant où aller retrouver la jeune fille, ne parlerait plus de quitter la ferme et serait trop heureux de faire amende honorable à ses genoux.

La résolution prise, il n'y avait plus qu'à passer à l'exécution, et déjà madame Savouroux avait pris ses dispositions pour l'éloignement de Marceline, lorsqu'une nouvelle complication, très inattendue, vint brusquement arrêter la dame de Margaine et tout remettre en question.

II

LES LUTTES

Un matin, la Roussotte entra dans la chambre de madame Savouroux avec un air de grand mystère.

— Qu'y a-t-il ? Qu'est-ce que vous voulez ? demanda la dame, et pourquoi cette figure drôle que vous faites ?

— Maîtresse, j'ai à vous apprendre une nouvelle.

— Ah !

— Une grosse nouvelle.

— De quoi s'agit-il ?

— D'une chose qui ne vous fera pas rire.

— Mais tout cela ne m'apprend rien, dit la fermière perdant patience, parlez, parlez donc !

— Eh bien, maîtresse, votre nièce...

— Ma nièce, eh bien ?

— Elle est enceinte.

Madame Savouroux, qui était assise, bondit sur ses jambes.

— Que dis-tu, malheureuse, que dis-tu ? s'écria-t-elle d'une voix frémissante et le regard plein d'éclairs.

— Ce qui est, maîtresse.

— Non, non, c'est impossible, tu te trompes !

— Je ne me trompe jamais à ces choses-là, je m'y connais... D'ailleurs, ça se voit déjà comme le nez au milieu du visage.

— Ainsi tu es sûre, bien sûre ?

— Absolument sûre, maîtresse ; vous savez que je m'y connais.

C'était un véritable coup de foudre.

Madame Savouroux fit entendre une sorte de rugissement et jeta vers le ciel un regard de fureur.

Ce regard contenait tous ses regrets, toutes ses illusions perdues, toutes ses amertumes, toutes les déceptions de sa vie.

Elle retomba, massive, sur son siège, et, les yeux mornes, resta immobile, les bras pendants, comme pétrifiée.

La servante hocha la tête et se retira.

Un instant après, le beau François entra dans la chambre.

A sa vue, la fermière se ranima subitement et darda sur lui ses prunelles étincelantes.

— Qu'avez-vous donc ? demanda-t-il.

— Ce que j'ai ? Oh ! vous ne devez pas l'ignorer.

— Peut-être, fit-il, mais encore...

— Voyons, oui ou non, savez-vous ce qui arrive ?

— Ah ! je comprends... Comment, c'est pour cela, pour si peu de chose que vous avez la figure ainsi décomposée ?

Le misérable ne prenait même pas la peine de dissimuler son horrible joie.

Victorine s'était dressée debout, comme par un ressort.

— Et c'est là tout ce que vous trouvez à me répondre ? s'écria-t-elle d'une voix étranglée. Mais c'est affreux, monsieur, c'est épouvantable !

— Pour vous, qui voyez toujours tout en noir.

— Ah ! tenez, François, votre calme me soulève le cœur... Avec quelle matière inconnue avez-vous donc été pétri ? Etes-vous un sauvage venu d'une contrée lointaine ? Etes-vous un monstre ayant emprunté une figure humaine, ou êtes-vous réellement un démon ?

Il haussa les épaules en souriant et répondit froidement :

— Je suis tout ce que vous voudrez.

— Un enfant, un enfant ! prononça-t-elle d'une voix creuse, elle va avoir un enfant !

— Est-ce donc là un si grand malheur ? Mais vous devriez être ravie de voir augmenter votre famille.

Elle lui lança un regard chargé de toutes ses colères contenues.

Mais si terrible que fût ce regard, il ne foudroya point le beau François.

Il y eut un assez long silence pendant lequel Victorine avait tenu sa tête serrée dans ses mains.

— Que vais-je faire, mon Dieu, reprit-elle, que vais-je faire ?

— En vérité, dit François, êtes-vous si embarrassée que cela ? Pourtant, pour vous et pour moi, ce qu'il y a à faire est tout indiqué. Nous ne pouvons rien changer à la situation qui réclame une prompte solution.

— Ah ! je vous vois venir.

— Parbleu, vous n'avez pas besoin pour cela

d'avoir une longue-vue ; je vous ai assez fait connaître mes intentions avant de savoir qu'elles répondaient à des exigences sociales, à un devoir impérieux à remplir. A tout ce que j'ai pu vous dire, vous avez fait la sourde oreille ou répondu par une fin de non-recevoir. Vous aviez tort, je vous l'ai répété sur tous les tons.

Aujourd'hui, votre résistance n'est plus possible ; si vous y persistiez, elle serait maladroite, je dis plus, elle serait coupable.

En épousant votre nièce, le scandale, — qui est ce que vous redoutez le plus, — et les ennuis qui s'ensuivent ne peuvent plus exister ; le mariage couvre tout. Eh bien, qu'avez-vous à répondre à cela ?

Elle resta silencieuse et couvrit son visage de ses mains.

— Si vous trouvez mieux, ajouta-t-il, parlez, réussissez à me convaincre et je m'inclinerai.

— Ah ! s'écria-t-elle entre deux sanglots, vous triomphez !

Le visage du beau François devint rayonnant.

— Enfin, cette fois, se dit-il, elle est vaincue !

— Vous triomphez sur moi, reprit la fermière ; mais ne vous hâtez pas de vous réjouir, votre triomphe auprès de Marceline n'est rien moins qu'assuré.

— Une première difficulté vaincue aide à surmonter les autres.

— Pas toujours... Si Marceline refuse ?

— Pourquoi refuserait-elle ?

— Vous le savez, je vous l'ai dit, elle vous hait.

— Vous lui ferez facilement comprendre, j'espère,

ce que lui commande sa situation ; alors ses sentiments ne seront plus les mêmes.

Elle hocha la tête en signe de doute.

— Enfin, ajouta le beau François, l'autorité que vous avez sur elle doit compter pour quelque chose ; elle voudra ce que vous voudrez.

. . . .

. . . .

D'abord la pauvre Marceline s'était refusée à croire à son épouvantable malheur ; mais, bientôt, il ne lui avait plus été possible de conserver son doute.

C'était la vérité, elle allait être mère !

Elle portait dans son sein un enfant... un enfant de cet homme !

— Quoi, Dieu avait pu permettre une pareille monstruosité !

Ce fut un nouveau désespoir bien plus terrible que le premier, désespoir tantôt morne et silencieux, tantôt plein de violence et de colère. Si, alors, dans une de ses crises d'irritation, on l'eût laissée sortir de la maison, elle aurait été crier partout son déshonneur en demandant vengeance.

Pendant quelques jours, François Lambert et madame Savouroux furent très effrayés ; ils ne se dissimulaient point qu'une révélation des faits amènerait nécessairement, fatalement, une enquête dont les conséquences étaient à redouter aussi bien pour l'un que pour l'autre.

— Laissez-moi faire et ne craignez rien, dit la Roussotte à sa maîtresse, je saurai bien la calmer, moi.

La Roussotte, nous l'avons dit, était entrée à la

ferme comme fille d'écurie. Elle avait su, par ses basses flatteries, se faire bien venir de madame Savouroux, dont elle était devenue l'espionne et l'âme damnée.

Elle était laide. Son visage criblé de larges taches de rousseur, de même que ses cheveux couleur carotte, ébouriffés et mal peignés, lui avaient valu le surnom de Roussotte, qu'elle portait depuis son enfance, et ce n'était pas d'hier, car elle avait quarante-cinq ans bien sonnés.

On aurait pu tout aussi bien la surnommer la Bancale, attendu qu'elle était boiteuse et traînait la jambe comme une bête des bois qui a une chevrotine dans la patte.

Laide au physique, elle l'était plus encore au moral; elle avait tous les défauts, tous les vices.

Sans avoir été mariée, elle avait eu trois enfants qui n'avaient pas vécu, heureusement pour elle et pour eux, probablement.

La Roussotte avait connu bien des misères; toujours et partout elle avait été l'objet des railleries et du mépris de tous. Aussi, ayant déjà les instincts pervers, elle était devenue absolument mauvaise. Ce qu'on lui donnait en mépris, elle le rendait en haine.

Elle n'avait d'affection que pour madame Savouroux, et encore l'aimait-elle réellement ? Toutefois, par intérêt, par calcul, elle était à la dévotion de la fermière, de même qu'elle s'était complaisamment mise, ainsi qu'un chien couchant, au service de François Lambert, dès qu'elle eut compris pourquoi il pouvait parler et commander en maître.

Elle haïssait Marceline. Pourquoi ? D'abord, sans

doute, parce que la tante n'aimait pas sa nièce. Ensuite elle était jalouse de la jeune fille, jalouse sans raison, car la place que Marceline occupait à Margaine ne pouvait guère lui porter ombrage. Mais la beauté de la nièce de madame Savouroux l'irritait.

La Roussotte connaissait un certain nombre de remèdes de vieille femme : elle fit boire à Marceline des tisanes qu'elle-même préparait et qui eurent, en effet, pour résultat, de calmer son irritation nerveuse, de faire cesser ses accès de fureur.

Du reste, la pauvre enfant avait été tout à fait séquestrée. On lui donnait à manger dans sa chambre. Personne ne la voyait, car on était allé jusqu'à lui interdire de se mettre à la fenêtre. Madame Savouroux tenait, au moins jusqu'à nouvel ordre, à cacher la grossesse de sa nièce.

La Roussotte, dont on reconnaissait les précieux services, avait été élevée au poste de gardienne, ou de geôlière si l'on aime mieux, avec une augmentation de gages de dix francs par mois.

Si peu disposée que fût madame Savouroux à favoriser les projets de son amant, à assurer son triomphe complet en lui faisant épouser sa nièce, elle se décida enfin, pressée par François, qui voulait en finir, à aborder la grosse question avec la jeune fille.

— Ma chère Marceline, lui dit-elle d'une voix mielleuse, crois bien que je prends part à ta peine.

— Je vous remercie, ma tante, mais mon malheur, hélas! n'en est pas moins grand.

— Peut-être n'est-il pas irréparable?

La jeune fille secoua douloureusement la tête.

— Voyons, as-tu bien réfléchi à ta situation ?
— Elle est terrible.
— Soit ; mais réponds-moi.
— Oui, j'ai réfléchi longuement.
— Alors ?
— Alors toutes mes réflexions m'ont fait voir que j'étais perdue, perdue à jamais.
— Mais cela n'est pas, tu te trompes, tu tombes dans l'exagération.
— Je suis perdue, vous dis-je, j'ai été précipitée dans un abîme dont je ne peux plus sortir.
— Mais si, tu en peux sortir.
— Pas d'issue, tout s'est fermé devant moi.
— A ton âge, Marceline, on ne désespère pas de l'avenir.
— L'avenir ! Ah ! il est beau pour moi, l'avenir, il me fait peur !
— Parce que tu ne le regardes pas du bon côté.
— De tous les côtés il est noir. Je n'y vois que des souffrances ; s'il s'y montre une clarté, elle est là pour éclairer ma honte. Je n'ai plus rien à espérer, plus rien à attendre que la mort.
— C'est la douleur qui te fait parler ainsi. Non, non, Marceline, tu as autre chose que la mort à attendre.
— — Quoi ? Le mépris du monde, la malédiction du ciel ! Ah ! la mort leur est préférable !
— De grâce, calme-toi.
— Mais je suis calme ; est-ce que je me révolte ? Il n'y a plus aucune force en moi, je suis brisée, anéantie... Tenez, je ne peux même plus pleurer.
— As-tu encore de la volonté ?

— Ah! Dieu merci, elle ne m'a pas encore abandonnée!

— Eh bien, si tu voulais...

— Si je voulais... quoi?

— Tout pourrait encore se réparer.

La jeune fille ne put s'empêcher de tressaillir. Regardant fixement sa tante :

— Que voulez-vous dire? demanda-t-elle.

— François Lambert est prêt à t'épouser.

Marceline se dressa pâle, frissonnante.

— Lui, m'épouser, lui! s'écria-t-elle d'une voix vibrante.

— Il en a l'ardent désir.

— Oh! oh! oh! fit la jeune fille.

— Il se reconnaît coupable envers toi.

— En vérité!

— Il est désolé du mal qu'il t'a fait et il veut...

— Et il veut le réparer? Mais je ne lui demande aucune réparation, moi.

— Pourtant, Marceline...

— Je ne lui demande rien, entendez-vous, rien, rien. Et c'est vous, vous, qui venez me parler de ce que voudrait M. François Lambert!

— Je remplis auprès de toi un devoir de parente; en cette circonstance, je remplace ta mère et je ne peux être guidée que par ton intérêt.

— Enfin vous me présentez au nom de M. François Lambert, une demande en mariage.

— Oui.

— Et M. le régisseur attend ma réponse?

— Il attend.

— Eh bien, ma tante, vous lui direz que j'ai été surprise qu'il ait daigné se souvenir du crime qu'il a commis, et en ce qui concerne la demande dont il croit m'honorer, vous lui direz qu'elle est le plus sanglant outrage que je puisse maintenant recevoir de lui.

— Comment, tu refuses !

— Si je refuse ! s'écria-t-elle une flamme dans le regard, mais de toute la force de mon âme, de tout le dégoût qu'il a mis dans mon cœur! Ah! Dieu du ciel, je ne croyais pas que quelque chose pût encore augmenter ma honte !

— C'est de l'exaltation, de la violence.

— C'est la victime qui se débat, ne voulant pas qu'on l'égorge.

— Marceline, tout à l'heure tu disais : — Devant moi tout s'est fermé, de quelque côté que je me tourne, je ne vois aucune issue.

— Oui, oui.

— Le mariage en serait une.

— L'abîme où je suis se creuserait davantage. Non, jamais cela, jamais !

— Ecoute, tu n'as pas le droit de parler en ton nom seul ; pense à l'enfant.

— Ah! oui, fit-elle avec une amertume profonde, il y a l'enfant... Eh bien, cet enfant d'un misérable lâche, cet enfant du crime je le mettrai au monde.

— Sans doute, tu le mettras au monde ; et après ?

— Je l'aimerai... car il sera innocent, lui. Pour l'élever, je ferai ce que font les malheureuses comme moi, je travaillerai !

— Et que feras-tu?

— J'ai été servante ici, je serai servante ailleurs.

La tante sentit le coup de pointe et se mordit les lèvres.

— Oh ! soyez tranquille, continua la jeune fille, ni à vous ni à d'autres je ne demanderai jamais rien, dussé-je, pour avoir du pain, gratter sans cesse la terre avec mes ongles. Vous hochez la tête, vous souriez parce que je ne suis pas robuste comme vous et que mon corps n'est pas fait encore au travail manuel ; mais la plus grande énergie appartient souvent aux plus faibles. Ah! vous ne savez pas ce que Dieu donne de force à une mère et met de courage dans son cœur.

Madame Savouroux était stupéfiée d'entendre ainsi parler sa nièce.

Quoi, c'était là cette jeune fille douce, timide, presque une enfant encore, qu'elle appelait « bonne à rien » et qu'elle avait pu si facilement écraser sous le poids de son autorité !

Elle ne reconnaissait plus Marceline.

C'est que, en effet, Marceline n'était plus la même.

Son malheur, le sentiment de sa maternité et des devoirs qu'elle impose l'avait transformée.

La fermière sentait qu'elle n'obtiendrait point de sa nièce ce que François Lambert désirait, attendait, et elle en éprouvait une sorte de joie farouche.

Cependant, elle était à ce point sous la domination tyrannique du régisseur qu'elle ne voulait pas encore se reconnaître battue. Elle hasarda une nouvelle tentative.

— Marceline, dit-elle, en t'épousant François Lambert légitime ton enfant ; sans ce mariage, ton enfant n'aura pas de père.

— Il aura sa mère, répliqua-t-elle fièrement.

— Mais il n'en sera pas moins un bâtard. Voyons,

encore une fois je t'en prie, consens à épouser François Lambert.

— Assez, assez! s'écria Marceline avec emportement, ne me parlez plus de cet homme, ne me parlez plus de cet aventurier, de ce maudit, de ce bandit! Épouser cet être immonde, moi! je préférais mille fois la mort! J'ai le respect de moi-même et plus encore le respect de l'enfant que je porte dans mon sein. Non, non, je ne le condamnerai pas, cet enfant, à avoir pour père un pareil monstre!

— Voilà ton dernier mot?

— Mon dernier mot, ma tante!

— Si seulement tu demandais à réfléchir encore.

— Non, non! Cela, je vous l'ai dit, jamais, jamais!

Madame Savouroux marcha vers la porte.

— Tout ce que je vous ai dit, ma tante, vous pouvez le répéter à monsieur votre régisseur.

La dame de Margaine se retira tête basse.

Quand le beau François apprit ce qui s'était passé entre la nièce et la tante et que celle-ci lui eut répété à satiété que sa victime refusait absolument de l'épouser, il fut consterné.

Quoi, son plan si habilement combiné serait ainsi détruit?

Quoi, tout ce qu'il aurait fait serait en pure perte?

Quoi, une barrière infranchissable se dresserait devant son ambition, il lui faudrait renoncer à toutes ses convoitises?

Non, c'était impossible.

Il eut des accès de rage folle.

Puis, quand il eut repris son sang-froid, il se dit :

— Oh! je saurai bien la dompter!

Et un hideux sourire crispa ses lèvres.

Il attendit quelques jours et fit demander à Marceline, par la Roussotte, qu'elle veuille bien lui accorder un instant d'entretien.

La jeune fille ne fut pas trop surprise et elle dit sèchement à sa gardienne :

— Allez répondre à M. Lambert que je ne veux pas le voir. Je n'ai aucune sorte d'entretien à avoir avec lui ; il n'a rien à me dire et moi je n'ai rien à lui répondre.

Ces paroles furent rapportées textuellement au beau François et il eut un effroyable grincement de dents.

— Ah! ah! elle ne veut point me voir, grogna-t-il, pourtant elle me verra.

Dans l'après-midi, ayant eu soin d'éloigner la Roussotte, — il ne voulait pas de témoins, — il pénétra dans la chambre de Marceline.

A sa vue, la jeune fille se dressa d'un bond de panthère en poussant un cri terrible.

Il s'arrêta, hésitant.

— Sortez, monsieur, sortez! s'écria-t-elle d'une voix éclatante.

Et comme il avançait d'un pas, sans lui donner le temps de prononcer une parole, elle s'élança vers la fenêtre qu'elle ouvrit toute grande. Puis se retournant brusquement vers le misérable, la tête haute, les yeux chargés d'éclairs :

— Si vous faites encore un pas en avant, dit-elle, je me précipite par cette fenêtre et me brise la tête sur le pavé de la cour.

La résolution terrible était dans son attitude et éclatait dans son regard.

Le beau François resta immobile, secoué par une sorte de tremblement nerveux.

Il comprenait que ce n'était pas une vaine menace qu'elle venait de faire, et il avait peur.

Mais pourquoi donc avait-elle cette énergie, cette force ?

Quoi, il la tenait sous son regard et elle ne tremblait pas, et elle ne baissait ni les yeux, ni la tête !

Loin de subir sa volonté, elle se révoltait !

Mais il avait donc perdu sa puissance !

Il voulait la dompter et c'était lui qu'elle faisait trembler sous les sombres éclairs que lançaient ses prunelles dilatées !

Il recula.

D'un geste impérieux, le bras tendu vers lui, elle lui ordonna de sortir.

Intérieurement il rugissait.

Cependant il obéit. Courbé comme un vieillard, il franchit le seuil de la porte, laissa échapper un cri de rage impuissante et éperdu, affolé, descendit précipitamment l'escalier.

— Va-t'en, misérable, prononça sourdement la jeune fille, va-t'en et sois maudit !

III

COMBINAISONS

Le temps s'écoulait et le jour où Marceline donnerait le jour à son enfant approchait avec une effrayante rapidité.

Madame Savouroux était dans un grand embarras et ne parvenait pas à dissimuler ses inquiétudes.

Qu'allait-elle faire? Elle ne le savait pas encore. Elle cherchait. Elle ne voulait pas, à aucun prix, que l'accouchement eût lieu à la ferme. Ça serait du joli ! Aux gens étonnés qui demanderaient d'où venait cet enfant, elle ne pourrait pas répondre qu'il était tombé des nues ou qu'on l'avait trouvé sous un chou.

D'ailleurs, sous peine de punition pour infraction à la loi, il faudrait déclarer la naissance de cet enfant.

Cet enfant! mais elle n'en voulait pas !... Il lui semblait qu'elle était moins jalouse de sa nièce et la haïssait moins depuis qu'elle avait refusé d'épouser François Lambert et que sa jalousie et sa haine se reportaient sur le pauvre petit être qui n'existait pas encore. Et elle souhaitait qu'il mourût en venant au monde.

Le beau François paraissait avoir renoncé à ses projets ; mais peut-être espérait-il encore que sa victime reviendrait sur sa résolution et serait trop heureuse, plus tard, de légitimer son enfant en acceptant son nom.

S'il avait cet espoir, cette chose possible, après tout, était une des grosses craintes de la dame de Margaine, car maintenant, plus que jamais affolée d'amour, elle aurait mieux aimé tuer l'enfant et même sa nièce que de voir celle-ci épouser son amant.

A un moment elle avait pu accepter l'idée du partage ; elle avait été lâche. Mais elle avait ressaisi François et elle ne voulait plus le lâcher.

Pourtant elle n'avait pas beaucoup à se féliciter de lui. Il était sombre, taciturne, dur, tranchant, constamment de mauvaise humeur, et se livrait à des emportements furieux pour un mot qui sonnait mal à ses oreilles. Mais elle l'aimait ainsi. S'il la rudoyait, elle l'embrassait ; il l'eût battue qu'elle aurait baisé ses mains.

Il n'y a plus de dignité dans la folie amoureuse, plus de respect de soi-même.

Cependant, bien qu'ils n'entrassent jamais dans la maison d'habitation de la fermière et qu'ils ignorassent absolument ce qui s'y passait, les domestiques de la ferme et les journaliers qui y étaient employés finirent par s'inquiéter de ne plus voir Marceline.

Qu'est-ce que cela voulait dire ?

Ils jasaient entre eux, faisaient des commentaires.

Instruite de cela, madame Savouroux dit à ses serviteurs, pour qu'ils le répétassent à tout le monde, que sa nièce était subitement tombée malade, qu'on l'avait soignée pendant quelque temps dans sa chambre et que, comme elle ne revenait pas à la santé, on avait dû la conduire à la ville dans la maison d'un médecin qui avait entrepris de la guérir.

Ces paroles ne furent pas accueillies par tout le monde avec une foi absolue. Mais si l'on chuchotait encore, si l'on n'avait pas mis fin aux commentaires, ce n'était plus ouvertement.

Dame, chacun tenait à conserver sa place et y tenait d'autant plus que la surveillance étant devenue de moins en moins rigoureuse, les indélicats commençaient à tirer chacun de son côté.

Du reste, disons-le, on ne soupçonnait pas la vérité.

Un matin madame Savouroux se dit :

— Il faut pourtant que je prenne une décision.

Elle examina froidement les hypothèses qui, en pareil cas, peuvent se réaliser.

L'enfant pouvait mourir en naissant.

Oh ! alors, tout serait pour le mieux.

La mère pouvait mourir et l'enfant vivre.

Dans ce cas, elle n'avait plus rien à redouter de Marceline et elle trouverait un moyen pour faire disparaître l'enfant.

La mère et l'enfant pouvaient vivre.

C'était le cas le plus probable et aussi le plus épineux.

Que ferait-elle, alors? Voilà ce qu'il fallait savoir.

Elle parla à François Lambert des difficultés de la situation, de l'embarras dans lequel elle se trouvait.

Il l'écouta presque avec indifférence.

— Conseillez-moi, lui dit-elle, que dois-je faire?

— Que l'enfant soit mis en nourrice et que la mère revienne à Margaine, voilà tout ce que je demande, répondit-il.

— Aussitôt rétablie, Marceline reviendra ici.

— C'est bien. Pour le reste, je ne veux pas m'en mêler, faites ce que vous voudrez.

Et François la quitta pour aller donner des ordres à ses charretiers.

— C'est bon, murmura la fermière, voilà déjà une difficulté vaincue.

Elle appela la Roussotte.

Celle-ci fut un peu lente à venir; enfin elle arriva en bancalant.

— La Roussotte, m'es-tu dévouée? demanda la fermière.

— Oh! maîtresse, pouvez-vous demander cela?

— Es-tu prête à me servir fidèlement?

— Prête à faire pour vous n'importe quoi, tout ce que vous voudrez.

— Oui, n'est-ce pas, tout ce que je voudrai?

— Tout, tout, tout, maîtresse.

— Très bien. Mais sois tranquille, tes services et ton dévouement seront récompensés. Maintenant, écoute-moi bien.

Et après que madame Savouroux eut dit à la Roussotte ce qu'elle attendait d'elle, il y eut entre la maîtresse et la servante une conversation qui devait être tenue absolument secrète, et qui ne dura pas moins d'une demi-heure.

Le lendemain, la fermière partit pour Paris où elle resta six jours.

A son retour, elle dit à François Lambert :

— Toutes mes dispositions sont prises et j'espère que les choses se passeront bien.

— C'est parfait, répondit-il.

Affectant toujours la même indifférence, il ne demanda pas à madame Savouroux d'entrer dans des détails, ce qui l'aurait fort embarrassée.

Dès qu'il l'eût quittée, la Roussotte vint la trouver.

— As-tu quelque chose à m'apprendre ? lui demanda-t-elle.

— Rien, maîtresse.

— Alors tout va bien ?

— Aussi bien que possible. Et vous, maîtresse, êtes-vous contente de votre voyage ?

— On ne peut plus contente.

— Avez-vous vu Huberte, mon ancienne camarade ?

— Je l'ai vue.

— Ah! Eh bien ?

— C'est d'elle que je me suis occupée tout d'abord. C'était pour cause qu'elle t'avait écrit de lui envoyer dans une lettre un mandat de poste de vingt francs.

— Ainsi, c'est vrai, elle était dans la peine ?

— Dans la plus horrible misère.

— Par sa faute ?

— Oui et non. Grâce aux indications que tu m'avais données, j'ai pu trouver la malheureuse en haut de Charonne, dans un affreux taudis. Quelle misère! c'était à donner le frisson. Pour lit, quatre perches posées sur des caisses d'emballage et portant une mauvaise paillasse éventrée de toutes parts; pour draps et couverture des loques que le chiffonnier seul ramasserait dans la rue. Pas un meuble, rien.

Pour tout linge et tout vêtement elle n'avait que ce qui couvrait son corps. Et qu'est-ce que c'était? Un assemblage bizarre de haillons sordides.

— Comment, elle est si malheureuse que ça?

— C'est ainsi que je l'ai trouvée; mais je me suis empressée de changer sa position.

— Vous êtes si généreuse, si bonne, maîtresse.

— Je lui ai tout de suite donné de l'argent pour qu'elle s'achetât les choses qui lui étaient le plus nécessaires.

— Cette pauvre Huberte! Mais comment était-elle tombée si bas?

— Un jour qu'elle était allée au lavoir, pour gagner quarante sous à laver le linge des autres, l'homme avec lequel elle vivait, un paresseux, un ivrogne, qui l'avait plus d'une fois rouée de coups, décampa du logis commun après avoir vendu tout, absolument tout ce qu'il y avait dedans: meubles, literie, linge, vêtements, jusqu'à une vieille paire de souliers et des bas à repriser.

Juge de la stupeur de ton ancienne camarade quand elle revint le soir et ne trouva plus rien.

Un ménage de gens du quartier, guère plus riche qu'elle, lui donna asile dans ce galetas où je l'ai trouvée et qui avait été arrangé pour elle comme je t'ai dit.

Habituellement elle faisait des ménages; mais ne possédant plus que le piteux vêtement qu'elle mettait de temps à autre pour aller au lavoir, et n'ayant pas d'argent pour s'acheter un costume plus convenable, il ne lui fut plus possible d'aller faire ses ménages. Le lavoir resta son unique ressource; mais elle gagnait peu et ne trouvait pas tous les jours du linge à laver.

Souvent elle fut aux prises avec les angoisses, les tortures de la faim, et elle serait morte d'inanition si, quand elle n'avait point mangé depuis deux jours, on ne lui eût pas donné, par pitié, un morceau de pain.

Enfin voilà où elle en était; aussi suis-je arrivée chez elle comme la Providence.

— Vous la sauviez, maîtresse; elle a dû être bien joyeuse.

— Je t'en réponds; elle était comme folle; elle ne pouvait pas croire à ce qui lui arrivait.

— Alors vous lui avez dit ce que vous attendiez d'elle ?

— Pas complètement; j'ai cru ne pas devoir entrer dans certains détails; c'est toi, la Roussotte, qui, le moment venu, lui diras ce qu'elle devra faire.

— C'est bien, maîtresse.

— Je n'ai pas besoin de te dire qu'elle a emprunté un habillement à une femme de la maison et s'est rendue tout de suite dans un magasin où elle s'est convenablement nippée.

Quand je l'ai revue dans la journée, ce n'était plus la même femme et je ne l'ai pas immédiatement reconnue; elle avait tout à fait l'air d'une petite bourgeoise.

— Autrefois elle était très bien.

— Je le crois; du reste elle n'est pas trop mal encore.

— Je t'avoue, la Roussotte, que j'aurais été fort embarrassée si je n'avais pas eu Huberte pour me venir en aide. C'est elle qui s'est immédiatement mise en campagne, avec une activité sans pareille. Elle chercha à Charonne, à Belleville, à Romainville. Rien. Connais-tu Montreuil-sous-Bois, la Roussotte?

— Un peu, maîtresse; dans un temps, j'y suis allée deux ou trois fois.

— Eh bien, c'est à Montreuil que ton ancienne camarade a trouvé ce qu'il nous faut.

Une petite maison toute meublée, au fond d'un jardin entouré de murs, presque dans les champs, du côté de Rosny; elle est suffisamment isolée pour qu'on n'ait pas trop à craindre les investigations des gens curieux; elle n'a qu'un étage au-dessus du rez-de-chaussée. A l'étage, deux chambres à coucher; au rez-de-chaussée, une petite cuisine, une salle à manger et un salon que nous avons converti en une troisième chambre à coucher en y faisant mettre un lit.

Huberte s'est aussitôt installée dans la maison et passera aux yeux de Marceline pour en être ou la propriétaire ou seulement la gardienne. Nous verrons ce qu'il conviendra mieux de lui dire. Naturellement les deux chambres du haut seront l'une pour ma nièce, l'autre pour toi.

— C'est bien, maîtresse, tout à fait bien. Maintenant quand partirons-nous?

— Le plus tôt possible. Nous n'avons plus à attendre, nous allons tout préparer pour le départ et, demain soir, en route.

Sur ces mots, madame Savouroux se leva et se rendit auprès de sa nièce.

— J'arrive de Paris, lui dit-elle, et tu sais pourquoi j'y suis allée.

— Oui, mais il me semble que vous êtes restée longtemps.

— Peut-être ; mais il y a des choses qu'on ne fait pas en quelques heures.

— Il vous a donc été bien difficile de trouver une sage-femme qui consente à me prendre chez elle ?

— J'ai réfléchi, et ce n'est point chez une sage-femme que je te conduirai.

— Ah !

— Il y avait mieux à faire. De même que tu ne peux pas mettre ici ton enfant au monde, — ce que tu as parfaitement compris, — à cause du scandale qui en résulterait, de même tu ne peux pas aller chez une sage-femme parce que l'on serait forcé de lui dire bien des choses qui doivent rester ignorées. Du reste, en admettant qu'on veuille la lui cacher, elle finirait par découvrir la vérité, et c'est ce que je ne veux pas.

En attendant le jour de ta délivrance, qui n'est plus guère éloigné, tu seras installée dans une charmante petite maison que j'ai louée pour toi. Là, tu auras près de toi, pour te servir, la Roussotte et la femme qui demeure dans la maison et qui me l'a louée ; cette femme m'a été recommandée par une personne que je connais à Paris ; nous pouvons, toi et moi, avoir en elle une entière confiance.

Eh bien, ces arrangements te conviennent-ils ?

— Il le faut bien.

— Assurément, je ne veux pas que l'on sache que la nièce de madame Savouroux, la propriétaire de Margaine, que Marceline de Langrolle, une jeune fille, est devenue mère ; mais tout ce que je fais est surtout dans l'intérêt de ta réputation et de ton avenir. A tous les points de vue, tu entends, Marceline ? il est important de garder le secret de cette désagréable aventure.

La jeune fille soupira et baissa la tête.

— Voyons, me comprends-tu bien ?

— Hélas ! oui.

— Et tu me promets de garder le secret ?

— Oui.

— Certes, ce serait inouï de te voir aller crier par-dessus les toits que tu es une fille-mère. On cache ces choses-là à tout le monde et l'on a raison.

— Pourtant il faudra bien que la nourrice de l'enfant sache...

— Elle n'aura rien à savoir du tout, pas même qui tu es ; d'ailleurs elle ne demandera pas autre chose que d'être régulièrement payée...
Maintenant, voyons, parle-moi un peu de tes intentions, que feras-tu après tes couches ?

— Je ne sais pas encore, je verrai.

La fermière regarda fixement Marceline.

— Reviendras-tu à Margaine ? demanda-t-elle.

— Oh ! cela, jamais ! s'écria la jeune fille.

— Bien, tu as raison et je t'approuve.

— Je trouverai à me placer, j'espère ; et comme je vous l'ai déjà dit, je travaillerai pour nourrir... mon enfant.

— Bien que tu m'aies déclaré ne rien vouloir

recevoir de moi, je ne peux pourtant pas t'abandonner; je te donnerai l'argent qu'il te faudra pour attendre cette place que tu chercheras et que tu ne trouveras certainement pas du jour au lendemain.

La jeune fille ne répondit pas.

— J'ai encore quelque chose à exiger de toi, reprit la fermière.

— Qu'est-ce ?

— Promets-moi, jure-moi de te cacher si bien qu'il soit impossible à François Lambert de découvrir où tu iras, où tu seras.

— Mais c'est ce que je veux le plus fermement, répondit-elle, ayant dans le regard une expression farouche; ah! cela, oui, je vous le promets, je vous le jure... Sur ce point, ma tante, soyez rassurée et bien tranquille.

Moi, revoir ce misérable, ajouta-t-elle, les lèvres crispées, Dieu m'en préserve! Qu'il ne pense plus à sa victime, c'est la seule grâce que je lui demande.

Je n'ai pas à répéter ce que je vous ai dit, je n'ai plus à exprimer des plaintes inutiles, mais si j'étais partie d'ici quand je le voulais, vous ne seriez pas dans l'embarras où vous vous trouvez aujourd'hui, et moi je ne serais pas une malheureuse fille flétrie, déshonorée, condamnée à porter au front, pendant toute ma vie, le stigmate de la honte.

J'ai hâte de m'éloigner de votre maison, ma tante; quand me conduirez-vous à Paris ?

— Tu n'as plus que cette nuit et la journée de demain à rester à Margaine; nous partirons la nuit sans bruit, secrètement, quand tous les domestiques de la ferme seront couchés et endormis.

Marceline répondit par un simple mouvement de tête et devint songeuse.

Madame Savouroux se retira.

A quoi pensait la jeune fille ? A l'inconnu redoutable vers lequel elle marchait, ne se dissimulant point que de terribles difficultés se dresseraient devant elle, qu'elle serait exposée à de nouveaux dangers.

Elle pensait aussi à l'enfant qui allait naître.

Quel sentiment éprouvait-elle réellement pour ce fruit du crime ?

Certes, elle aurait été fort embarrassée pour le dire.

C'était comme un mélange d'horreur et de profonde pitié.

Parfois, quand, malgré elle, elle pensait à François Lambert, il lui semblait qu'elle ne pourrait avoir pour l'enfant que haine et dégoût.

Cependant, aux angoisses qu'elle éprouvait en se disant que son enfant pouvait mourir en venant au monde, elle sentait la puissance de la maternité.

. . . .
. . . .

Le lendemain, entre dix et onze heures du soir, tout étant devenu silencieux à la ferme, madame Savouroux et la Roussotte firent sortir d'une écurie un cheval revêtu de son harnais, qu'elles attelèrent à la voiture particulière de la fermière, voiture légère à quatre roues, fermée par une capote de cuir.

Alors, on fit descendre Marceline, qui prit aussitôt place dans le véhicule.

Elle avait poussé un long soupir de soulagement en ne voyant pas le beau François qui, sur le conseil de madame Savouroux, était prudemment resté dans sa chambre.

Deux malles ayant été précédemment portées dans la voiture, la Roussotte se plaça à côté de Marceline et la fermière, qui allait conduire, monta sur le siège du cocher.

Le cheval et la voiture devaient être laissés dans une auberge, près de la gare, où François Lambert viendrait les reprendre le lendemain.

A onze heures et demie, les trois femmes montèrent dans un compartiment de première classe, où elles étaient seules, et le train les emporta vers Paris.

IV

LES COMPLICES

Madame Victorine Savouroux avait une entière confiance en la Roussotte, et cette confiance était méritée sous tous les rapports ; elle avait également confiance en l'ancienne camarade de sa servante, qu'elle avait associée à ses projets.

Elle se disait, non sans raison, que pour être fidèlement et bien servie par ces deux femmes peu scrupuleuses il suffisait de les bien payer. Or, l'argent ne lui manquant point, elle pouvait faire largement les choses.

La Roussotte et Huberte ayant accepté d'être ses complices, elles feraient l'une et l'autre ce qu'elle voulait qui fût fait.

Quand elle eut installé Marceline dans la petite maison de Montreuil-sous-Bois, après avoir donné à ses complices de minutieuses instructions, elle retourna à Margaine.

Mais elle devait revenir dans une dizaine de jours.

Du reste, elle laissait aux deux femmes une

somme assez rondelette pour qu'elles n'eussent aucun embarras à redouter.

Mademoiselle de Langrolle se trouva bien à Montreuil ; enfin elle était tranquille, respirait à l'aise, tout en elle se dilatait. Elle était loin de François Lambert !

Et puis elle n'était plus prisonnière dans sa chambre ; elle pouvait aller et venir, se promener dans le jardin. Il n'était ni beau, ni bien entretenu ; mais il lui importait peu qu'il fût inculte, que des herbes poussassent dans les allées, elle y pouvait réfléchir et rêver sans contrainte, elle y avait le grand air et le soleil et même, parfois, des chants d'oiseaux.

Il est vrai que son horizon était borné par des murs, mais elle n'avait nullement le désir de franchir l'enceinte ; elle ne songeait plus à s'enfuir, comme quelques mois auparavant, pour se soustraire aux mauvais traitements de sa tante et aux suggestions du beau François.

Les deux femmes aux soins desquelles elle était confiée lui témoignaient de la déférence, lui parlaient avec douceur.

La Roussotte, qui n'avait plus à obéir à des ordres rigoureusement sévères à l'égard de Marceline, se montrait maintenant tout à fait aimable.

Malgré cela, elle avait toujours la même antipathie pour la servante boiteuse et restait avec ses préventions, sa défiance.

Il n'en était pas de même pour Huberte, qui paraissait être une brave femme, qui portait sur son visage l'empreinte de longues souffrances éprouvées ; elle lui était sympathique, et volontiers elle causait avec elle.

Madame Savouroux revint au bout de dix jours, comme elle l'avait annoncé, resta une journée entière à Montreuil et eut avec la Roussotte un assez long entretien.

Le lendemain, pendant que Marceline était au jardin, se promenant ou s'asseyant sur un banc pour se reposer quand elle se sentait fatiguée, la Roussotte prit à part son ancienne camarade et lui dit :

— Tu ne sais pas encore quel service tu auras à rendre à la patronne.

— C'est vrai, je ne le sais pas.

— D'abord es-tu satisfaite de ce que la patronne a fait pour toi jusqu'à présent ?

— Oh ! oui, et je lui en serai éternellement reconnaissante.

— Tu lui prouveras ta reconnaissance en lui rendant le service qu'elle attend de toi.

— Mais quel est donc ce service ?

— Je te le dirai tout à l'heure. Tu comprends bien, n'est-ce pas, que ce n'est pas uniquement pour te faire sortir de ton taudis et te loger ici que la patronne s'est intéressée à toi ?

— Je le comprends si bien que je lui ai dit que je lui étais dévouée à la mort, que pour elle je ferais tout au monde. Elle m'a répondu : « C'est bien », et j'attends.

— Ici, tu es bien logée, tu dors dans un bon lit et tu manges tout ce qui te fait plaisir à manger, puisque c'est toi qui fais notre cuisine. Mais nous n'avons plus guère que quinze jours ou trois semaines à rester dans cette maison, c'est-à-dire à jouir d'une existence que de plus huppées que nous envieraient. Après, ma chère, nous irons chacune de notre côté.

— Oui, c'est comme ça, la vie !

— Elle a eu son bon temps pour moi comme pour toi, et tu vois que, de loin en loin, elle a encore quelques beaux jours.

Huberte ébaucha un froid sourire.

— Mais, dit-elle, quand donc aurai-je à rendre le service en question ?

— Après l'accouchement.

— Ah ! Et alors, qu'est-ce que je ferai ?

— Nous arrangerons l'enfant gentiment, puis tu le prendras et l'emporteras en disant à la mère que tu vas le porter à une nourrice.

— Pourquoi la nourrice ne viendrait-elle pas elle-même prendre ici son nourrisson ?

— Parce que ça ne se peut pas, répliqua la Roussotte.

Et elle se mit à rire.

— Ainsi, reprit Huberte, c'est moi qui serai chargée de trouver la nourrice ?

— Non.

— En effet, c'est habituellement l'affaire de la sage-femme.

— Ma chère, il n'y aura pas de sage-femme.

— Comment !...

— Ou, si tu aimes mieux, la sage-femme, ce sera moi.

— Toi !

— Oui, moi, et je saurai parfaitement me tirer d'affaire. Tu sais que pour mon compte j'ai mis au monde trois enfants, sans compter ceux de certaines amies que j'ai aidés à entrer dans la vie.

— Alors on veut un accouchement clandestin?
— Tu l'as dit.
— Oh!
— Tout se fera dans le plus grand secret.
— Mais la déclaration à la mairie?
— Il n'y aura pas de déclaration à la mairie.
— Dieu, que me dis-tu? Mais on veut donc le tuer, cet enfant?

— Non, non, rassure-toi, on n'en veut pas à la vie de ce petit malheureux qui n'aura qu'un tort, celui de venir au monde. D'ailleurs, tuer un enfant est un crime qui mène aux galères ceux qui le commettent. Donc, l'enfant vivra, s'il ne meurt pas en naissant, ce qui est à souhaiter, car cela simplifierait les choses; malheureusement, nous n'avons pas à y compter.

On laissera vivre l'enfant s'il veut vivre; mais pour des raisons de la plus haute importance et que tu n'as pas besoin de connaître, il faut qu'il disparaisse et que ni sa mère ni personne n'entende jamais parler de lui.

Huberte tressaillit dans tout son être.
— Ah! mon Dieu, fit-elle, on veut le perdre!
— Voilà la chose.
— La Roussotte, écoute: je cause quelquefois avec la demoiselle; d'après ses paroles et plus encore les sentiments qu'elle exprime, elle aimera, elle adorera son enfant; si on le lui enlève pour qu'elle ne le revoie jamais, ce sera une action abominable.
— Nous ne lui dirons point ce que nous voulons faire.
— Oui, elle laissera emporter son enfant, croyant

qu'on va le confier à une nourrice. Mais après, la Roussotte ? Elle voudra savoir le nom de la nourrice, où elle demeure ; qu'est-ce qu'on lui répondra?

— Que son enfant est mort.

— C'est affreux !

— C'est tout ce que tu voudras, Huberte, mais il faut qu'il en soit ainsi.

— Comment et où a-t-on trouvé une nourrice qui ait pu consentir à prendre un enfant sans savoir qui est sa mère, sans savoir d'où il vient ?

— Ah ça ! voyons, Huberte, tu ne comprends donc pas ?

— Si je ne comprends pas, c'est que tu ne t'expliques pas clairement.

— Tu prendras l'enfant, n'est-ce pas ? et tu l'emporteras, mais pas du tout pour l'aller remettre à une nourrice.

— Ah ! Et qu'est-ce que j'en ferai ?

— Ce que tu voudras.

— Comment, ce que je voudrai ?

— Ce sera à toi de trouver le moyen de t'en débarrasser. Ils ne manquent pas, les moyens : il y a les porches d'église ; il y a des hôtels meublés où on loue une chambre, et d'où, après avoir mis l'enfant dans le lit, on file au plus vite ; il y a l'allée d'une maison dont on se fait ouvrir la porte, la nuit, et on disparaît après avoir déposé l'enfant près de la loge du concierge. Et puis il y a encore ceci et cela. Je te connais, Huberte, et je sais que tu connais ton Paris mieux que personne ; il te sera facile de remplir ta mission.

L'ancienne camarade était devenue affreusement pâle et tremblait.

— Ah ça! mais qu'as-tu donc, Huberte? demanda la Roussotte.

— Je pense à cette pauvre fille dont on veut perdre l'enfant et à cet innocent condamné à ne jamais connaître sa mère.

— Il n'est pas le seul.

— Malheureusement, soupira Huberte. Vois-tu, c'est épouvantable, ce qu'on me demande de faire.

— Ah! tu as des susceptibilités?

— Dame, en présence d'une pareille chose...

— Aurais-tu l'intention de refuser?

— Je ne peux pas refuser, je n'en ai plus le droit; j'ai promis, j'ai juré à ta maîtresse, la Roussotte, de lui rendre n'importe quel service elle exigerait de moi.

— A la bonne heure. Donc, voilà qui est bien entendu. Je n'ai pas besoin de te dire, Huberte, que tu seras bien récompensée.

— La dame est généreuse, je le sais.

— Une somme de quinze cents francs te sera donnée. Trouves-tu que c'est bien?

— Certainement.

— Alors tu es contente?

— Oui. Mais je ne te le cache pas, si j'avais su...

— Eh bien?

— Malgré l'état misérable où j'étais, je n'aurais pas accepté, je crois, les bienfaits de ta maîtresse.

— Tiens, tu me fais rire avec tes scrupules.

— Il n'y a pas que mes scrupules.

— Quoi encore?

— Autre chose, la Roussotte, autre chose que je garde en moi.

— Des bêtises!

— Oui, si tu veux, des bêtises. Mais en dehors de cela, il y a les risques à courir.

— Quels risques ?

— La mère réclamera son enfant, à moi surtout, qui le lui aurai arraché des bras. Que lui répondrai-je quand elle me demandera où est son enfant ?

— Elle ne pourra t'adresser aucune question, et tu ne seras pas embarrassée pour lui répondre puisque, une fois partie d'ici avec l'enfant, tu n'y reviendras plus. Comme toi, Huberte, je crois qu'elle voudra savoir où est son enfant, qu'elle le réclamera ; ce n'est ni toi, ni moi, mais sa tante qui lui répondra : « Il est mort ! »

— Le croira-t-elle ?

— Il faudra bien qu'elle le croie.

— Si elle a un doute, cependant, si elle soupçonne la vérité.

— Après ?

— Elle criera contre nous, elle portera une plainte au commissaire de police, à la justice.

— N'aie pas cette crainte, Huberte ; elle ne parlera pas, ne portera aucune plainte, elle restera tranquille. Est-ce qu'une jeune fille de dix-huit ans s'en va dire comme ça, à ceux-ci et à ceux-là : « Je ne suis pas mariée et j'ai eu un enfant ! » Allons donc, ces choses-là, ça se cache, et la demoiselle, plus encore que tout autre, a intérêt à ne pas faire connaître... son accident.

Dans tous les cas, qu'as-tu à redouter, toi ? Rien. Tu t'appelles ici madame Frémy, un nom d'emprunt que tu quitteras en t'en allant de Montreuil. En admettant une plainte portée contre toi, où irat-on chercher cette madame Frémy qui n'existe pas ? Comme tu le vois, tu pourras être bien tranquille et dormir sur tes deux oreilles.

Huberte hocha tristement la tête.

— Tu auras tes quinze cents francs, continua la Roussotte ; ce n'est pas rien, quinze cents francs, c'est une petite fortune. Bien sûr, tu ne resteras pas dans ce trou, sous le toit, où ma maîtresse t'a trouvée ; tu loueras un logement, tu achèteras un petit mobilier et, comme autrefois, tu seras chez toi, dans tes meubles. Enfin, après tous tes malheurs, tu verras revenir de beaux jours.

A propos, Huberte, il ne faudra pas que tu oublies de laisser ta nouvelle adresse à la concierge de la maison où tu demeurais à Charonne. Du reste, tu m'écriras ; pas ici, puisqu'aucune lettre ne doit y être apportée, mais à la ferme de Margaine. Malgré cela, laisse toujours ton adresse à la concierge, car la patronne voudra certainement te revoir.

— Je ferai comme tu viens de dire, répondit Huberte. Je louerai un petit logement et m'achèterai des meubles ; mais, en attendant, je me logerai pendant quelque temps dans un hôtel garni. Je t'écrirai, c'est convenu, et, comme tu le désires, je laisserai mon adresse à la concierge.

— D'ailleurs, fit la Roussotte, ce n'est pas demain que nous nous séparons, nous aurons tout le loisir de reparler de toutes ces choses.

*
* *

Trois semaines s'écoulèrent encore. Marceline était arrivée au jour de sa délivrance, l'enfant condamné allait naître.

La Roussotte n'avait pas trop présumé de ses connaissances et de son habileté en disant qu'elle remplacerait une sage-femme et saurait bien se tirer d'affaire.

Elle s'en tira on ne peut mieux, en effet, sans le moindre accident pour la mère et pour l'enfant.

Du reste la nature se montra clémente pour Marceline.

Pendant sa grossesse, dans les derniers temps surtout, la victime du beau François avait ardemment désiré que son enfant fût une fille.

Elle avait dans l'idée que si elle mettait au monde un garçon, il ressemblerait à son père et que non seulement elle ne l'aimerait pas, mais l'aurait en horreur!

Si c'était une fille, au contraire, elle s'imaginait que c'était à elle qu'elle devrait ressembler; alors elle sentait qu'elle n'aurait pas assez de son cœur pour l'aimer, elle l'adorerait.

Etendue sur son lit, pâle, inerte, sans force, pendant que la Roussotte s'occupait du nouveau-né, elle hésita longtemps avant d'oser demander quel était son sexe. Enfin, d'une voix faible, tremblante, craintive, elle laissa sortir de sa bouche ces mots:

— Est-ce une fille?

— Oui, répondit la Roussotte, c'est une petite fille, et l'on peut dire qu'elle est jolie, jolie.

Il y eut dans les yeux de la jeune mère comme un rayonnement céleste.

— Merci, répondit-elle.

Et elle resta dans une sorte d'extase, élevant son âme vers le ciel.

C'était Dieu qu'elle remerciait de l'avoir exaucée.

La Roussotte, ayant arrangé l'enfant, le plaça à côté de sa mère.

Alors Marceline se mit à pleurer et à couvrir sa fille de baisers.

— Je voudrais la garder, dit-elle.
— Vous savez bien que c'est impossible.
— Hélas !
— On vous la laissera jusqu'à ce soir, pour que vous ayez tout le temps de l'embrasser à votre aise.
— Alors la nourrice va venir bientôt ?
— Elle ne viendra pas ici, elle ne peut pas y venir.
— Pourquoi cela ?
— D'abord parce que jusqu'à nouvel ordre elle ne doit pas vous connaître ; ensuite nous ferons ce qui se fait habituellement : Madame Frémy portera l'enfant au bureau des nourrices et le remettra à la nourrice qui a été arrêtée, qui l'attend et qui partira immédiatement pour son pays.

La réponse de la Roussotte était hardie ; mais Marceline, ignorante de bien des choses, pouvait être facilement trompée. Du moment que cela se faisait ainsi habituellement, elle n'avait plus rien à objecter.

— Ainsi qu'il a été convenu, reprit la servante, et comme votre tante vous l'a dit, c'est madame Frémy qui sera en relations directes avec la nourrice.
— Mais je saurai son nom et où elle demeure ?
— Certainement et je pense bien que madame Frémy vous le dira.
— Est-ce que vous ne savez pas ?...
— Moi, je ne sais rien concernant la nourrice ; dame, votre tante ne me dit pas tout.

— Ne doit-elle pas revenir bientôt, ma tante ?

— Madame Frémy, qui fait en ce moment ses commissions, doit mettre une lettre à la poste pour madame Savouroux, et si rien ne la retient à Margaine, sa visite ne se fera pas attendre.

La jeune mère était fatiguée ; elle resta silencieuse, et peu après s'assoupit, tenant son enfant serré contre elle.

Marceline n'ignorait pas, sans doute, que la naissance de tout enfant doit être déclarée et inscrite à la mairie sur le registre de l'état civil ; mais elle ne pensa point à cela. Certes, si elle eût su qu'on ne voulait pas remplir cette formalité exigée par la loi, sous peine de punition sévère, elle aurait été très effrayée, et il est à croire que, demandant des explications, les réponses embarrassées de la Roussotte eussent éveillé ses soupçons.

Mais la malheureuse ne savait pas quelles infamies peuvent commettre les passions humaines et elle était à cent lieues de se douter de la trame ourdie contre elle et son enfant.

La journée se passa aussi tranquillement que possible. Mais le soir arriva trop vite, hélas ! et avec l'approche de la nuit, l'heure de douleur et de déchirement pour la jeune mère qu'on allait séparer de son enfant. Et comme si elle eût eu le pressentiment de ce qui allait être fait, elle se demandait, le cœur serré par l'angoisse, si elle reverrait jamais sa chère petite.

Les deux complices de madame Savouroux étaient auprès d'elle. La Roussotte tenait l'enfant sur ses genoux et lui mettait ses petits langes confectionnés par Marceline.

— Madame Frémy, demanda la jeune mère, dites-moi donc, je vous prie, comment s'appelle la nourrice et le nom du village où elle demeure.

— Mon Dieu, mademoiselle, répondit la femme, visiblement embarrassée, il faut m'excuser si je ne puis vous dire maintenant le nom de ce village, je ne l'ai pas demandé à la nourrice lorsque je suis allée au bureau avant-hier pour la retenir définitivement ; je sais seulement qu'elle demeure dans une petite localité des environs de Chartres. Elle se nomme madame Vaurand ; c'est une jeune femme de trente ans, robuste, pleine de santé qui va, dès son retour chez elle, sevrer son troisième enfant afin de pouvoir mieux nourrir votre petite.

D'abord interloquée par la question de Marceline, à laquelle elle s'attendait pourtant, car la Roussotte l'avait prévenue, Huberte avait peu à peu repris son assurance et assez adroitement débité son mensonge.

Inutile de dire que ce nom de Vaurand qu'elle donnait à une nourrice qui n'existait pas, était un nom de son invention, qui s'était tout de suite offert à sa pensée.

— Mais, soyez tranquille, mademoiselle, poursuivait-elle, tout ce qu'il nous est nécessaire de savoir, je le saurai.

— Bien que je ne doive pas, pendant un certain temps, correspondre avec la nourrice, il faut au moins que je sache où est mon enfant.

— C'est tout naturel, mademoiselle.

Marceline resta un moment silencieuse, puis manifesta le désir d'être un instant seule avec la fausse madame Frémy.

La Roussotte fit un peu la grimace, mais elle se leva et remit l'enfant à sa complice, en lui disant :

— Tiens, tu t'y connais aussi, toi, je te laisse le soin de l'emmailloter.

Sur ces mots elle sortit de la chambre.

— Madame Frémy, dit la jeune fille, asseyez-vous près de mon lit, tout près, je veux vous voir faire...

Après une pause, elle reprit, très émue :

— Oh ! ce n'est pas une leçon que je vais prendre, puisque...

Un sanglot lui coupa la voix.

— C'est une leçon pour plus tard, mademoiselle, pour un autre enfant, quand vous serez mariée.

— Taisez-vous, taisez-vous ! Mariée, moi ! Est-ce qu'on se marie, après un malheur comme le mien ?

— Mais oui, bien sûr, mademoiselle, et nous voyons ça tous les jours.

— Assez, madame Frémy, laissons cela et parlons d'autre chose.

— Comme vous voudrez, mademoiselle, parlons d'autre chose.

— Voulez-vous me passer les ciseaux qui sont sur cette table ?

— Oui, mademoiselle, les voici.

Marceline coupa le mince cordon de soie noire auquel était attachée une médaille qu'elle portait au cou.

V

HUBERTE RÉFLÉCHIT

La femme s'était arrêtée dans son travail et, étonnée, regardait la jeune mère.

Marceline avait la médaille dans sa main et la contemplait avec une indicible émotion.

— Au pensionnat où j'ai été élevée, dit-elle, il y avait et il y a sans doute encore, deux sociétés ou confréries de jeunes filles ; celle des grandes, les Enfants de Marie, et celle des petites, les Amies des Saints-Anges. Les plus dignes sont seules appelées à en faire partie, c'est une récompense qui est accordée.

Que de souvenirs heureux tu me rappelles, chère médaille !

J'avais neuf ans lorsque tu me fus donnée par la supérieure, le jour de mon admission parmi les Amies des Saints-Anges. En te mettant à mon cou, la vénérable supérieure me dit :

— Ma chère Marceline, vous voyez sur cette médaille l'image d'un de nos bons anges gardiens, vous la conserverez en souvenir de ce jour, qui vous rend si heureuse ; que votre bon ange gardien veille toujours sur vous et vous préserve de tout danger.

La jeune fille pleurait à chaudes larmes.

— Ah! reprit-elle d'une voix étranglée, il a bien mal veillé sur moi, il m'a bien mal protégée, mon ange gardien.

Après un silence, elle se pencha au bord du lit, et, les yeux fixés sur son enfant :

— Madame Frémy, reprit-elle, quelque chose me dit que cette médaille portera bonheur à ma petite fille ; voyez, je la mets moi-même dans ses langes. Elle n'a pas protégé la mère, que Dieu veuille qu'elle protège l'enfant !

La complice de madame Savouroux et de la Roussotte, qui, nous l'avons vu déjà, n'était pas inaccessible à la pitié, avait de grosses larmes dans les yeux.

— Pauvre mère ! pensait-elle.

Elle acheva d'emmailloter l'enfant.

— Madame Frémy, dit Marceline, mettez maintenant ma fille près de moi.

La femme obéit.

— Ouvrez, s'il vous plaît, le premier tiroir de la commode.

— Bien.

Prenez le petit coffret en bois d'ébène. Pour l'ouvrir, vous trouverez la petite clef dans la poche de ma robe.

La fausse madame Frémy n'eut pas de peine à trouver la petite clef et elle ouvrit le coffret.

— Comme vous le voyez, madame, reprit Marceline, il n'y a dans ce coffret qu'une bourse en argent, laquelle contient dix pièces de vingt francs.

Cette bourse est un souvenir de ma mère, qui me l'a donnée le jour de ma première communion. Alors le malheur ne s'était pas encore abattu sur notre maison, mon père vivait et nous étions dans l'aisance. Ces pièces d'or sont les petites économies que j'ai faites en ce temps-là ; je suis heureuse aujourd'hui de les avoir conservées.

Cette bourse, madame Frémy, est tout ce que je possède, prenez-la ; vous remettrez les deux cents francs à la nourrice, ils ne compteront point dans le prix des mois de nourrice ; c'est un cadeau que je fais à la femme qui va élever ma petite fille.

Quant à la bourse, elle la conservera pour être donnée à ma fille plus tard, le jour de sa première communion. Ce cher souvenir de ma mère sera aussi pour ma fille un souvenir de sa malheureuse mère.

— Ce que vous désirez sera fait, mademoiselle, répondit Huberte.

Et elle glissa la bourse dans une de ses poches, où se trouvaient déjà les quinze cents francs que lui avait remis la Roussotte pour payer ses services et son silence, silence qu'elle avait, d'ailleurs, tout intérêt à garder.

La jeune fille, qui était restée un instant songeuse, les yeux fermés, reprit la parole :

— La Roussotte a-t-elle bien réuni toutes les pièces du petit trousseau de mon enfant? demanda-t-elle.

— Oui, oui, soyez tranquille, tout est enfermé dans une boîte qui sera mise tout à l'heure dans la voiture que j'ai commandée.

C'était un nouveau et double mensonge.

D'abord, Huberte n'avait point commandé de voiture ; elle allait se rendre à Paris à pied. Quant aux petits bonnets, aux petites chemises et autres objets du modeste trousseau d'enfant confectionné par la jeune mère, la Roussotte en avait fait un paquet qui était enfermé dans une armoire en attendant que ce travail de la pauvre Marceline fût brûlé ou détruit d'une manière ou d'une autre.

— C'est bien peu, ce que je donne à la nourrice pour vêtir mon enfant, reprit la jeune fille ; mais c'est tout ce que j'ai pu faire ; ce sera, je l'espère, suffisant pour quelques mois ; plus tard, je ferai mieux.

A ce moment, la Roussotte entra dans la chambre.

— Madame Frémy, dit-elle, la voiture qui vient vous prendre est là depuis quelques minutes déjà ; l'heure de partir est venue.

Marceline sentit que tout se retournait en elle.

— Non, pas tout de suite, s'écria-t-elle d'une voix suppliante, laissez-moi la regarder et l'embrasser encore.

Et sur le front de l'enfant elle colla fiévreusement ses lèvres brûlantes.

Pendant cinq minutes on la laissa se livrer à ses transports de tendresse ; puis sur un signe que lui fit la Roussotte, Huberte prit l'enfant qu'elle arracha presque des bras de sa mère.

Celle-ci poussa un grand cri et, par un violent effort, se dressa à demi.

Huberte avait disparu.

— Oh ! oh ! oh ! fit Marceline.

Sa tête retomba lourdement sur l'oreiller et elle éclata en sanglots.

La Roussotte, qui la regardait froidement, se dit :

— Enfin, c'est fini, la maîtresse sera contente.

*
* *

Huberte s'était arrêtée dans la chambre du rez-de-chaussée, seulement le temps de mettre son manteau, qui allait lui servir à cacher l'enfant à tous les regards.

Elle sortit de la maison. Il faisait presque nuit. Par des sentiers détournés, à travers champs, elle marcha rapidement vers Paris.

Quand elle ne fut plus qu'à quelques pas de la barrière, et bien qu'elle eût préparé ses réponses, dans le cas où les commis de l'octroi s'apercevraient qu'elle portait un enfant et l'interrogeraient à ce sujet, elle fut prise d'une inquiétude mortelle.

Allait-elle pouvoir passer sans qu'on voulût voir ce qu'elle tenait caché dans son manteau ? Et en admettant que les employés n'ouvrissent pas bien les yeux, un cri de l'enfant pouvait la trahir.

Heureusement la petite dormait.

Mais Huberte n'était nullement rassurée. Aussi son cœur battait-il très fort quand elle passa devant le commis de l'octroi, en disant :

— Monsieur, je n'ai rien.

Le commis, probablement distrait à ce moment, fit à peine attention à elle.

Elle passa.

Et quand elle fut à quelques pas de la barrière,

dans Paris, elle poussa un long soupir de soulagement et respira à pleins poumons.

Elle ne marchait plus à grands pas ; lentement, elle descendait la rue de Montreuil, et la tête légèrement inclinée sur la poitrine, elle réfléchissait.

Allait-elle commettre la mauvaise action pour laquelle elle avait été payée ?

Jusqu'au moment où elle était sortie de la petite maison de Montreuil, elle avait été décidée à faire ce qu'elle avait promis ; mais, peu à peu, elle avait senti son courage faiblir ; avant de franchir la barrière, bouleversée par ses craintes, ses angoisses, elle était irrésolue ; et maintenant qu'elle était seule avec l'enfant, qu'elle n'avait plus à redouter la terrible Roussotte, elle ne voulait plus être la complice du crime de madame Savouroux.

Elle pensait à la jeune mère étendue sur son lit de douleur, aux nombreux baisers donnés à l'enfant, et elle se rappelait les paroles touchantes prononcées par Marceline quand elle avait parlé de la médaille et de la bourse en argent.

Quoi ! elle tromperait cette malheureuse, qui avait eu confiance en elle, avait cru tout ce qu'elle lui avait dit.

Quoi ! elle perdrait cet enfant, elle le condamnerait à une existence misérable, quand elle pouvait le conserver à la tendresse, à l'amour de sa mère !

— Non, non, c'était impossible ! elle ne pouvait faire cela, elle ne le ferait pas.

Mais il y avait encore autre chose qui, dans le cœur d'Huberte, plaidait avec force et victorieusement en faveur de la mère et de l'enfant.

C'est que dans son cœur il y avait une plaie toujours saignante, un remords qui ne s'était jamais apaisé.

Quinze ans auparavant, elle avait eu un enfant d'un misérable qui l'avait lâchement abandonnée. C'était une petite fille, et quinze jours après sa naissance, elle l'avait perdue, de la même façon qu'on lui avait demandé de perdre la petite fille de Marceline.

La nuit, vers une heure du matin, elle avait sonné à la porte d'une maison de la rue Saint-Martin ; le concierge, à moitié endormi, avait tiré le cordon ; elle était entrée dans l'allée, y avait déposé son enfant, puis était ressortie aussitôt en refermant la porte. Et, comme une criminelle qu'elle était, elle s'était enfuie à travers les rues sombres et désertes.

Le lendemain, elle lut dans un journal :

« La nuit dernière, une petite fille, qui ne paraît
» pas avoir plus de douze ou quinze jours, a été dé-
» posée par une personne inconnue dans l'allée de
» la maison de la rue Saint-Martin portant le n° 214.
» Le concierge, réveillé par les cris de l'enfant, l'a
» recueilli et porté, le jour venu, au bureau du
» commissaire de police. Les langes qui envelop-
» paient la petite abandonnée étaient sans mar-
» ques. »

» Le commissaire de police a aussitôt ouvert une
» enquête et envoyé la fillette à l'hospice des
» Enfants-Assistés. »

Depuis, Huberte n'avait plus entendu parler de sa fille ; mais elle y avait pensé souvent, en versant des larmes, et elle y pensait encore.

Que de reproches elle s'était adressés! Que de regrets!

Sans doute, elle avait été poussée par la misère; mais n'avait-elle pas manqué de courage?

Voilà ce qu'elle se disait, se répétait; voilà pourquoi le remords restait dans son cœur.

Qu'était devenue sa fille? Elle l'ignorait, elle ne le saurait jamais. Si elle vivait, elle ne pouvait être, hélas! qu'une malheureuse.

Oh! non, elle ne ferait pas une seconde fois ce qu'elle avait déjà fait. Mal conseillée par la misère, par la peur de l'avenir, dans une heure d'égarement, de désespoir, elle avait perdu son enfant; mais elle avait maintenant tout son sang-froid, elle raisonnait; elle avait abandonné son enfant, à elle, à la charité publique, elle ne condamnerait pas à la même existence l'enfant d'une étrangère, elle n'augmenterait pas le poids déjà trop lourd de ses remords.

Sa résolution était prise. Mais qu'allait-elle faire?
C'était à cela qu'elle réfléchissait.

Dans une maison bourgeoise où elle avait été domestique, elle avait eu pour compagne une fille de quelques années moins âgée qu'elle avec laquelle elle s'était liée d'amitié. Celle-ci, rappelée par sa vieille mère, devenue veuve, était retournée dans son pays, un petit village du département de la Somme appelé Courlie. Là, elle s'était mariée et avait invité à sa noce son amie Huberte, et Huberte était allée à Courlie pour assister au mariage de son amie Clémence. Il y avait de cela huit ans. Huberte avait été bien reçue à Courlie et gardait de ce pays un excellent souvenir, bien qu'elle n'y fût pas retournée et qu'elle n'eût plus reçu, depuis longtemps, des nouvelles de Clémence.

Pendant un an, on s'était écrit au moins une fois tous les deux mois, puis la correspondance avait cessé.

Au village on est généralement très paresseux pour écrire et à Paris, où il y a tant de distractions, où l'on a tant à faire, on ne trouve guère le temps de penser à ceux qui sont loin.

Mais, à ce moment, en se demandant ce qu'elle allait faire de l'enfant, Huberte pensait à Clémence.

— Oui, se dit-elle, je ne suis plus embarrassée, j'ai trouvé. Clémence est une bonne femme et son mari un très brave homme; je vais porter la petite mignonne à Courlie et Clémence l'élèvera; elle sera heureuse que j'aie pensé à elle en cette circonstance et enchantée de se charger de la fillette.

Elle n'est pas riche, loin de là; les deux cents francs que je lui remettrai comme cadeau de la mère, et trois cents francs que je lui donnerai pour les premiers mois, lèveront toutes les difficultés, s'il pouvait y en avoir.

Je raconterai là-bas une petite histoire que j'aurai tout le temps de fabriquer en route, et tout ira bien.

Si je pouvais prévenir Clémence et son mari, je le ferais; mais c'est impossible, il faut que je prenne le chemin de fer cette nuit même; du reste, qu'importe, je n'en serai pas moins accueillie à bras ouverts, j'en suis sûre d'avance.

Voilà qui est bien décidé; mais ce n'est pas tout. Après, comment me débrouillerai-je? Dame, il me faudra faire en sorte que tout le monde soit content.

Voyons, examinons les choses:

Je reste un jour à Courlie, pas plus; je reviens à Paris, je me loge provisoirement dans un hôtel quelconque, je vais donner, ainsi que cela m'a été recommandé, ma nouvelle adresse à la concierge de la maison où j'ai demeuré, à Charonne, et j'attends tranquillement la visite de madame Savouroux, si, réellement, elle doit me la faire, cette visite. Cela ne m'empêchera pas, entre temps, de chercher un petit logement à louer, comme me l'a conseillé la Roussotte, et de jeter mon dévolu sur les meubles que j'aurai à m'offrir le moment venu.

Si madame Savouroux ou la Roussotte vient me trouver pour me demander ce que j'ai fait, je répondrai hardiment, sans bredouiller :

— J'ai fait ce que vous m'avez ordonné de faire.

Et si l'on veut des détails, j'aurai à raconter une page lugubre de ma propre histoire.

Si, avec cela, madame Savouroux et la Roussotte ne sont pas contentes, elles seront bien difficiles. Mais non, elles prendront pour argent comptant tout ce qu'il me plaira de leur dire.

Oh ! comme j'aurai du plaisir à mentir à ces deux coquines !

Je ne vaux pas grand'chose, c'est vrai; mais je ne suis pas encore une aussi grande misérable que certaines femmes.

Ce que je vais faire pour cette innocente petite créature me réconcilie un peu avec moi-même, et si ma fille l'apprenait, peut-être se sentirait-elle disposée à me pardonner de l'avoir abandonnée.

Elle s'interrompit pour réfléchir encore, et au bout d'un instant, toujours se parlant à elle-même, elle reprit :

— Voilà pour madame Savouroux et la Roussotte ; mais il y a la petite maman. C'est à elle surtout que je dois songer. On lui dira froidement, méchamment :

— Votre enfant est morte !

Elle le croira. Et elle pleurera et poussera des cris déchirants, la pauvre malheureuse. Ses larmes couleront jusqu'au jour où je paraîtrai devant elle et lui dirai, à mon tour :

— On vous a trompée, on vous a menti, votre chère petite fille n'est pas morte !

Soyez tranquille, mademoiselle Marceline, bonne petite mère, je ne vous ferai pas attendre trop longtemps les paroles de joie.

Certainement, ce ne sera pas sans difficulté que je pourrai la voir et lui parler, puisqu'il m'est défendu de revenir à la maison de Montreuil ; mais j'en trouverai bien le moyen, dussé-je menacer du commissaire de police ou des gendarmes madame la fermière et sa digne servante.

Tout en monologuant ainsi, mentalement, Huberte était arrivée à un faible distance de la gare du Nord.

Elle avisa un hôtel de modeste apparence et, résolument, y entra. Il était temps, l'enfant criait. Elle n'avait plus à la cacher. Très franchement, elle dit qu'elle était chargée de porter le nouveau-né à une nourrice qui l'attendait, et qu'elle allait partir par le premier train.

Mais comme elle avait au moins deux heures à attendre, elle ne voulait pas les passer dans la rue avec l'enfant et demandait une chambre.

Et puis, ayant plusieurs achats à faire et ne connaissant pas le quartier, elle prierait madame la maîtresse de l'hôtel d'être assez bonne de l'accompagner chez les marchands.

La logeuse répondit gracieusement qu'elle se mettait à la disposition de la voyageuse et la conduisit elle-même dans une chambre du premier étage.

Huberte calma l'enfant en lui faisant boire un peu d'eau sucrée tiédie. Ensuite elle le coucha et, quand il se fut endormi, elle descendit et trouva la maîtresse de l'hôtel prête à l'accompagner.

Outre les billets de banque et les deux cents francs en or qu'elle avait dans sa poche, il restait encore à Huberte, sur ce que lui avait précédemment donné madame Savouroux, une somme suffisante pour les frais du voyage et payer les choses indispensables qu'elle voulait acheter.

Les achats furent faits ; ils consistaient en diverses pièces de lingerie pour la petite fille, en un biberon qui fut, séance tenante, rempli de lait, et en un sac de voyage en cuir pour mettre le tout.

Huberte se montrait prévoyante. Elle avait des défauts, peut-être même des vices, mais chez elle le fond était bon. S'il y avait eu du dévergondage dans sa vie, elle n'était pas devenue perverse. Elle avait été, comme tant d'autres, une victime de la destinée.

Orpheline à l'âge où la jeune fille a besoin d'être protégée par une mère prudente, pauvre, abandonnée à elle-même, mal entourée, mal conseillée, n'ayant sous les yeux que de déplorables exemples, elle avait failli autant par entraînement que par inconscience.

Repoussée par son premier séducteur, elle s'était jetée dans les bras d'un autre, puis d'un autre. Ces amours de passage avaient duré ce qu'ils avaient pu. Bref, à travers des jours plus ou moins troublés, tantôt dans l'aisance, le plus souvent dans une misère profonde, elle était arrivée, de chute en chute, au galetas où l'avait trouvée madame Savouroux.

Mais finalement, en même temps que son âge l'avertissait d'avoir à prendre un autre chemin que ceux qu'elle avait suivis jusqu'alors, l'adversité l'avait corrigée ; elle se sentait relevée par la bonne action qu'elle accomplissait et prenait la ferme résolution de se faire — elle le pouvait encore — une autre existence.

Cependant, si vite qu'eussent été faits les achats, le temps avait marché. Quand les deux femmes rentrèrent à l'hôtel, Huberte regarda l'heure et s'écria :

— Mon Dieu, mais c'est à peine si je vais avoir le temps d'aller jusqu'à la gare.

— A quelle gare ?

— Celle du Nord.

— Et vous allez ?

— A Amiens et même plus loin.

— Vous pourriez encore arriver en marchant très vite ; mais voyons, pourquoi vouloir voyager la nuit ?

— C'est que...

— Je comprends, vous êtes pressée de remettre le nouveau-né à sa nourrice. Malgré cela, si vous m'en croyez, vous passerez la nuit ici, et demain, à sept heures, bien reposée, vous partirez.

Huberte était hésitante.

— Oui, n'est-ce pas, reprit la logeuse, vous restez? Demain, avant six heures, nous aurons le lait du matin pour votre bébé.

— Vous avez peut-être raison, madame, je partirai demain par le premier train.

Huberte passa donc la nuit à l'hôtel.

Le lendemain, avant l'heure, elle était à la gare, tenant la petite fille dans ses bras, bien enveloppée. Au guichet elle demanda un billet pour Amiens, et ce n'est qu'une heure plus tard qu'elle s'aperçut que c'était par erreur et manque de réflexion qu'elle avait pris son billet pour Amiens au lieu de le demander pour Picquigny,

Elle fut ainsi obligée de s'arrêter à Amiens et d'y attendre le passage d'un nouveau train. Retard fâcheux, qui devait l'empêcher de prendre la voiture allant dans la direction de Courlie..

Nous savons comment la pauvre femme, après avoir passé la nuit dans une auberge de Gabry était tombée morte sur le chemin vicinal de Manerville.

Elle n'était plus qu'à six kilomètres de Courlie.

Et son amie Clémence, qui entendit parler de la morte de Manerville et de l'enfant trouvé dans son manteau, ne se douta point que cette malheureuse femme inconnue, qui révolutionnait toute la contrée, était son ancienne amie Huberte.

VI

INQUIÉTUDES

Marceline passa une nuit très agitée. C'étaient des plaintes, des gémissements, des larmes, toujours des larmes.

Mais rendons au moins cette justice à la Roussotte, elle resta au chevet de la désolée, lui donnant les soins les plus empressés.

Les natures les plus mauvaises peuvent éprouver un sentiment de pitié, et dans les cœurs les plus endurcis il reste toujours quelque chose d'humain.

La malade était tourmentée par toutes sortes d'idées noires ; elle était surtout hantée par cette pensée que sa chère petite fille serait malheureuse.

Si elle s'assoupissait un instant, son cerveau troublé lui faisait voir sa fille déjà grande, pâle, affreusement maigre, vêtue de haillons, se traînant sur une route, mourant de faim ; ou elle la voyait poursuivie par une multitude de bêtes hideuses ; ou encore tombant au milieu d'un immense brasier.

Elle rouvrait les yeux ; mais hallucinée, sa vue

franchissait l'espace et c'était toujours sa fille qu'elle avait sous les yeux ; des méchants la battaient, la torturaient, et il lui semblait entendre ses cris de douleur, entendre qu'elle appelait en vain à son aide.

Toujours dans ces tableaux lugubres, apparaissaient le visage sombre et le regard terrible du beau François.

Au jour, cependant, l'agitation fiévreuse se calma et elle finit par s'endormir d'un bon sommeil.

La Roussotte sortit alors de la chambre sans bruit pour aller faire aussi son somme.

Quand, à neuf heures, elle revint près de Marceline, celle-ci était réveillée.

— Je voudrais voir madame Frémy, dit-elle.

Elle n'est pas encore revenue, répondit la Roussotte.

— Est-ce qu'elle ne devait pas revenir dans la nuit ?

— Oh ! non, mademoiselle.

— Mais nous sommes donc ici bien loin de Paris ?

— Dame, assez, fit laconiquement la servante.

— Enfin, quand reviendra-t-elle ?

— Je ne peux pas vous dire.

— Bien sûr dans la journée ?

— Oh ! certainement.

La jeune mère resta silencieuse, se disant qu'elle devait prendre patience.

Mais d'heure en heure elle demandait :

— Est-elle revenue ?

C'était toujours la même réponse :

— Pas encore.

Vers la fin de la journée, la malade commença à s'inquiéter sérieusement.

— Prenez toujours patience, mademoiselle, lui disait la Roussotte.

Et elle employait tous les moyens pour la rassurer, mais sans y parvenir.

La nuit venue, la jeune fille eut une crise de désespoir qui fut suivie d'une sorte d'accès de fureur. Si elle avait eu la force de lutter victorieusement contre la servante, qui la maintenait, elle se serait élancée hors de son lit.

— Mais vous voulez donc vous faire mourir ! disait la complice de la fermière.

— Je veux voir madame Frémy, je veux savoir ce qu'elle a fait de mon enfant. Pourquoi n'est-elle pas revenue ?

— Je ne le sais pas, vraiment ; je n'y comprends rien ; et comme vous, mademoiselle, maintenant je suis inquiète.

Marceline sanglotait.

— Ah ! s'écria tout à coup la Roussotte, j'y suis, je sais, je sais...

La jeune fille l'interrogea anxieusement du regard.

— Il y a quelques jours, dit la Roussotte, avec un grand accent de sincérité, madame Frémy a reçu une lettre qui lui annonçait que son père, un vieillard de soixante-quinze ans, était gravement malade ; je me rappelle que la lecture de cette lettre lui a fait beaucoup de peine ; elle a même pleuré plusieurs fois dans la journée ; dame, c'est bien naturel qu'on aime son père.

— Or, mademoiselle, voici, je crois bien, ce qui

est arrivé ; madame Frémy a, à Paris, une sœur beaucoup plus jeune qu'elle, qui est mariée et mère de quatre ou cinq enfants... Hier, madame Frémy m'a dit : — « Quand j'aurai remis l'enfant à la nourrice j'irai voir ma sœur et ses enfants. » Elle y est allée, ça c'est bien sûr, et sa sœur lui aura appris que leur père est au plus bas, qu'il touche à ses derniers moments. Alors, mademoiselle, vous comprenez : madame Frémy, qui n'a pas vu son vieux père depuis une dizaine d'années, a couru au chemin de fer et a pris le train pour Verdun, où demeure le vieillard, afin de l'embrasser une dernière fois avant sa mort.

Ce conte, fort bien imaginé, présenté avec conviction, et qui n'avait d'ailleurs rien d'invraisemblable, donnait une explication qui en valait une autre.

Force fut à Marceline de s'en contenter. Du reste, elle n'avait aucune raison de douter de la sincérité de la Roussotte.

— Oui, se dit-elle, voilà ce qui a dû arriver.

Elle était si naïve, si croyante, la pauvre enfant !

Elle poussa un long soupir, essuya ses larmes et devint tranquille.

La servante avait atteint son but, elle était contente. Et tout en enjôlant la malade, elle se disait :

— Comme ça, elle va pendant quelque temps me laisser tranquille.

En effet, il y eut plusieurs jours de tranquillité qui furent salutaires à la jeune mère. Elle se levait, faisait chaque jour de courtes promenades ; les fraîches couleurs de la jeunesse reparaissaient sur ses joues et peu à peu les forces lui revenaient.

Elle pensait constamment à son enfant, s'étonnait de la longue absence de la fausse madame Frémy et du silence qu'elle gardait.

— Si elle est retenue à Verdun, disait-elle, pourquoi n'écrit-elle pas ?

Elle était également surprise de ne pas avoir la visite de sa tante.

Oh ! ce n'est pas qu'elle tînt à la voir ; mais cet abandon où la laissait madame Savouroux lui paraissait singulier.

A toutes les questions qu'elle adressait à la Roussotte, celle-ci répondait de son mieux, trouvant toujours des raisons plausibles et faisant bien attention à ne pas se laisser prendre en défaut.

— Sans doute, disait-elle, le père de madame Frémy est mort ; elle se trouve, par suite de ce décès, au milieu de grands embarras qui l'empêchent de revenir et lui prennent si bien tout son temps qu'elle ne trouve pas un instant pour écrire.

Au sujet de la dame de Margaine :

— Vous savez, mademoiselle, que votre tante aime à tout voir par ses yeux. A ce moment elle est certainement très occupée, car, à Margaine, on est en pleine fenaison. Comme je vous l'ai dit, elle a été prévenue, et par une seconde lettre que je lui ai envoyée avant-hier, elle a appris que vous étiez en bonne voie de guérison ; elle est donc parfaitement tranquille et voilà pourquoi elle ne se presse pas de quitter la ferme. Mais aussitôt les foins rentrés, et avant qu'on ne commence à couper les seigles, nous la verrons arriver, soyez-en sûre. Alors, mademoiselle, vous serez complètement rétablie et vous pourrez reparaître à la ferme sans que personne puisse se douter de ce qui s'est passé.

— Vous pensez donc que je retournerai à Margaine ?

— Dame, oui.

— Eh bien ! vous êtes dans l'erreur. D'abord, ma tante n'y tient pas du tout.

— Ah !

— Et moi j'aimerais mieux mourir que de retourner dans une maison où nul ne saura jamais tout ce que j'ai souffert ou eu à souffrir.

— Mais, mademoiselle, qu'est-ce que vous ferez ?

— Ce que je ferai, je le sais ; seulement, ce n'est ni vous ni personne que j'instruirai de mes projets.

*
**

Marceline était rétablie, et depuis quelques jours déjà elle aurait pu s'éloigner de Montreuil seule, à pied, sans danger.

Un matin, de bonne heure, comme elle était encore couchée, madame Savouroux arriva, n'ayant qu'un air à moitié satisfait.

La fermière s'enferma tout de suite avec sa servante dans la chambre du rez-de-chaussée et demanda :

— Où est Marceline ?

— Encore dans son lit.

— Alors, nous avons tout le temps de causer. Comment va-t-elle ?

— Tout à fait bien, ça n'y paraît plus.

— Tant mieux pour elle.

— Et un peu aussi pour nous, maîtresse. Boulo-

ment je ne sais pas trop comment elle prendra la chose. Elle parle constamment de son enfant et ne pense qu'à lui.

Des plis se creusèrent sur le front de la fermière.

— Ne voyant pas reparaître Huberte, elle s'est mis toutes sortes d'idées drôles dans la tête et a eu des crises épouvantables que j'ai eu toutes les peines du monde à calmer. Elle est maintenant plus tranquille, malgré le temps qui passe sans qu'elle sache rien; mais si elle ne jette plus les hauts cris, elle n'en est pas moins très inquiète, très anxieuse.

Madame Savouroux resta un instant songeuse, la tête inclinée; puis se redressant brusquement:

— Il y a six jours que je suis à Paris, dit-elle.

— Six jours! répéta la Roussotte.

— Oui. Voyons, as-tu dit à ta camarade Huberte de donner son adresse à la concierge de la maison de Charonne où elle demeurait quand je l'ai tirée de la plus horrible misère?

— Mais certainement, maîtresse, et en lui recommandant dix fois plutôt qu'une de ne pas oublier cela. Est-ce qu'elle ne l'a pas donnée, sa nouvelle adresse?

— Depuis qu'elle a quitté la maison pour venir habiter ici, la concierge ne l'a pas revue.

— Par exemple!

— C'est comme je te le dis.

— Qu'est-ce que ça signifie? Je ne sais que penser, maîtresse.

— De sorte que je ne sais ni où ni comment elle a perdu l'enfant. Assurément cela m'importe peu; mais quand je paye quelqu'un pour faire une besogne, j'aime à m'assurer par moi-même qu'elle a été bien faite.

— Voilà pourquoi vous teniez à revoir Huberte ?

— Uniquement pour cela ! Mais l'a-t-elle perdu, cet enfant ?

— Oh ! quant à ça, oui.

— Rien ne le prouve.

— C'est vrai ; seulement, qu'est-ce qu'elle en aurait fait ?

— Ton observation est juste. Mais pourquoi a-t-elle ainsi disparu ? N'y a-t-il pas là quelque chose d'étrange ?

— Je ne comprends pas, maîtresse.

— Quoi supposer ?

— Je ne sais pas. Quand avez-vous vu la concierge ?

— Le jour même de mon arrivée à Paris, et tous les jours, jusqu'à hier soir, je suis retournée à Charonne. Toujours la même réponse de la concierge.

— C'est drôle ! murmura la Roussotte.

— Dis que c'est inquiétant et même menaçant.

— Comment ça ?

— Si elle s'est fait arrêter ?

— Aïe ! fit la servante, regardant sa maîtresse avec effarement.

Elle appuya ses mains sur son front et au bout d'un instant, souriant :

— Non, ce n'est pas ça, dit-elle.

— Tu ne crois pas qu'on ait pu l'arrêter ?

— Je crois qu'on peut toujours arrêter quelqu'un pris en faute ; mais voyez-vous, maîtresse, si Huberte s'était laissée pincer comme une buse en faisant la chose, il y a beau jour que j'aurais eu la visite désagréable d'un commissaire de police accompagné de ses mouchards; du reste, je ne serais plus ici, ni vous non plus.

— A moins qu'elle n'ait pas voulu nous dénoncer.

— Ta, ta, ta, des bêtises ! Huberte n'est pas une méchante fille, c'est vrai ; mais je vous demande un peu pourquoi elle prendrait toute la responsabilité d'une mauvaise action où la plus coupable est madame Victorine Savouroux, la riche fermière de Margaine. Non, non, Huberte n'est pas de la pâte dont on fait les martyrs par dévouement.

Encore une fois, maîtresse, ce n'est pas ça, cherchez autre chose.

— On pourrait se noyer dans les hypothèses comme dans une rivière.

— Ce qu'il y a de certain, et nous n'avons pas à nous en plaindre, c'est que les gens de justice ne nous cherchent pas noise.

— Il me vient une autre pensée.

— Voyons ce que c'est ?

— Huberte avait de l'argent...

— Pas de l'argent, quinze cents francs en billets de banque que je lui ai remis de votre part.

— Des malfaiteurs ont pu savoir qu'elle avait ces quinze cents francs sur elle.

— Et pour la voler, l'assassiner.

— Comme tu le dis.

— Voilà peut-être la vérité, maîtresse.

La fermière eut dans le regard une lueur sombre et sur les lèvres un mauvais sourire.

— Si c'était la vérité, reprit-elle, nous serions à jamais débarrassées d'une femme qui aurait pu un jour devenir gênante.

La Roussotte ne sourcilla pas.

— Mais nous ne sommes pas sûre, continua madame Savouroux ; cependant, je pourrais tout de même dire à Marceline que madame Frémy a été victime d'une attaque nocturne.

La servante secoua la tête.

— Ça ne vous avancerait pas à grand'chose, répondit-elle, et l'effet produit ne serait pas celui que vous attendriez.

— La disparition de la femme, en qui elle paraissait avoir confiance, lui serait ainsi expliquée.

La Roussotte secoua de nouveau la tête.

— Il faut chercher, maîtresse, et trouver mieux, répliqua-t-elle. Dans tous les cas, je vous engage fort à ne rien changer à ce que vous aviez d'abord décidé ; oui, dites nettement à votre nièce que sa petite fille est morte. Elle pleurera, c'est certain, poussera des gémissements, puis après elle se consolera, trouvera que c'est une grâce que Dieu lui a faite, et tout sera dit.

— Croira-t-elle ?

— Pourquoi penserait-elle que vous la trompez ?

— Je ne sais pas, elle s'est toujours un peu méfiée de moi.

— Si vous lui présentez bien la chose, elle vous croira.

— Mais elle voudra savoir ce que madame Frémy est devenue, surtout si elle a un doute, si faible qu'il soit.

— Je lui ai déjà expliqué à ma manière l'absence prolongée de madame Frémy, et je l'ai ainsi tranquillisée ; au petit conte que je lui ai fait, vous n'aurez qu'à en ajouter un autre, qui complétera le premier, et je suis convaincue qu'elle n'y verra que du feu.

Alors la Roussotte raconta à madame Savouroux comment elle avait fait croire à Marceline que la soi-disant madame Frémy était précipitamment partie pour Verdun afin d'embrasser une dernière fois son vieux père à son lit de mort.

— Hé, ce n'était pas mal imaginé, fit la fermière.

— On fait ce qu'on peut, maîtresse.

— C'est bien, je sais maintenant ce que j'aurai à dire à ma nièce.

— Ah ! vous avez trouvé ?

— Madame Frémy était depuis huit jours à Verdun et venait de faire enterrer son père, lorsqu'elle apprit que l'enfant, malade depuis deux jours, était au plus mal.

Elle quitte Verdun au plus vite pour se rendre chez la nourrice, et quand elle arrive, l'enfant est mort.

Enfin, elle est si affectée de ce malheur et a tellement peur de recevoir des reproches de la mère qu'elle n'ose pas revenir ici.

— C'est cela, maîtresse, c'est bien cela.

La conversation entre les deux complices, qui savaient si bien s'entendre et se comprendre, dura encore quelques instants ; puis, tout étant bien convenu, la Roussotte se rendit auprès de Marceline, qui, levée et habillée, s'était mise à la fenêtre et promenait ses yeux rêveurs sur les champs en culture des maraîchers.

— Mademoiselle, lui dit la Roussotte, votre tante vient d'arriver.

— Ah ! fit la jeune fille.

— Madame Savouroux vous fait demander si vous pouvez la recevoir.

— Ma tante ne faisait pas tant de cérémonies autrefois, quand j'étais à Margaine, répondit Marceline, en refermant la fenêtre. Mais bien que je n'aie pas encore eu le temps de faire ma chambre, madame Savouroux peut venir.

— Je ne sais pas ce qu'elle a, reprit la Roussotte, je lui ai trouvé un air tout je ne sais comment ; il faut croire qu'il s'est passé à la ferme quelque chose qui ne lui a pas été agréable.

— Elle n'est pas plus qu'une autre à l'abri des ennuis, dit froidement Marceline.

— C'est vrai. Je ne lui ai pas demandé ce qu'elle avait ; interroger n'est pas le rôle d'une servante. A vous, mademoiselle, elle dira probablement ce qui la contrarie.

— Si cela lui plaît ; mais pas plus que vous je ne me permettrai de l'interroger.

La Roussotte se retira et, un instant après, madame Savouroux, ayant une mine de circonstance, c'est-à-dire un air contrit, entra dans la chambre.

VII

LES MENSONGES

Bien que Marceline eût été prévenue, elle fut frappée de l'expression du visage de sa tante et ne put s'empêcher de tressaillir.

— Il y a quelque chose de grave, se dit-elle ; elle m'apporte une mauvaise nouvelle.

La fermière s'avança, lugubre comme un fantôme.

— Ma nièce, ma chère Marceline, dit-elle en ouvrant ses bras, viens donc m'embrasser.

La jeune fille présenta son front.

— Enfin te voilà rétablie, reprit la fermière ; tu as tout à fait bonne figure et j'en suis ravie.

— Je vous remercie, ma tante.

— Tu peux, dès aujourd'hui, revenir à Margaine.

Marceline eut un haut-le-corps.

— A Margaine ! fit-elle.

— Oh ! si tu veux.

— Vous savez bien quelles sont mes intentions, ma tante, et vous-même m'avez promis...

— Je t'ai promis de te laisser entièrement libre, et si tu es toujours dans les mêmes idées, fidèle à ma promesse, je m'inclinerai devant ta volonté.

— Je ne retournerai pas à Margaine, dit la jeune fille d'un ton sec.

— Allons, ne t'effarouche pas; c'est bien, c'est bien, ne parlons plus de cela; tu feras comme tu voudras.

Il y eut un silence pendant lequel la tante et la nièce s'assirent.

Madame Savouroux paraissait embarrassée. Évidemment elle ne savait comment aborder la grosse affaire.

Ce fut Marceline qui reprit la parole.

— Vous n'ignorez pas, ma tante, dit-elle, que depuis le jour où elle a porté mon enfant à la nourrice, madame Frémy n'a pas reparu ici et que je suis absolument sans nouvelles de ma petite fille et d'elle.

— Je sais, Marceline, je sais.

— Que signifie le silence de cette femme? Il est au moins étrange. Elle a emporté mon enfant et, après trois longues semaines écoulées, je ne sais pas, moi, la mère, si ma fille se porte bien, je ne sais même pas où elle est. Je suppose qu'elle n'a pas été baptisée, car on ne lui aurait pas donné un nom sans me consulter. Mon père s'appelait Albert, ma mère Léonie, je veux que les prénoms de ma fille soient Léonie-Albertine. Pas de nouvelles, rien; et je suis toujours à attendre.

— Marceline, j'ai eu des nouvelles, moi.

— Comment, et vous ne me dites rien? Par qui avez-vous eu des nouvelles?

— Par madame Frémy.

— Elle vous a écrit?

— Non, je l'ai vue.
— Où cela?
— A Margaine.
— Elle est allée à la ferme! Quoi faire?
— Je t'expliquerai cela tout à l'heure.
— Madame Frémy est-elle allée à Verdun, comme l'a supposé la Roussotte?
— Oui, elle est allée à Verdun et elle est arrivée à temps pour fermer les yeux à son vieux père.
— Enfin elle est revenue, puisqu'elle est allée à Margaine. Où est-elle maintenant?
— A Paris.
— Mais pourquoi n'est-elle pas venue ici pour me donner des nouvelles de mon enfant.
— La pauvre femme n'a pas osé.
— Elle n'a pas osé! Je ne comprends pas, ma tante; qu'est-ce que cela veut dire?
— On n'est pas hardi quand on porte une mauvaise nouvelle.
— Vous m'effrayez, ma tante; mais que se passe-t-il donc? Ah! ma fille!...
— Eh bien, oui, Marceline, ta fille...
— Malade! s'écria la mère en pâlissant.
Madame Savouroux baissa tristement la tête.
Marceline s'était dressée debout, toute frémissante.
— Mais répondez-moi donc, ma tante, dit-elle d'une voix étranglée.
Et comme la fermière, toujours silencieuse, faisait semblant de s'essuyer les yeux, elle poussa un cri rauque et tomba sans connaissance sur le parquet.
Effrayée, madame Savouroux se précipita sur la

porte, l'ouvrit violemment et appela la Roussotte, qui accourut aussitôt.

— Regarde, dit la fermière, montrant la jeune fille étendue sans mouvement, le coup a été rude.

— Ah! oui, par exemple, répondit la servante.

Et tous deux se hâtèrent de donner des soins à la pauvre Marceline.

Au bout de quelques instants elle reprit l'usage de ses sens.

Alors ce fut une explosion de douleur, une longue crise de larmes et de sanglots déchirants.

— En vérité, se disait madame Savouroux, je ne comprends pas un si grand chagrin, du moment qu'elle a François en horreur et que pour rien au monde elle ne voudrait l'épouser.

Cependant la crise nerveuse prit fin. Alors la jeune fille regarda autour d'elle comme hébétée. Sa physionomie et son regard exprimaient une stupéfaction profonde.

Soudain, elle se dressa comme poussée par un ressort, et, s'adressant à sa tante :

— Ai-je bien compris, dites, ai-je bien compris?... s'écria-t-elle ; est-il vrai que ma fille est morte?

— Hélas! oui, répondit madame Savouroux en soupirant.

La Roussotte, rendant la scène plus mouvementée, joignit les mains et tomba à genoux.

— Quand ma fille est-elle morte? demanda Marceline d'un ton bref.

— Il y a trois jours.

— Combien de temps a-t-elle été malade?

— Cinq ou six jours, pas plus.

— Et l'on ne m'a pas prévenue, et l'on ne m'a pas appelée auprès d'elle... Oh! oh!...

— Tu oublies que dans ta position...

— J'étais assez forte, j'étais guérie.

— Soit, mais on a craint que tu n'éprouves une secousse violente pouvant retarder ton rétablissement et même mettre tes jours en danger.

— Ah! c'est pour cela... fit la jeune fille d'un ton amer.

— Et puis on ne croyait pas qu'elle mourrait, on pensait, au contraire, qu'elle irait mieux. Enfin, en ne te prévenant pas, madame Frémy a cru bien faire. Du reste, si tu le veux, je te raconterai ce qui s'est passé.

— Si je le veux! Mais je tiens à tout savoir!

— Alors, écoute-moi : madame Frémy a remis, comme c'était convenu, l'enfant à la nourrice, qui est immédiatement partie dans son pays avec cent cinquante francs, soit son voyage payé, aller et retour, ainsi que plus de trois mois d'avance.

Après avoir quitté la nourrice, madame Frémy alla voir sa sœur. Celle-ci avait reçu la veille une lettre de Verdun, annonçant que le vieux père ne passerait pas la semaine. Madame Frémy coucha chez sa sœur et le matin, à la première heure, partit pour Verdun.

Comme je te l'ai dit, elle arriva pour recevoir le dernier soupir du vieillard. Pendant quelques jours, elle fut très occupée là-bas. Cependant elle n'oubliait pas ta petite fille ; en effet, désirant avoir de ses nouvelles, elle écrivit à la nourrice. Celle-ci, qui ne sait probablement pas écrire, fit répondre que l'enfant allait bien. Mais huit jours après, madame Frémy reçut une seconde lettre où on la prévenait que la petite était assez gravement indisposée.

Sa présence n'était plus nécessaire à Verdun; elle partit en toute hâte et se rendit chez la nourrice. L'enfant, qu'on espérait encore sauver, était malade depuis quatre jours. Le surlendemain, hélas! la pauvre petite s'éteignait dans les bras de madame Frémy.

Hier matin, comme je prenais mes dispositions pour venir te voir, je vis arriver la pauvre femme à Margaine. Elle venait m'apprendre la triste nouvelle.

— « Je n'ai pas eu le courage, me dit-elle en pleurant, d'aller annoncer à la pauvre mère que son enfant n'était plus. »

Et elle ajouta en sanglotant à faire pitié :

— « Ah! plus jamais je n'oserai me présenter devant la demoiselle. »

Voilà, Marceline, ce que tu désirais savoir. Ai-je besoin d'ajouter que j'ai ramené madame Frémy à Paris?

Nous nous sommes séparées à la gare; elle est allée chez sa sœur, je crois. Moi, comme il était fort tard, j'ai passé la nuit à Paris. Je me suis levée ce matin de bonne heure, et me voilà.

La jeune fille avait écouté très attentivement et s'était remise à pleurer.

— Tout va bien, se dit la tante ; elle a assez bien pris la chose, et, comme l'avait prévu la Roussotte, elle n'y voit que du feu.

Au bout de quelques instants Marceline releva la tête.

— Ma tante, dit-elle d'un ton douloureux, j'ai encore quelque chose à savoir.

— Hein, quoi donc? fit madame Savouroux inquiète.

— La nourrice s'appelle madame Vaurand, mais j'ignore le nom du pays où elle demeure, je sais seulement que c'est un petit village dans les environs de Chartres.

— Je ne peux pas te renseigner à ce sujet.

— Vous ne pouvez pas...

— Je suis dans la même ignorance que toi ; mais voyons, qu'as-tu besoin de savoir maintenant où demeure madame Vaurand?

— Pour aller lui rendre visite aussitôt que cela me sera possible.

— Y penses-tu! te faire connaître!

— Sans que j'aie à me faire connaître, ma tante, je peux voir cette femme.

— A quoi bon la voir, puisque tu n'as plus à avoir de relations avec elle?

— J'ai mes raisons, ma tante.

— Lesquelles?

— D'abord, n'est-ce pas rendre un devoir à ma pauvre petite fille que d'aller m'agenouiller et faire une prière à l'endroit où elle est enterrée?

— En effet, et je comprends ce sentiment ; malheureusement, je te le répète, je ne peux pas te renseigner.

— C'est bien singulier, ma tante.

— Mais non; tu sais bien que je ne me suis pas occupée de la nourrice, c'est madame Frémy qui s'est chargée de tout.

La jeune fille resta un instant songeuse.

— C'est bien, dit-elle, je verrai madame Frémy ; veuillez donc, ma tante, me donner son adresse à Paris.

— Elle n'a pas d'autre domicile à Paris que celui de sa sœur, répondit madame Savouroux.

Et, se tournant vers la Roussotte :

— Sais-tu l'adresse de la sœur de madame Frémy ?

— Non, maîtresse, je ne me suis pas inquiétée de la connaître.

— C'est comme moi qui, en quittant madame Frémy hier soir, n'ai pas songé non plus à lui demander où demeurait sa sœur.

Marceline regarda fixement la fermière comme si elle eût voulu lire jusqu'au fond de sa pensée.

Les réponses évasives que lui avait faites la fausse dame Frémy, lorsqu'elle l'avait interrogée au sujet de la nourrice, et celles également embarrassées de sa tante, l'étonnaient, sans qu'elle pensât encore, toutefois, qu'on la trompât.

Elle laissa échapper un soupir et reprit :

— Ma tante, à quel titre madame Frémy était-elle donc ici ?

— Mais au même titre que la Roussotte, comme servante, pour te servir.

— Ah ! vous avez bien fait les choses, fit amèrement la jeune fille. Mais, continua-t-elle, où avez-vous trouvé madame Frémy, quand vous l'avez prise momentanément pour servante ?

— Tu sais, je te l'ai dit, que c'est une amie à moi, une très ancienne amie, qui m'a loué cette maison pour trois mois ; eh bien, c'est mon amie qui a envoyé ici madame Frémy.

— Évidemment, ma tante, votre amie connaissait cette dame, savait où elle demeurait.

— A moins, dit la Roussotte, qu'elle ne l'ait été prendre dans un bureau de placement.

— Nous pouvons toujours être renseignées par l'amie de ma tante, répliqua la jeune fille.

— Oui, sans doute, dit madame Savouroux ; mais pas avant quelques mois.

— Pourquoi, ma tante ?

— Parce que mon amie a quitté Paris précipitamment, il y a quelques jours, et est passée en Angleterre.

Il existe une chose que tu ne sais pas encore, Marceline, et que je vais t'apprendre. La France est en ce moment en guerre avec la Prusse et tous les autres petits États allemands. Les armées sont en présence sur les frontières, et l'on s'attend à un choc prochain qui sera, dit-on, formidable. En général, on est sûr du succès de nos soldats ; mais il y a des pessimistes ; ceux-là prétendent que les soldats allemands, d'ailleurs trois ou quatre fois plus nombreux que les nôtres, sont aussi infiniment mieux armés et que la France sera fatalement envahie.

Beaucoup de gens, — mon amie en est, — prennent peur et se sauvent à l'étranger, comme si, déjà, les hordes teutonnes étaient au cœur de la France et sous les murs mêmes de Paris.

— Ainsi, fit tristement Marceline, que la question de guerre intéressait médiocrement à ce moment, je ne puis pas savoir...

— Quant à présent, répondit vivement madame Savouroux ; mais plus tard, si tu y tiens absolument, je ferai en sorte que tu aies satisfaction.

La pauvre enfant poussa un gémissement et laissa tomber sa tête sur sa poitrine.

Après un assez long silence, madame Savouroux reprit :

— Marceline, tu t'es déjà, sans doute, décidée à quelque chose ?

— Certainement, ma tante.

— Désires-tu rester ici quelque temps encore ?

— Non, ma tante, non ! Je n'ai plus rien à faire ici. Je serais partie depuis plusieurs jours si j'avais revu madame Frémy et si je ne vous avais pas attendue.

— Quand veux-tu partir ?

— Mais aujourd'hui même.

— Que vas-tu faire ?

— Je ne le sais pas encore.

— Où iras-tu ?

— A Paris.

— Oui, mais où, chez qui ?

— Vous tenez à le savoir ?

— Sans doute, puisque je te le demande.

— Je pourrais aller me placer sous la protection des bonnes et chères institutrices qui m'ont élevée, la directrice m'accueillerait bien, j'en suis sûre ; mais je n'irai pas là, car je ne me trouve plus digne d'entrer dans cette maison où tout est pureté.

Au pensionnat, pendant huit années, j'ai été intimement liée avec une de mes compagnes ; Ernestine Tarade était de mon âge et nous nous aimions comme deux sœurs. C'est près d'elle ou plutôt chez son père que je trouverai momentanément un asile paisible. M. Tarade est un des plus grands médecins de Paris; il a une clientèle nombreuse et de très grandes relations; j'espère qu'il pourra me placer, dans une honnête maison, comme institutrice.

— Je n'ai aucune objection à faire à cela; c'est bien. Tiens-tu absolument à t'en aller aujourd'hui même?

— Oui, ma tante.

— Eh bien, tu n'as qu'à faire tes préparatifs de départ.

— Ce ne sera pas long.

— Je ne veux pas te laisser sans argent; tiens, voilà deux cents francs.

La jeune fille avait presque envie de refuser. Mais madame Savouroux, qui se débarrassait de sa nièce à bon marché, lui mit elle-même les dix pièces de vingt francs dans la poche.

Elle reprit:

— La Roussotte ira chercher deux voitures, une pour toi, l'autre pour nous, car nous partirons en même temps.

La servante était descendue pour s'occuper activement du déjeuner.

A son tour, la fermière quitta la jeune fille, qui se mit aussitôt à enfermer dans une malle ses effets d'habillement et son linge.

La tante et la nièce déjeunèrent à onze heures. La Roussotte mangea aussi, puis elle fit sa toilette et sortit.

Elle revint au bout d'une heure amenant deux fiacres, qu'elle était allée chercher dans l'intérieur de Paris.

Un instant après, la petite maison de Montreuil était vide.

Madame Savouroux et sa servante, parties les dernières, avaient fermé toutes les portes, laissant les clefs dans les serrures.

VIII

A BON CHAT BON RAT.

L'immeuble qui venait d'être ainsi abandonné appartenait à d'anciens commerçants, le mari et la femme, établis depuis plus de trente ans à Montreuil-sous-Bois, et qui s'étaient retirés des affaires après avoir fait leur petite fortune.

Ces braves gens, qui avaient été aussi économes que travailleurs, n'étaient pas récompensés comme ils le méritaient. Ils n'avaient qu'un fils, âgé de vingt-huit ans, lequel était atteint d'une maladie de poitrine. Le médecin ayant réclamé pour son malade les eaux de Luchon et l'air des Pyrénées, la famille était partie pour six ou huit mois.

L'ancien commerçant avait laissé les clefs de sa maison à un ami, Auvergnat comme lui, et marchand de bois et charbons comme il l'avait été, en lui disant :

— Nous ne reviendrons pas avant la fin de septembre ; tâche de louer la maison pour le temps de notre absence, ce sera ça de gagné, et à mon retour tu auras ta récompense.

Le charbonnier s'était empressé d'accrocher au mur de la maison un écriteau sur lequel on lisait :

Maison meublée à louer pour la belle saison. S'adresser à M. X..., rue de Paris, à Montreuil.

La maison avait été indiquée à Huberte et elle l'avait louée sous le nom de madame Frémy, disant qu'elle y passerait six mois avec sa sœur et sa nièce, une jeune fille de dix-huit ans qui avait une maladie de langueur.

La petite propriété avait donc été louée pour six mois.

Le charbonnier avait demandé six cents francs pour prix de la location, mais très disposé à la consentir pour cinq cents et même quatre cents francs.

Huberte ne fit aucune objetion ; elle versa immédiatement les six cents francs, ce qui donna à l'Auvergnat une haute opinion de la locataire.

De temps à autre, quand il en avait le temps, le mandataire venait faire une visite à la maison. Lors de sa dernière visite, celle qu'il appelait avec déférence et en saluant jusqu'à terre madame Frémy était partie depuis huit jours. Il fut reçu par la Roussotte, qui voulut bien lui dire que sa sœur était en Belgique pour une affaire d'héritage.

Or, moins d'une heure après le départ de madame Savouroux et de sa servante, le charbonnier venait faire sa petite visite, espérant bien, cette fois, qu'il aurait le plaisir de voir madame Frémy, pour laquelle il avait une estime toute particulière.

Il frappa à la porte, en homme qui sait qu'on

n'entre pas dans un appartement comme dans une écurie. Voyant que personne ne venait lui ouvrir, il entra et alla droit à la cuisine; ensuite, successivement, il frappa encore à la porte du salon et à celle de la chambre, qu'il se décida à ouvrir après une attente jugée convenable.

Alors il cria dans l'escalier:

— Hé, mesdames, c'est moi, Bonfallot!

Aucune voix ne lui répondant, étonné, effrayé de ce silence, il grimpa à l'étage.

Personne en bas, personne en haut.

L'honnête Bonfallot se gratta l'oreille, le dessous du menton, se pinça le nez, se frappa le front et, alors, la clarté se fit.

— Mille dioux, s'écria-t-il, la cage est vide, les colombes se sont envolées !

Un certain désordre dans les chambres ne lui permettait pas d'en douter.

Une peur le prit et il pâlit.

Les locataires n'avaient-elles pas fait main basse sur tout ce qui était dans les armoires et les bahuts?

Anxieux, tremblant, il ouvrit les meubles. Tout y était bien en ordre, l'argenterie à sa place.

Ce fut avec un long soupir de soulagement que le charbonnier constata qu'on n'avait rien emporté. Et comme il ne lui était rien dû, bien qu'il trouvât singulière cette manière de décamper d'un logement sans prévenir, il n'avait pas à pousser des gémissements.

Il aurait pu se livrer à une infinité de commentaires; mais comme en dehors de la vente de son charbon, il n'était pas un homme à idées, il se dit simplement:

— Elles étaient pressées de partir et n'ont pas eu le temps de venir me dire qu'elles s'en allaient. Oh! ces femmes riches! elles n'ont même pas songé qu'en laissant la maison ouverte ainsi, elles l'exposaient à être mise au pillage par une bande de rôdeurs de nuit!

L'honorable Bonfallot ferma soigneusement toutes les portes, mettant, l'une après l'autre, les clefs dans ses poches.

Quand, rentré chez lui il eut raconté l'aventure à sa femme, celle-ci lui dit, sans chercher à pénétrer le mystère :

— La saison n'est pas bien avancée, il faut que tu trouves à louer encore pour trois mois.

— Ah! femme, répondit-il, comme tu es bien des environs de Saint-Flour, toi; pas une fille de la bonne Auvergne ne s'entend mieux que ma bourgeoise à ramasser des gros sous.

Il prit l'écriteau, qu'il s'était bien gardé de détruire, et retourna à la maison pour l'accrocher à la place qu'il avait précédemment occupée.

Nous accompagnerons d'abord madame Savouroux et la Roussotte à Margaine pour revenir bientôt à Marceline de Langrolle, la principale héroïne de cette histoire.

Le beau François ouvrit de grands yeux inquiets quand il vit arriver la fermière et sa servante seules. Il avait d'autant plus le droit d'être surpris, qu'il avait été décidé que Marceline reviendrait à Margaine.

Avant le départ de sa maîtresse pour Paris, il lui avait dit encore :

— C'est bien entendu, bien convenu, vous ramènerez votre nièce ?

— Oui, soyez tranquille, avait répondu madame Savouroux.

Et celle-ci et la Roussotte revenaient, et Marceline n'était pas avec elles.

François ne dissimulait ni sa stupéfaction, ni son mécontentement.

— Qu'est-ce que cela signifie ? dit-il à la fermière d'un ton rude ; où est Marceline ?

— Elle est restée à Paris.

— Pourquoi ne la ramenez-vous pas ?

— Elle a absolument refusé de revenir à Margaine.

— Vous êtes sa tante, son unique parente, elle n'avait pas le droit de vous répondre par un refus ; d'ailleurs, vous m'aviez promis... il fallait user de votre autorité.

— Oui, si elle avait voulu reconnaître mon autorité.

— Vous deviez employer la force.

— C'est cela, faire intervenir la police ! voilà qui aurait arrangé singulièrement nos affaires.

— Mais enfin, qu'a-t-elle dit ? que s'est-il passé ?

— Elle a dit simplement qu'elle ne voulait pas retourner à Margaine. Et, à toutes les observations que j'ai pu faire, elle a répondu avec énergie et même avec violence :

— Non, non, jamais !

Et puis, la pauvre fille était sous le coup d'une immense douleur.

— Pourquoi cette douleur ?

— Une lettre de madame Frémy, qu'elle venait de recevoir, lui apprenait la mort de son enfant.

— L'enfant est mort ! exclama François.

Et il pâlit comme s'il eût éprouvé une grande peine.

— Hélas ! fit madame Savouroux, la pauvre petite fille n'a vécu que dix jours.

Le régisseur était consterné.

L'enfant avait emporté dans la tombe ses belles espérances.

Après un silence, madame Savouroux continua :

— Oh ! si l'enfant eût vécu, elle aurait été mieux disposée à faire ce que je lui demandais, oui elle aurait fini par consentir à revenir. Du reste, François, vous demanderez à la Roussotte de vous répéter ce que Marceline lui a dit, à elle.

— Cette enfant était une attache, murmura François en hochant la tête.

Mais, reprit-il, que va-t-elle faire ?

— Ce qu'elle va faire ? Oh ! j'en suis navrée... Dès hier soir elle est entrée dans un couvent.

— Elle est au couvent !

— Elle renonce au monde, à tout ; elle veut se faire religieuse, sœur de charité.

— Et vous ne l'avez pas détournée de ce projet ?

— Je vous ai dit et je vous répète que j'ai fait tout ce que je pouvais pour combattre ses idées ; mais je me suis trouvée en présence de résolutions fermement arrêtées et d'une volonté extraordinairement forte que je n'aurais jamais pensé rencontrer chez Marceline.

— Et moi, dit-il piteusement, qui avais joyeusement annoncé son retour à tout le personnel de la ferme.

— Nous dirons aux gens qu'elle s'est laissée endoctriner par un prêtre et qu'elle va entrer en religion.

Le beau François laissa tomber sa tête dans ses mains.

Un sourire diabolique courut sur les lèvres de la fermière.

— Pense encore à elle si tu veux, se disait-elle; mais tu ne la reverras jamais, et maintenant tu n'es plus qu'à moi.

Le régisseur, qui se défiait un peu de madame Savouroux et avait plus d'une raison pour ne pas croire à tout ce qu'elle lui disait comme à l'Évangile, voulut savoir par la Roussotte ce qui s'était passé.

— Tu sais, lui dit-il, ce que tu peux attendre de moi; il faut que je sache par toi pourquoi madame Savouroux n'a pas ramené sa nièce à la ferme; surtout, ne mens pas, je veux la vérité.

La Roussotte, nous le savons, était une fine matoise, sachant admirablement ménager la chèvre et le chou; du reste, la fermière lui avait fait sa leçon et elle était prête à répondre à toutes les questions qui pouvaient lui être adressées.

— Oh! monsieur François, fit-elle avec son air hypocrite, vous savez bien que je ne suis pas menteuse; et puis c'est si facile de dire la vérité.

— Alors parle, et dis-moi bien tout ce qui s'est passé à Montreuil.

— Depuis le commencement?

— C'est inutile, mais dans les derniers jours.

— Si vous voulez à partir du moment où mademoiselle a reçu la lettre de madame Frémy lui annonçant la mort de sa petite fille, qui était bien la plus jolie et la plus mignonne créature qu'on pût voir.

— Va, va !

— Eh bien, monsieur François, je remis la lettre à mademoiselle et je restai dans sa chambre, attendant si elle n'avait pas un ordre à me donner. Elle lut, je la vis devenir blanche comme la neige et aussitôt elle poussa un grand cri, le papier tomba de sa main, elle agita ses bras et s'affaissa sur le parquet où elle resta étendue, raide, comme morte.

Comme vous le pensez bien, n'est-ce pas ? je ne m'amusai point à la regarder ; je me mis à lui donner des soins et au bout d'un grand quart d'heure, elle reprit connaissance. Ah ! je n'ai jamais vu de ma vie un désespoir pareil : elle pleurait, sanglotait, jetait des cris déchirants, se tordait dans d'épouvantables convulsions.

C'est que voyez-vous, monsieur François, elle adorait sa petite.

Je ne saurais me rappeler tout ce que je lui ai dit pour la consoler, calmer sa grande douleur. Elle ne voulait rien entendre, elle était insensible à tout ce qui n'était pas son chagrin. Elle répétait sans cesse :

« Ma fille est morte, je n'ai plus rien au monde, plus rien, plus rien ! »

Cela dura toute la semaine, elle ne pouvait se consoler.

« Mademoiselle, lui disais-je, votre petite est maintenant un ange au ciel ; en vous la prenant, c'est une grâce que le bon Dieu vous a faite. Songez donc à tous les ennuis dont vous êtes délivrée. »

Mes paroles, au lieu de l'apaiser, la rendaient furieuse ; elle me lançait des regards terribles et si elle l'eût osé, je crois bien qu'elle m'aurait battue.

Un jour, — c'était l'avant-veille de l'arrivée de la maîtresse, — je lui dis :

— « Mademoiselle, madame Savouroux, votre tante, ne peut plus guère tarder à venir, et comme vous voilà maintenant complètement rétablie, nous partirons tout de suite pour Margaine.

Elle se mit à pleurer et me répondit en secouant tristement la tête :

— » Je ne rentrerai jamais à la ferme !

— » Pourquoi, mademoiselle ?

— » Ah ! pourquoi ! fit-elle d'un ton navrant.

— » Je comprends, vous ne voulez pas revoir M. François Lambert ?

— » C'est vrai, je ne veux pas le revoir.

— » Vous ne l'aimez donc pas un peu ?

— » Je ne l'aime pas ; mais si mon enfant eût vécu...

— » Eh bien ?

— » Je sens que ma chère petite fille me l'aurait fait aimer et que, pour elle, j'aurais consenti à être sa femme. »

— Elle a dit cela ! s'écria le beau François.

— Oui, elle a dit cela.

Le régisseur était hors de lui.

Ainsi la réalisation de ses rêves avait dépendu de l'enfant ; et elle était morte, cette enfant qui lui aurait ramené Marceline, qui la lui aurait livrée !

O fatalité ! ô rage !

Le misérable grinçait des dents.

Et dans le sombre éclair de son regard il lançait une imprécation à Dieu.

La Roussotte reprit :

— « Mais, mademoiselle, lui dis-je encore, si vous ne revenez pas à la ferme, qu'est-ce que vous ferez ?

— » Je me consacrerai à Dieu, je veux être religieuse.

— » Ah ! par exemple ! m'écriai-je.

— » J'ai pris cette résolution.

— » Votre tante ne permettra pas cela.

— » Ma tante n'a plus aucun pouvoir sur moi.

— » Elle vous fera changer d'idées.

— » Ni elle ni personne ne peut plus rien, maintenant, contre ma volonté. »

Après cette réponse, faite d'un ton qui n'admettait pas de réplique, vous comprenez, monsieur François, que moi, une servante, je n'avais plus rien à dire.

Madame Savouroux est arrivée. Je ne sais pas tout ce qu'elle a pu dire à sa nièce, n'ayant pas assisté à leurs longs entretiens ; mais elle l'a prise par tous les bouts et même, deux ou trois fois, s'est mise en colère. Peine inutile, puisqu'elle n'a rien pu obtenir.

Bref, monsieur François, hier, dans l'après-midi, une heure avant la maîtresse et moi, mademoiselle Marceline a quitté la maison de Montreuil dans une voiture qui l'a conduite au couvent.

— Quel couvent ?

— Je ne sais pas bien ; mais je crois que c'est à la maison mère des Ursulines.

Du reste, il importait peu au beau François de savoir dans quel couvent s'était réfugiée la jeune fille, car il n'ignorait pas que ces maisons religieuses, ces cloîtres sont impitoyablement fermés aux hommes et à toute personne étrangère.

Il ne pouvait plus se faire illusion. Marceline était perdue pour lui. Et il se disait encore :

— Fatalité ! Pourquoi la mort est-elle venue se mettre en travers de mes projets ? Si son enfant eût vécu, elle serait revenue ici et aurait consenti à m'épouser. Misère de misère ! Sur quoi donc peut-on compter ?

Maintenant il me faut revenir à mon premier plan, prendre pour femme madame veuve Victorine Savouroux. Voudra-t-elle ? Elle est parfois si quinteuse !..... Oh ! quand même elle dira oui, dussé-je, si c'est nécessaire, employer les grands moyens.

Je veux bien, puisque j'y suis forcé, renoncer à la belle Marceline de Langrolle, mais ce à quoi je ne renonce pas, c'est à devenir le propriétaire de Margaine.

IX

DEUX AMIES

Marceline éprouvait une si grande satisfaction de ne plus être sous la dépendance de sa tante, de lui échapper, ce qui était pour elle la délivrance, la conquête de sa liberté, qu'elle n'avait point remarqué que c'était avec une véritable joie que madame Savouroux s'était inclinée devant sa volonté.

Avant de se séparer, — était-ce pour toujours ? — la tante et la nièce s'étaient embrassées froidement, pour la forme, sans plus de tendresse d'un côté que de l'autre.

Marceline monta dans la voiture amenée pour elle. Alors, par un surcroît d'amabilité et de générosité, la dame de Margaine mit six francs dans la main du cocher; c'était la somme qu'il réclamait.

La jeune fille ayant dit :

— 18, rue Godot-de-Mauroy, l'automédon cingla les flancs de sa bête, qui était assez bien nourrie et pas trop poussive, et l'équipage s'en alla, oh! pas avec une vitesse vertigineuse, par exemple, mais s'en alla, ce qui suffisait à la jeune fille, qui avait le bonheur de s'éloigner de sa tante.

Quand elle approcha de la rue Godot-de-Mauroy, le cœur de la jeune fille se mit à battre très fort. Une crainte venait de la saisir.

Si son amie n'allait pas vouloir la recevoir ?

Et puis, peut-être avait-elle aussi quitté Paris à cause de la guerre.

La voiture s'arrêta et Marceline mit pied à terre. Elle était devant la maison où demeurait le docteur Tarade ; elle la reconnut, y étant venue une fois.

— Monsieur, dit-elle au cocher, je ne sais si vous n'allez pas avoir à me conduire un peu plus loin ; soyez assez bon pour m'attendre un instant.

— Oui, ma petite bourgeoise, répondit gracieusement l'homme, qui, quoique cocher, n'était pas insensible à une parole polie.

La jeune fille entra dans la maison et demanda à la concierge, qui s'avançait sur le seuil de la loge, si mademoiselle Ernestine Tarade était chez elle.

— Je ne crois pas qu'elle soit sortie, répondit la concierge : vous savez où c'est ?

— Au premier, si j'ai bonne mémoire.

— Oui, au premier au-dessus de l'entresol.

Marceline poussa un soupir de soulagement et monta l'escalier d'un pas assez léger.

Elle sonna. Un valet de chambre vint lui ouvrir.

— Je désire parler à mademoiselle Tarade, dit-elle.

Le domestique la fit entrer dans une antichambre. Au bout de quelques instants d'attente, une grande et belle jeune fille au teint frais, à l'œil vif, à la figure souriante, parut. Elle n'eut pas plutôt jeté les yeux sur la visiteuse qu'elle s'écria joyeusement :

— Marceline, Marceline de Langrolle ! Quelle surprise, quelle joie !

D'un bond, la fille du médecin s'élança au cou de son amie de pension.

Et en s'embrassant, en se serrant dans les bras l'une de l'autre, toutes deux se mirent à pleurer.

— Enfin, je te revois, tu ne m'as pas oubliée et tu m'aimes toujours, puisque te voilà, disait Ernestine ; mais pourquoi ne m'as-tu pas écrit ? J'aurais été si heureuse d'avoir de tes nouvelles ! Va, bien souvent, nous avons parlé de toi, papa et moi.

— Ma chère Ernestine, j'aurai bien des choses à te raconter.

— Oh ! oui, tu me diras tout ce que tu as fait, depuis bientôt deux ans que tu es sortie du pensionnat.

— Tout !... hélas ! non, pensa Marceline.

Mademoiselle Tarade prit la main de son amie et l'emmena dans un salon où toutes deux s'assirent sur une causeuse, se tenant les mains.

— Ma chère Ernestine, dit Marceline, il faut, avant tout, que tu saches pourquoi je suis venue.

— D'abord pour me voir et m'embrasser.

— Oui, d'abord, fit Marceline, mettant un baiser sur la joue de son amie.

— Et ensuite ?

— Ensuite pour vous demander asile à M. Tarade et à toi.

— Tu cherches un asile, toi, toi ! exclama la fille du médecin.

— Hélas ! oui, et j'ai pensé...

— Papa est absent en ce moment, mais je n'ai pas besoin de le consulter; si nous n'avions pas ici deux chambres non occupées, je te donnerais la mienne!

— Ah! tu es toujours bonne!

— Pourquoi aurais-je changé... surtout à ton égard? Au pensionnat ne nous appelait-on pas les deux sœurs?

— Et tu veux bien te le rappeler?

— Papa sera très heureux de te revoir et partagera avec moi le plaisir de t'offrir l'hospitalité.

— Ernestine, dit timidement Marceline, j'ai pris une voiture pour venir; ne sachant pas l'accueil que tu me ferais...

— Oh! méchante! fit mademoiselle Tarade.

— J'ai prié le cocher d'attendre; il est payé, mais il y a à prendre une petite malle qui contient mes effets.

Ernestine se leva et agita le cordon d'une sonnette.

Le valet de chambre parut.

— Joseph, lui dit la jeune fille, mademoiselle de Langrolle, ma meilleure amie, va être notre hôte pendant quelque temps; sa malle est en bas, dans une voiture; veuillez l'aller chercher et la mettre dans la chambre bleue; ah! Joseph, j'oubliais... le cocher a reçu le prix de sa course.

Le valet de chambre salua en s'inclinant et se retira.

— Voilà qui est fait, dit Ernestine, reprenant sa place à côté de son amie.

Ma chère Marceline, continua-t-elle, je ne peux pas me lasser de te regarder; tu es toujours belle bien belle... mais je te trouve maigrie, et puis tu es d'une pâleur..... Est-ce que tu sors de maladie?

Marceline, en effet, avait cette blancheur de visage et, dans les yeux, cette langueur de la femme qui relève de couches ou sort d'une maladie d'épuisement.

Elle soupira et répondit :

— Oui, j'ai été malade, et j'ai surtout beaucoup souffert... moralement.

— Ma pauvre amie !

— Ah ! Ernestine, tu peux me plaindre.

— J'ai pleuré avec toi après les épouvantables malheurs qui t'ont si impitoyablement frappée, comme nous avions mêlé nos larmes lorsque j'eus, avant toi, le malheur de perdre ma mère chérie ; heureusement il m'est resté mon père, qui est la bonté même. Mais, Marceline, tu avais une tante, ta marraine.

— Je l'ai toujours, cette tante, cette marraine; mais c'est comme si je n'avais plus aucune parenté.

— Que me dis-tu ? N'est-ce pas chez elle que tu es allée demeurer après ta sortie de pension ?

— Oui. Ma tante est propriétaire d'une grande et riche ferme en Seine-et-Marne ; elle est veuve, sans enfant, et je m'étais imaginé que je serais comme sa fille.

— Eh bien ?

— Je m'étais trompée, hélas ! Là où j'espérais être tranquille, heureuse, je n'ai trouvé que des déceptions, des tourments, des amertumes. Ah ! Ernestine, il est bien dur le pain qu'on mange chez les autres, et souvent, trop souvent, j'ai arrosé le mien de mes larmes.

— Mon Dieu, mais ta tante est donc une méchante femme ?

— Je ne sais pas bien ce qu'elle est. Je ne te dirai pas comment cette sœur de ma mère m'a traitée, je ne veux pas t'effrayer du sombre tableau de mes misères...

Ma tante ne m'aimait pas.

— Oh ! ne pas t'aimer, toi !

— Elle ne m'aimait pas ; et loin d'être bonne pour moi, elle a été mauvaise.

— C'est odieux !

— Lasse de souffrir, je lui ai humblement demandé de me permettre de la quitter et elle ne s'est pas opposée à mon départ.

— Tu la débarrassais !

— Oui.

— Oh ! la vilaine femme !

— Et je suis partie, fit Marceline, en baissant la tête.

— La pauvre enfant était honteuse d'être obligée de mentir à son amie.

— Allons, allons, dit celle-ci d'une voix pleine de douceur, reprends courage et confiance et espère en des jours meilleurs ; ici, Marceline, on t'aimera.

— Oh ! je n'abuserai pas de votre hospitalité.

— Abuser ! quel vilain mot ! D'abord je te remercie beaucoup, tu entends ? beaucoup, d'avoir tout de suite pensé que c'était auprès de moi, chez mon père, que tu devais venir. Nous te garderons longtemps, autant que tu voudras.

Marceline secoua tristement la tête.

— Je suis pauvre, dit-elle, je n'ai pas le droit de rester à rien faire, il faut que je travaille.

— Quelles sont donc tes intentions ?

— Mon désir serait de trouver une place d'institutrice dans une famille.

— C'est bien dur.

— Peut-être, mais cela convient à mes goûts.

— C'est vrai, car dans les derniers temps, au pensionnat, tu donnais aux petites des leçons de dessin, d'anglais, de solfège et de piano.

— Je pourrais être, je crois, une assez bonne maîtresse d'anglais et de piano.

— En temps ordinaire, ma chère Marceline, tu trouverais facilement à te placer selon ton désir; mais nous avons la guerre et beaucoup de gens — les peureux — se sauvent de Paris.

— Oui, je sais.

— Cela n'empêchera pas de chercher.

— Je n'ai pas à te le cacher, Ernestine, j'ai pensé que M. Tarade, grâce à ses relations...

— Certainement, mon père peut beaucoup. C'est bien, nous lui parlerons de cela. En attendant, viens, Marceline, viens que je te fasse voir ta chambre ; elle est à côté de la mienne et en laissant la porte ouverte nous pourrions, étant couchées, si cela nous était agréable, causer toute la nuit.

Les jeunes filles s'étaient levées. Ernestine passa sous le sien le bras de son amie et elles sortirent du salon.

Peu de temps après, M. Tarade rentra. Instruit par le valet de chambre de l'arrivée inattendue d'une amie de sa fille, il se rendit dans la chambre si affectueusement offerte à Marceline et où les jeunes filles avaient repris leur conversation et causaient de mille choses ayant trait aux doux souvenirs du passé.

— Mon père, dit Ernestine, reconnais-tu mademoiselle.

— Oui, il me semble... je cherche à...

— Ne cherche plus ; je te présente mon amie Marceline de Langrolle.

— Mais oui, c'est elle ! Oh ! chère enfant, soyez la bienvenue !

Le docteur avait pris les mains de la jeune fille et les pressait avec effusion.

Il reprit :

— Vous avez plus d'un titre à mon affection, mademoiselle de Langrolle ; d'abord, vous êtes la meilleure amie d'Ernestine, ensuite j'ai été moi-même intimement lié avec M. de Langrolle, votre aïeul, et j'ai connu votre père et votre mère, dont j'ai gardé le plus agréable souvenir. Mais comment se fait-il que nous ayons la joie de vous voir aujourd'hui ?

Rapidement, Ernestine mit son père au courant de la situation dans laquelle se trouvait Marceline.

— Je ne connais pas madame Savouroux, dit M. Tarade, mais j'ai souvent entendu parler d'elle ; votre mère, Marceline, avait pour sa sœur aînée une très grande affection, affection qu'elle ne méritait point, à en juger par la façon dont elle y a répondu vis-à-vis de vous.

— Le désir de mon amie, reprit Ernestine, serait de se placer comme institutrice dans une famille.

— Très bien, mais rien ne presse.

— Pour cela, cher père, Marceline et moi, nous comptons beaucoup sur toi.

— Ah !... Eh bien, mesdemoiselles, je m'occuperai de la chose.

Quelques jours se passèrent.

Dans l'Est, les événements se succédaient rapidement, tous, hélas ! funestes pour la France. L'armée de Mac-Mahon avait reculé devant l'ennemi ; la place de Metz était investie et les efforts d'une autre armée française, celle de Bazaine, étaient paralysés. Paris était dans la consternation ; partout il y avait un souffle de révolte ; une colère sourde grondait, annonçant un prochain bouleversement.

Cependant, M. Tarade n'oubliait pas la promesse qu'il avait faite à Marceline et à sa fille.

Un matin, il rentra chez lui tout effaré.

On venait d'apprendre à Paris le désastre de Sedan : la plus vaillante armée française prisonnière, et son premier chef, l'empereur, prisonnier aussi.

— Plus d'espoir, mes enfants, dit le docteur, tout est perdu ; les Allemands sont les maîtres de la France, avant quinze jours ils seront sous les murs de Paris. Ce n'est pas tout, l'Empire a vécu ; demain, si ce n'est ce soir, la République sera proclamée.

Les deux amies étaient atterrées.

Le docteur continua :

— Malgré ce qui se passe, Marceline, je me suis occupé de vous et je crois vous avoir trouvé la place que vous désirez.

— Oh ! monsieur !

— Je vous ai proposée et n'ai pas eu de peine à vous faire accepter, après tout le bien que je me suis permis de dire de votre personne.

La jeune fille devint rouge comme une pivoine.

— Voici de quoi il s'agit, poursuivit le docteur : vous serez l'institutrice ou plutôt la gouvernante d'un jeune et gentil garçonnet de huit ans ; vous aurez à lui apprendre le français et à le perfectionner dans sa langue maternelle, qui est l'anglais.

Cet enfant, qui a d'ailleurs les meilleures dispositions à apprendre, est né en Amérique, à New-York ; sa mère, qui y est morte il y a cinq ans, était Française ; son père est Yankee. Cet Américain se nomme Palmers ; il est négociant, et en position, paraît-il, de faire une brillante fortune, c'est-à-dire une fortune américaine.

M. Palmers aimait beaucoup sa femme ; il ne veut pas se remarier et toute sa tendresse pour la défunte s'est reportée sur le jeune Henri, son fils unique.

M. Palmers est actuellement à New-York, très occupé de son négoce. Il est venu à Paris il y a quelques mois et y a laissé son fils chez des parents de sa femme, monsieur et madame Chaumontel, négociants rue du Mail.

C'est là, Marceline, que je vous conduirai cette après-midi, si toutefois la place vous convient.

— Oh ! oui, monsieur.

— Bien. Vous entrerez immédiatement en fonctions, je veux dire en possession de votre élève, car vous n'allez pas tout de suite vous mettre à donner des leçons. Dans quatre ou cinq jours, vous partirez pour le midi de la France. Les affaires sont complètement arrêtées et M. et madame Chaumontel se sont décidés à quitter Paris, ce que je ferais, moi, si je n'étais retenu ici par les devoirs de ma profession.

Quant à toi, Ernestine, je te confierai à madame Belmont, qui va aussi quitter Paris dans quelques jours avec ses filles, pour se rendre à Saumur, dans la famille de son mari.

— Cher père, je ne veux pas te quitter.

— Pourtant, ma fille...

— Je ne veux pas te quitter! Les devoirs de ta profession te retiennent à Paris; mon devoir, à moi, est de rester près de mon père.

— Tu réfléchiras.

— C'est tout réfléchi; je t'en prie, cher père, ne parlons plus de cela ou tu me causeras du chagrin.

M. Tarade sourit et mit un baiser sur le front de sa fille.

— Oh! Ernestine, comme je te comprends! dit Marceline en se jetant au cou de son amie.

— Est-ce qu'on peut s'éloigner d'un père comme le mien? fit mademoiselle Tarade. Mais toi, Marceline, es-tu contente?

— Je suis contente, heureuse, je n'espérais pas tant.

— Pourtant, Marceline, reprit le docteur, je ne vous ai pas tout dit.

— Pas tout?

— Sans doute, puisque je ne vous ai point parlé de vos émoluments.

— Oh! petite question, monsieur.

— Si vous voulez, mon enfant; cependant j'ai dû m'en préoccuper. On avait déjà donné au jeune Palmers une institutrice; cette dame a dû être congédiée il y a trois semaines parce qu'elle était dure avec son élève. On lui donnait soixante-dix francs par mois; vous, Marceline, vous aurez cent francs par mois et, cela va sans dire, la table et le logement.

— Mais c'est trop, monsieur, beaucoup trop.

— Je ne trouve pas cela, moi ; on doit être récompensé selon son mérite.

— Oh ! monsieur, monsieur !

— Pas de fausse modestie, Marceline, je sais ce que vous valez ; je l'ai dit à madame Chaumontel en ajoutant que vous seriez pour Henri une petite mère.

— Oh ! oui, monsieur, oh ! oui, sa petite mère !

Comme il avait été dit, le docteur Tarade, dans l'après-midi, conduisit Marceline chez les époux Chaumontel où elle fut parfaitement accueillie.

Mise en présence du petit Américain, il la regarda fixement pendant quelques instants, puis s'approcha la main tendue.

— Mademoiselle, dit-il, je vous aimerai bien.

Elle l'entoura de ses bras et l'embrassa en le tenant serré contre son cœur.

— Monsieur Henri, dit-elle, moi aussi je vous aimerai bien.

— Oui, fit l'enfant, rendant les baisers qui lui étaient donnés. Maman est morte, continua-t-il avec un accent de tristesse indicible, c'est vous qui allez être ma petite maman.

L'enfant répétait probablement, les ayant entendues, les paroles prononcées le matin par M. Tarade.

Marceline, ne pouvant contenir son émotion, s'était mise à pleurer à chaudes larmes.

X

DÉVOUEMENT

Quatre jours après, la gouvernante et son élève quittèrent Paris emmenés par M. et madame Chaumontel. On alla jusqu'à Cannes. Là, le commerçant trouva à louer une maison dans les environs de la ville, au bord de la mer, et on s'y installa.

Bientôt, on n'eut plus aucune nouvelle de Paris. Les Prussiens avaient marché, Paris était investi et chaque jour était marqué par un désastre.

Les événements sinistres, les catastrophes épouvantables s'étaient abattus sur notre malheureux pays avec une persistance implacable.

Nos régiments, ceux qui restaient encore, étaient écrasés sous le nombre.

Nos places fortes, réduites par la famine, capitulaient une à une.

La bravoure et l'héroïsme de nos soldats ne pouvaient rien.

La France saignait de partout.

Un froid terrible sévissait.

Le scorbut, la petite vérole, les affections de poitrine, d'autres maladies encore décimaient la population parisienne admirable de résignation.

Et ce n'était pas tout : la famine, spectre hideux, s'avançait menaçante, énervant les plus mâles courages, frappant les mères au cœur.

Nos provinces avaient aussi leur part de souffrances. Elles voyaient les campagnes saccagées, dévastées, pillées, les villes bombardées, les villages incendiés, le patriotisme devenu un crime aux yeux des Allemands et les patriotes fusillés.

Et elles n'étaient pas non plus exemptes de maladies : la variole, une peste apportée par les gens d'outre-Rhin, faisait de tous les côtés, dans l'Est surtout, d'épouvantables ravages. Pendant que la mitraille et les balles tuaient les hommes, la maladie frappait les femmes, les enfants, les vieillards.

Et l'horrible guerre ne finissait pas, la France voulait se défendre jusqu'à la dernière goutte de son sang.

Au bord de la Méditerranée, on n'avait pas sous les yeux les horreurs de la guerre ; mais on pensait à nos malheureux soldats, aux populations des pays envahis, à Paris investi, affamé bientôt, et l'on souffrait également des malheurs de la patrie.

Marceline était véritablement une mère pour Henri Palmers, et sa tendresse pour son élève était d'autant plus vive qu'elle gardait dans son cœur le souvenir de sa petite fille, qu'elle croyait morte.

Henri n'avait pas parlé en enfant quand il avait dit à la jeune fille :

« Je vous aimerai bien. »

Il s'était pris d'une affection extraordinaire pour

sa gouvernante, et il l'aimait comme si elle eût été réellement sa mère.

Quand l'institutrice, contente de son élève, ce qui, nous devons le dire, arrivait souvent, manifestait sa satisfaction, il se pendait à son cou et la dévorait de baisers, en chuchotant à son oreille ces paroles câlines de l'enfant heureux à sa mère.

Henri, très intelligent, était docile, attentif aux leçons, plein de cœur au travail et faisait des progrès extraordinaires.

Du reste, comme institutrice, Marceline avait des qualités de premier ordre.

Et puis Henri était si heureux de contenter celle qu'il appelait souvent sa petite mère.

M. et madame Chaumontel, d'excellentes gens s'il en fût, étaient émerveillés de ce qu'ils voyaient et entendaient. Eux aussi s'étaient mis à aimer Marceline comme si elle eût été leur fille.

— En vérité, disait la femme à son mari, c'est un magnifique cadeau que nous a fait le docteur Tarade en nous donnant cette jeune fille.

— C'est une perle, répondait M. Chaumontel.

Dès les premiers temps, ce dernier avait écrit à M. Palmers qu'ils avaient eu le bonheur de trouver pour son fils une institutrice modèle, et il n'avait eu garde d'oublier de parler de l'affection très vive que l'élève et l'institutrice avaient l'un pour l'autre.

M. Palmers avait souvent des nouvelles de son fils, car chaque semaine Henri lui écrivait une petite lettre, sous les yeux de Marceline et avec son aide, bien entendu. Une semaine c'était une lettre en anglais, la semaine suivante la lettre était en français.

Marceline ne permettait pas à Henri d'écrire, en parlant d'elle, tout ce qu'il aurait voulu; mais M. Chaumontel et sa femme se chargeaient de faire savoir à M. Palmers ce que son fils n'était pas autorisé à lui dire.

Donc, l'Américain était parfaitement renseigné, et dans ses lettres il y avait toujours des remerciements et de gracieuses paroles de reconnaissance adressés à l'institutrice.

Henri avait à peine connu sa mère, et c'était bien la sollicitude éclairée, la tendresse vigilante d'une mère qu'il trouvait auprès de Marceline.

Elle aimait trop son cher élève pour le gâter à l'excès et l'aimait assez pour lui tout sacrifier.

Après l'avoir aidé dans son travail, en lui donnant des explications qu'elle lui faisait toujours comprendre, elle partageait ses jeux, se pliant à ses petites exigences, mais ne cédant jamais aveuglément à un caprice. Sérieuse quand il fallait l'être, elle riait volontiers avec l'enfant.

Leur gaieté n'était pas bruyante, et seulement passagère chez Marceline. Ne l'eût-elle pas voulu, il lui arrivait tout à coup de penser à son passé qui se partageait en deux phases: son enfance heureuse au pensionnat, du vivant de sa mère; sa jeunesse désespérée auprès de sa tante.

Alors elle avait des accès de sombre tristesse et, bien souvent, elle se cachait pour verser des larmes.

Quand Henri la surprenait ainsi, il l'embrassait et lui disait:

— Ne pleure pas, je t'en prie, petite mère; si tu savais comme cela me fait de la peine de te voir pleurer ! Est-ce que tu n'es pas contente de ton petit Henri ?

— Mais si, mon mignon.

— Alors pourquoi pleures-tu ?

Elle ne pouvait pas lui répondre. Elle le prenait dans ses bras et pour qu'il ne pleurât pas lui-même, elle séchait ses larmes.

Dans les derniers jours de décembre l'enfant tomba malade.

On crut d'abord à une simple indisposition.

Cependant, inquiète, Marceline réclama un médecin que madame Chaumontel s'empressa de faire appeler.

C'était un vieux praticien, véritable savant, qui jouissait à Cannes d'une grande réputation. Il vit Henri et ne dissimula point que le cas était grave.

Marceline fut sérieusement effrayée.

— De grâce, monsieur, fit-elle, dites-moi ce qu'il a.

— Il ne faut pas prendre peur, répondit le médecin ; mais ce petit garçon va avoir la petite vérole.

— Grand Dieu !

— Et pas la variole ordinaire, mais la petite vérole noire.

L'institutrice pâlit affreusement et, tombant à genoux :

— Mon Dieu, dit-elle, ayez pitié de nous !

— Je ne dois pas vous le cacher, reprit le médecin, pour ceux qui soigneront cet enfant et l'approcheront, il y a danger.

— Quel danger, monsieur ?

— Danger de mort.

— Je ne crains pas la mort, moi, dit-elle, en se relevant ; mais je ne veux pas qu'il meure, lui !

— On pourrait le conduire à l'hôpital.

— A l'hôpital ! Oh ! non, monsieur, non ! Il m'appelle sa petite mère, il est mon fils. Seule je m'approcherai de lui, seule je lutterai contre le mal dont il est atteint. Ah ! monsieur, vous verrez comme il sera soigné par moi, je le sauverai !

— Ainsi vous ne craignez pas ?...

— Rien, monsieur, rien.

— Votre dévouement est admirable, mademoiselle.

— Je fais mon devoir.

— Alors que Dieu vous vienne en aide.

— J'ai confiance en lui, monsieur, il m'aidera ; mais n'aurai-je pas aussi votre aide ?

— Vous l'aurez. N'est-ce pas mon métier de lutter contre le mal et de tout faire pour repousser la mort ?

— Mais, monsieur, comment Henri a-t-il pu prendre en lui le germe de cette cruelle maladie ?

— Je ne saurais vous le dire, c'est le premier cas que je constate à Cannes, et je souhaite qu'il n'y en ait pas d'autres. Hélas! nous n'avons pas, dans notre chère France, que le fléau de la guerre, nous avons encore celui de cette maladie épidémique qui, à ce moment, sévit dans beaucoup de nos provinces. Nous souffrons d'une double invasion.

Marceline s'installa au chevet d'Henri et elle eut pour l'enfant de son cœur les soins vigilants de la sœur de charité, les ingénieuses attentions de la mère.

Madame Chaumontel, qui aimait pourtant bien

son jeune parent, n'osait plus entrer dans sa chambre. Elle avait des nouvelles du malade par son mari, moins peureux qu'elle, et par la servante qui portait à manger à l'institutrice, en s'entourant d'une infinité de précautions préservatrices.

Marceline s'était fait dresser un lit dans la chambre de son malade et ne le quittait pas d'une minute. Elle accomplissait son œuvre de dévouement avec un zèle sobre de démonstrations, mais qui ne se ralentissait point.

Elle ne songeait même pas qu'elle était sans cesse exposée au danger de la contagion; elle ne reculait devant aucune des obligations du devoir qu'elle s'était imposé et elle respirait l'air empesté de la chambre sans en redouter les conséquences.

Un à un, comme l'avait recommandé le docteur, qui venait de temps à autre, elle perçait les boutons purulents; elle essuyait la sueur pernicieuse du corps, lavait elle-même les linges, berçait l'enfant, guettant son souffle, calmant ses impatiences.

Le docteur était émerveillé, et ne cachait pas à M. et à madame Chaumontel l'admiration que lui causait la conduite de Marceline.

— Une mère seule, disait-il, est capable d'un pareil dévouement.

Chaque fois que le malade ouvrait les yeux, il voyait Marceline penchée sur lui, calme et presque souriante, car il ne fallait pas l'effrayer.

Rien ne saurait rendre l'expression du regard que l'enfant jetait sur elle quand il n'était pas en proie au délire.

C'était une sorte d'adoration.

— Voilà qui me paie au centuple de mes fatigues, se disait-elle.

Un matin, le médecin, radieux, dit à Marceline :

— Mademoiselle, votre malade est sauvé !

Elle ne put retenir un cri de joie.

— Il est sauvé, grâce à vous, reprit le docteur ; et maintenant, je vous le dis, c'est un miracle que vous avez fait.

— Ah ! monsieur, répondit-elle en pleurant de bonheur, c'est Dieu et vous qui l'avez fait, ce miracle.

Le docteur sourit, saisit les mains de la jeune fille et dit avec émotion :

— C'est bien.

Il ajouta :

— Vous êtes très fatiguée ; je vous ordonne maintenant de vous soigner un peu à votre tour.

Ce fut une belle journée pour Marceline. Avec quelle joie elle embrassait son cher élève.

— Ah ! comme ton père va être heureux ! lui disait-elle.

— Oui, il sera heureux ; ah ! petite mère, si tu savais comme je t'aime !

— Va, je t'aime bien aussi, mon chéri.

— Oh ! oui, tu m'aimes, et jamais, jamais je n'oublierai ce que tu as fait pour moi !

— Est-ce que ce n'était pas mon devoir de te soigner ?

Henri eut un délicieux sourire.

— Petite mère, dit-il, embrasse-moi encore.

Cependant M. Palmers, étant resté quinze jours sans recevoir de nouvelles de son fils, s'était inquiété et avait écrit.

Madame Chaumontel lui répondit :

« Nous sommes restés quelque temps sans vous
» écrire, parce que nous ne voulions pas vous causer
» une grande inquiétude et peut-être vous faire
» quitter précipitamment New-York. Henri a été
» très malade et, je ne crains pas de vous le dire,
» maintenant qu'il est en pleine voie de guérison, il
» a été en grand danger de mort. Pendant plusieurs
» jours le médecin, que nous avons appelé près de
» lui, a désespéré.

« Mais Henri avait à son chevet mademoiselle
» Marceline de Langrolle, dont le dévouement, en
» cette grave circonstance, a été admirable ; ce
» qu'elle a fait pour son élève, une mère ne l'aurait
» peut-être pas fait pour son fils.

« Le docteur, dans son admiration, ne savait quels
» éloges nous faire de l'institutrice.

« Cette jeune fille est un ange, monsieur Palmers;
» les bons soins qu'elle a donnés à votre cher Henri
» ont fait reculer la mort, vous lui devez la vie de
» votre fils. »

Dès les premiers jours de l'armistice, préliminaire de la paix qui allait être signée, nous savons, hélas ! à quelles dures conditions, M. Chaumontel était parti pour Paris.

Il avait été convenu que madame Chaumontel, Marceline et Henri reviendraient à Paris aussitôt que l'enfant pourrait supporter sans danger la fatigue du voyage.

Ils restèrent à Cannes un mois encore.

Henri était maintenant tout à fait guéri et avait déjà repris ses leçons.

Disons que c'était à peine si sa jolie figure d'enfant portait les marques de l'affreuse maladie qui avait failli le tuer.

Une lettre qu'on avait reçue de M. Palmers annonçait sa prochaine arrivée en France.

Madame Chaumontel, Marceline et Henri rentrèrent à Paris le 16 mars.

Malgré l'agitation des esprits, on pouvait croire qu'un peu de calme allait enfin succéder à la tourmente, que tout était fini ; on se trompait, la révolte qui fermentait depuis longtemps dans le peuple parisien éclata tout à coup, comme un formidable coup de tonnerre.

Le 18 mars ouvrait une nouvelle période de malheurs pour Paris. C'était la Commune. Après la guerre patriotique, nous allions avoir deux longs mois de guerre civile.

— Vous êtes revenus trop vite, disait tristement M. Chaumontel.

Après avoir rouvert ses magasins, le brave négociant fut forcé de les refermer.

Enfin, la Commune fut vaincue et marqua son agonie par l'incendie de nos principaux monuments publics. Mais nous n'avons pas à écrire ici, après tant d'autres, l'histoire de ces jours néfastes.

Le surlendemain de l'entrée de l'armée de Versailles dans Paris, M. Palmers arriva chez M. Chaumontel.

Avant de voir Marceline et son fils, il eut une longue conversation avec les deux époux.

Ceux-ci ne tarissaient pas en éloges sur la jeune fille.

— Comme je vous l'ai écrit, monsieur Palmers, dit madame Chaumontel, Henri doit la vie à mademoiselle de Langrolle. Jamais mère ne s'est montrée plus dévouée, plus affectueuse. La maladie était contagieuse au premier chef, et pas un instant mademoiselle Marceline n'a pensé qu'elle risquait sa vie.

Oh! elle n'était pas une garde-malade ordinaire, monsieur, elle était mieux encore qu'une sœur de charité. Dans les plus terribles moments, tout était chez elle abnégation et sacrifice.

Elle était admirable et nous a émerveillés.

— Ma femme est enthousiaste, et en ceci elle a raison, dit M. Chaumontel.

— Henri a-t-il compris ce dévouement vraiment sublime? demanda M. Palmers.

— Votre fils adore son institutrice, il ne l'appelle plus autrement que sa petite mère.

— C'est bien.

— Oh! Henri n'a pas le cœur d'un ingrat.

— Je ne suis pas non plus un ingrat, madame. Comment pensez-vous que je puisse récompenser cette jeune fille?

— Ah! dame, je ne sais pas.

— La chose est difficile, dit M. Chaumontel; je ne crois pas que vous puissiez lui offrir de l'argent, vous la blesseriez.

— Cependant je ne puis laisser un pareil service sans un témoignage de profonde gratitude, et puisque mademoiselle de Langrolle est pauvre,...

— Pauvre et sans famille.

— Il me semble que je peux...

— Monsieur Palmers, voulez-vous mon avis.

— Dites, madame.

— Eh bien, ne changez rien à la situation de mademoiselle Marceline ; laissez-lui son élève aussi longtemps que possible ; ce sera la meilleure récompense à lui offrir.

— Soit, madame ; mais je ne suis à Paris que pour un mois et j'ai pris la résolution d'emmener mon fils.

— Vous pourriez emmener aussi mademoiselle de Langrolle ?

— Sans doute. Seulement la chose est grave. D'abord, mademoiselle de Langrolle consentirait-elle à s'expatrier ?

— Nous ne saurions vous répondre pour elle. Nous croyons que rien ne l'attache en France et je suis certaine, monsieur, que ce serait lui causer un profond chagrin que de la séparer d'Henri.

— Nous verrons, alors, nous verrons. Vous savez combien j'aime mon fils, il n'y a que lui qui me rattache à la vie, c'est pour lui que je travaille et tout mon être lui appartient. Aussi vous comprenez toute la reconnaissance que j'ai pour cette jeune fille qui a conservé Henri à ma tendresse.

Puis-je vous demander de me dire ce que vous savez de la vie de mademoiselle de Langrolle ?

— Certainement. Elle est la fille unique d'un banquier que des spéculations malheureuses ont ruiné et qui, ne pouvant survivre à cette catastrophe, s'est brûlé la cervelle ; sa mère est morte de chagrin quelques mois plus tard.

Marceline était élevée dans un des principaux pensionnats de Paris où elle recevait une brillante éducation.

Une tante, la sœur de sa mère, continua à payer

les trimestres de la pension, et quand l'orpheline eut seize ans, elle la prit chez elle.

Cette tante, appelée madame Savouroux, est une riche fermière du département de Seine-et-Marne. Veuve, sans enfant, et Marceline étant son unique parente, il semblait qu'elle dût considérer l'orpheline comme sa propre fille. Ce fut tout le contraire qui arriva ; auprès de sa tante, Marceline ne fut pas autre chose qu'un souffre-douleur, une martyre.

Ne pouvant plus supporter les mauvais traitements de la mégère, à bout de patience et de résignation, elle quitta la ferme et vint à Paris demander asile à une de ses bonnes amies de pension, mademoiselle Ernestine Tarade.

Vous savez, monsieur Palmers, je vous l'ai écrit alors, comment mademoiselle de Langrolle a été donnée pour institutrice à Henri par M. le docteur Tarade, un de nos célèbres médecins.

Ai-je besoin d'ajouter qu'il n'existe pas de jeune fille plus digne d'intérêt, que c'est le cœur le plus loyal, le plus grand que je connaisse et qu'elle a droit à tous les respects ?

L'Américain s'inclina.

— Oui, murmura-t-il, absolument digne d'intérêt.

Il se leva.

— Maintenant, chère madame, reprit-il, voulez-vous me conduire près de mademoiselle de Langrolle et de mon fils ?

— Oui, monsieur, venez.

Après avoir frappé, madame Chaumontel ouvrit la porte de la chambre où l'institutrice, à ce moment, faisait travailler son élève.

Henri s'était retourné.

Soudain il poussa une exclamation joyeuse.

— Petite mère, petite mère! s'écria-t-il, c'est papa!

Et avant que M. Palmers eût prononcé un mot, Henri se précipita dans ses bras.

Pendant un instant on n'entendit que le doux bruit de baisers donnés et rendus.

Quand, enfin, l'Américain se tourna vers Marceline, elle s'inclina simplement et silencieusement.

— Mademoiselle, commença M. Palmers.

Henri l'interrompit, disant :

— Papa, embrasse petite mère, embrasse-la bien fort, et toi aussi, petite mère, embrasse papa.

Et il tirait son père vers Marceline troublée, rougissante, mais qui avait sur les lèvres un sourire maternel.

M. Palmers ne crut pas devoir faire ce que demandait son fils ; il se contenta de tendre la main à la jeune fille, et il lui dit d'une voix émue :

— Je vous dois la vie de mon fils, merci, mademoiselle.

XI

MONSIEUR PALMERS

M. Williams Palmers était un homme de quarante ans, de haute taille, un peu maigre, aux traits accentués et d'aspect froid. Très brun, ses yeux noirs étaient perçants ; il portait ses cheveux coupés ras et des favoris à l'anglaise.

Au premier abord, ses allures étaient un peu raides, mais il rachetait cette froideur toute américaine par une grande distinction.

Très énergique, habitué à lutter avec toutes les difficultés de la vie de l'homme qui veut faire fortune, il cachait sous des dehors sévères un cœur généreux, facile à l'enthousiasme.

Il n'était positif qu'en apparence et il fallait le connaître pour l'apprécier.

Il n'avait qu'une passion : son fils.

Il était assez riche pour pouvoir se retirer des affaires ; mais il voulait encore travailler pour son fils ; c'était pour Henri qu'il tenait à acquérir une grande fortune.

La grâce, la simplicité de Marceline l'avaient

frappé plus encore que sa beauté, et il n'avait pas tardé à apprécier la noblesse de ses sentiments. Il l'admirait bien plus comme l'ange gardien de son fils que comme femme.

La jeune fille, de son côté, s'était trouvée d'abord quelque peu gênée devant lui. Les remerciements chaleureux qu'il lui adressait la mettaient mal à l'aise et elle s'efforçait de prendre avec lui l'attitude qui lui semblait convenir le mieux à sa qualité d'institutrice.

Tout d'abord M. Palmers avait trouvé les allures de Marceline toutes naturelles; mais peu à peu il les avait combattues de son mieux, en se disant que la réserve de la jeune fille était un peu excessive.

Henri n'avait rien changé à ses habitudes; s'il était moins souvent avec Marceline, c'était toujours par des élans de tendresse, par des caresses ardentes qu'il l'accueillait.

Seul avec son père, il ne parlait que de sa petite mère, de son excessive bonté, de son dévouement, des nuits qu'elle avait passées à son chevet.

— Ah! papa, s'écriait-il, tu ne sais pas combien je l'aime! Vois-tu, je ne l'aimerai jamais assez, ni toi non plus.

Parfois M. Palmers se sentait effrayé de cette tendresse.

— Savez-vous, dit-il un jour à Marceline, que je finirai par être jaloux? Henri vous aime plus qu'il ne m'aime!

— Oh! vous ne le croyez pas, monsieur. Le cher enfant s'est habitué à moi, il sait que je l'aime de toutes mes forces et il me le rend. Mais avant tout et au-dessus de tout, c'est son père qu'il aime. Si vous saviez, monsieur, comme tout vibre en lui quand il me parle de vous !

— Je sais surtout, ma chère demoiselle, comment vous lui parlez de moi, il me le répète à chaque instant. Vous ne lui enseignez pas seulement les langues française et anglaise, mais encore l'amour filial. Ah! je dois vous être doublement reconnaissant. Après lui avoir conservé la vie, vous formez son jeune cœur et agrandissez son âme.

— Quand votre fils souffrait, monsieur, j'ai fait uniquement ce que mon devoir et mon cœur m'ordonnaient; maintenant je remplis ma mission d'institutrice.

— Oui, mademoiselle, vous prenez soin du cœur après avoir soigné le corps de l'enfant qui souffrait; mais ce que vous avez fait et faites encore est d'une véritable mère. Croyez-le bien, je comprends l'affection que mon fils a pour vous; aussi n'est-ce pas sérieusement que je vous ai parlé de ma jalousie.

Marceline sourit et répondit :

— Personne ne peut remplacer un père dans le cœur de son enfant.

— Si ce n'est une mère, répliqua vivement M. Palmers.

Marceline ne put retenir un soupir.

Que de choses il contenait, ce soupir ! Tout son passé.

Elle devint triste subitement.

M. Palmers s'en aperçut et lui dit doucement :

— Pardonnez-moi, mademoiselle, sans le vouloir j'ai évoqué un passé douloureux. J'oubliais que vous êtes orpheline.

Deux larmes brillèrent sous les paupières de la jeune fille.

— Décidément, se dit M. Palmers, j'ai été maladroit.

La situation menaçait de devenir embarrassante. Heureusement l'entrée du petit garçon dans la chambre vint apporter une diversion.

— Henri, dit M. Palmers, tu arrives à propos pour consoler ta petite mère.

L'enfant courut à la jeune fille, sauta sur ses genoux et l'embrassa avec transport.

— Petite mère, dit-il, tu pleures ; qui donc t'a fait du chagrin ?

— C'est moi, sans le vouloir, répondit M. Palmers.

— Toi, papa, c'est toi qui as fait du chagrin à petite mère ? Mais tu ne m'aimes donc plus !

— Si, si, je t'aime toujours.

— Ceux qui m'aiment ne font pas de la peine à petite mère, répondit gravement Henri.

— Je t'ai dit que c'était sans le vouloir.

— Alors, papa, demande-lui pardon.

— Mon chéri, dit Marceline, votre père n'est pour rien dans les larmes que je viens de verser. D'ailleurs, m'aurait-il réellement fait de la peine que ce ne serait pas à lui à demander pardon à la gouvernante de son fils.

— Tu n'es pas ma gouvernante, tu es ma petite mère. Une gouvernante, on peut la changer... et d'abord quand je serai plus grand je n'en aurai plus. Toi, tu ne me quitteras jamais ; n'est-ce pas, papa, qu'elle ne me quittera jamais ?

M. Palmers n'avait pas encore parlé de son départ à Marceline et à son fils ; celui-ci lui en fournissait l'occasion, il la saisit.

— Pourtant, Henri, dit-il, il faudra bien que nous quittions Paris bientôt.

— Pour aller à New-York ?

— Sans doute.

— Eh bien, papa, nous partirons tous les trois.

— Mademoiselle ne peut pas venir avec nous en Amérique.

L'enfant pâlit et resta muet.

De son côté, Marceline sentit son cœur se serrer. L'idée d'une séparation lui était bien venue à l'esprit, mais vaguement, et elle n'avait pas voulu s'y arrêter.

— Est-ce vrai, dit Henri d'une voix étranglée, en prenant la jeune fille à bras-le-corps, est-ce vrai que tu ne peux pas venir en Amérique ?

Marceline ne savait que répondre. Elle pressa son élève sur son cœur et se prit à pleurer.

— Papa, papa, s'écria Henri en pleurant aussi, il faut qu'elle vienne avec nous !

Et se pendant au cou de M. Palmers.

— Tu veux bien, dis, papa, tu veux bien qu'elle vienne avec nous ?

Marceline ne savait plus quelle contenance tenir; sentant que ses larmes l'étouffaient, elle se leva pour sortir.

Mais Henri l'empêcha d'arriver à la porte ; il la faisit par les mains, se cramponna à elle en criant :

— Ne t'en va pas, petite mère, ne t'en va pas !

Tout à coup il fut pris d'une violente crise nerveuse qui jeta l'épouvante dans le cœur du père et dans celui de Marceline affolée.

On le coucha et on courut chercher le docteur Tarade, qui s'empressa de rassurer tout le monde.

— Votre fils est d'une sensibilité excessive, dit-il à M. Palmers, quand on lui eut appris ce qui s'était passé, la maladie qu'il a faite a fortement ébranlé son système nerveux. Il ne lui faut en ce moment ni trop fortes études, ni émotions trop vives. La vie calme, le grand air, les soins, les caresses lui sont nécessaires.

— Rien de cela ne lui manquera. Enfin, monsieur le docteur, vous ne redoutez rien ?

— Rien, monsieur ; cependant si de pareilles crises se renouvelaient, devenaient fréquentes, il pourrait y avoir du danger.

— Vous m'effrayez !

— Telle n'est pas mon intention ; on évite les effets, les conséquences, en ne faisant pas naître les causes. Je vous le répète, monsieur, il ne faut pas à votre fils de secousses pénibles. Il a besoin d'activité, qu'il coure, saute, monte à cheval, fasse de la gymnastique, des armes, avec modération, sans doute, mais que par des exercices constants et gradués, il donne à ses membres de la force et de la souplesse, et tout l'organisme se modifiera.

— Je vous remercie, monsieur le docteur, vos prescriptions seront suivies.

Pendant trois jours Henri fut dans un état de surexcitation qui n'était pas sans inquiéter son père, bien que M. Tarade l'eût rassuré. Au moment où l'on s'y attendait le moins, l'enfant se mettait à sangloter ; il avait même des accès de délire.

Alors il suppliait son père de ne pas le séparer de sa petite mère ; il appelait Marceline et lui criait :

— Ne t'en va pas, ne t'en va pas !

Du reste, la jeune fille ne le quittait point ; elle

21

l'embrassait, le dorlotait, le calmait de son mieux, et il finissait par s'endormir presque dans les bras de Marceline.

M. Palmers était souvent silencieux, pensif.

Ce spectacle touchant d'une jeune fille de dix-neuf ans servant de mère à un garçonnet qui n'était son parent à aucun degré, qu'elle ne connaissait que depuis quelques mois, attendrissait profondément l'Américain.

Et il se disait, non sans un peu d'amertume, peut-être, que cette jeune fille tenait une bien grande place dans le cœur de son fils. Mais il était trop loyal pour ne pas reconnaître que cette grande affection de l'enfant était pleinement justifiée.

Une pareille amitié pouvait-elle être rompue ?

M. Palmers se le demandait. Il se demandait également si, en le séparant de Marceline, il ne mettrait pas la vie de son fils en danger.

Décidément, non, les séparer était impossible.

Bien convaincu de cela, M. Palmers prit une résolution grave.

Le matin du quatrième jour, après une nuit calme et de bon sommeil, Henri se réveilla souriant. La première figure qu'il aperçut près de son lit, épiant ses mouvements, guettant son regard, fut celle de Marceline.

— Ah ! c'est toi, c'est toi ! fit-il.

Il lui jeta ses bras au cou et reprit :

— Petite mère, j'ai fait un vilain rêve.

— Il faut l'oublier, mon chéri.

— Tu voulais me quitter !

— Non, non, sois tranquille, je ne veux pas te quitter.

— Oui, n'est-ce pas ?

Marceline sonna.

— Veuillez, je vous prie, dit-elle à la bonne qui se présenta, aller prévenir M. Palmers que son fils est tout à fait bien.

L'Américain, qui reposait encore, car il faisait à peine jour, s'habilla très vite et se rendit dans la chambre d'Henri. Tendant la main à Marceline en même temps qu'il embrassait l'enfant, il dit :

— Je vois bien maintenant, mademoiselle, qu'il ne faut pas que vous quittiez Henri.

L'enfant embrassa son père avec effusion.

— Ah ! papa, s'écria-t-il, tu es bon et je t'aime !

— Ainsi te voilà content, heureux ?

— Oh ! oui.

— Mademoiselle, reprit M. Palmers avec un accent de douce gravité qui frappa la jeune fille, nous aurons à causer aujourd'hui sérieusement ; en attendant, faites-moi l'amitié d'aller vous reposer ; vous en avez grand besoin, car voilà quatre nuits que vous avez passées presque sans sommeil. Je ne veux pas que vous tombiez malade, nous n'aurions pas ici une autre Marceline pour vous soigner.

La jeune fille se retira. Mais bien qu'elle fût réellement très fatiguée, elle ne s'endormit pas immédiatement. Elle songeait à ces paroles de M. Palmers :

— Nous aurons à causer aujourd'hui sérieusement.

Que pouvait-il avoir à lui dire ? S'était-il décidé à laisser son fils à Paris ou allait-il lui proposer de l'emmener en Amérique ?

Elle eût préféré rester à Paris ; mais s'il fallait partir, elle partirait. Après tant de soins qu'elle avait donnés à Henri et toutes les inquiétudes qu'il lui avait causées, son affection pour lui devenait un peu égoïste et jalouse, et elle sentait qu'il lui serait impossible de s'en séparer.

Eh bien ! oui, elle partirait. Aucun lien ne la retenait en France où elle n'avait, hélas ! que trop de souvenirs horribles. Loin, bien loin, si elle ne pouvait pas oublier tout à fait, rien du moins ne viendrait raviver ses plaies.

— Quand Henri n'aura plus besoin de moi, se disait-elle, on me gardera bien dans la maison comme lingère, femme de charge, et je verrai devenir un homme cet enfant de mon cœur.

Tout en échafaudant ainsi l'avenir, Marceline s'endormit.

Elle eut un rêve étrange, dont le réveil n'effaça point l'impression.

Henri n'était plus un jeune garçon, mais une toute petite fille, encore en maillot, qu'elle appelait Léonie-Albertine, et qu'elle berçait dans ses langes.

Après le déjeuner, auquel Henri avait assisté, placé entre Marceline et madame Chaumontel, celle-ci annonça qu'elle allait faire avec l'enfant une promenade aux Champs-Élysées. Il faisait un temps superbe et le soleil ferait certainement grand bien à Henri.

Cette promenade avait été décidée le matin entre M. Palmers et madame Chaumontel.

Resté seul avec Marceline, — M. Chaumontel était retourné à son magasin, — M. Palmers offrit galamment son bras à la jeune fille, la conduisit au salon, la pria de s'asseoir et s'assit ensuite en face d'elle.

Ces marques de déférence avaient un peu surpris Marceline.

Sans doute M. Palmers s'était toujours montré avec elle amical, affectueux ; mais s'il ne s'était jamais posé en maître, jamais non plus il n'avait pris avec elle ces manières cérémonieuses et affables tout à la fois.

L'Américain se recueillit quelques instants, puis prit la parole.

— Mademoiselle, dit-il d'une voix grave et douce, je n'ai plus à vous parler de ma reconnaissance et je ne vous remercierai pas une fois de plus de tout ce que vous avez fait pour mon fils et pour moi ; c'est inutile, n'est-il pas vrai, puisque cela ne vous apprendrait rien ?

— Je sais, en effet, monsieur, répondit-elle, que jamais une personne dans ma condition n'a été mieux traitée ni mieux considérée, et je vous en suis profondément reconnaissante ; mais croyez-le bien, monsieur, je me trouve récompensée bien au delà de ce que j'ai pu faire, par l'affection de notre cher enfant... pardon, monsieur, de *votre* cher enfant.

— Ne vous reprenez pas, mademoiselle, vous avez bien dit : Henri est notre enfant puisque vous l'aimez comme je l'aime et qu'il partage entre nous son amour filial.

Marceline s'inclina sans répondre.

— M. Tarade m'a dit, — et j'ai pu me convaincre qu'il avait raison, — que je ne devais pas songer à vous séparer.

— Vous me rendez bien heureuse, monsieur, je vous avoue que c'eût été pour moi une immense douleur.

— Vous me pardonnerez, mademoiselle ; mais je dois à ma franchise de vous dire qu'en cette circonstance j'ai été fort égoïste ; j'ai pensé plus à mon fils qu'à vous.

— Ce sentiment est trop naturel, monsieur, pour que je ne puisse le comprendre, et personne ne saurait vous en blâmer.

— J'ai donc décidé, — sauf votre consentement, bien entendu, — que vous nous accompagneriez en Amérique.

— Je suis prête à vous suivre, monsieur.

— Et les conditions, mademoiselle ?

— Elles seront celles qu'il vous plaira.

— Eh bien, ce sera très simple : vous serez la mère de Henri.

— Oui, monsieur, comme ici, sa petite mère.

— Sa vraie mère.

— Oh ! oui, sa vraie mère, par le cœur.

M. Palmers secoua la tête, puis il se leva et, s'inclinant devant Marceline stupéfaite, il lui dit :

— Mademoiselle de Langrolle, j'ai quarante ans, je possède actuellement trois millions ; c'est le commencement de la fortune que je veux faire pour mon fils ; je suis honnête et bon, je crois, et certain que je puis encore rendre une femme heureuse, j'ai l'honneur de vous prier de m'accorder votre main.

Marceline s'était dressée d'un bond, pâle, effarée.

— Monsieur, monsieur, balbutia-t-elle, ai-je bien entendu ? Vous m'offrez de devenir madame Palmers, de devenir la véritable mère de votre fils ?

— Oui.

Marceline appuya ses mains sur son cœur, étouffa un soupir et retomba pantelante sur son siège.

L'Américain attribua l'émotion de la jeune fille à un sentiment de stupéfaction joyeuse. Convaincu qu'il ne se trompait pas, il lui prit la main, la porta à ses lèvres et lui dit avec un accent plein de tendresse :

— Vous acceptez, n'est-ce pas ?

A sa grande stupeur, Marceline retira sa main avec une sorte d'effroi et répondit :

— C'est impossible !
— Vous refusez ?
— Oui.

Et elle éclata en sanglots.

XII

LE SECRET TERRIBLE

La stupeur de M. Palmers se changea vite en une véritable douleur quand il vit la jeune fille pleurer à chaudes larmes et cacher son front dans ses mains.

— Voyons, mon enfant, lui dit-il d'un ton affectueux, vous repoussez ma demande, soit ; mais pourquoi pleurer ainsi? Vous en ai-je donné le sujet?

— Oh ! non.

— Alors, calmez-vous. Je ne me trouve pas offensé de votre refus, je l'accepte, à une condition, c'est que vous m'en ferez connaître les motifs.

— Impossible, impossible !

— Permettez-moi de vous dire qu'il n'y a rien d'impossible à ceux qui veulent bien. Tout ce que j'ai voulu, moi, s'est toujours réalisé.

Marceline laissa échapper une plainte.

— Voyons, ma chère enfant, reprit M. Palmers, vous aimez mon fils ?

— De toute mon âme.

— Et vous ne doutez pas de l'affection que mon fils a pour vous ?

— Oh ! non.

— Vous séparer de lui serait pour vous un chagrin.

— Profond, immense.

— Vous n'ignorez pas que votre ami, M. le docteur Tarade, a déclaré que vous étiez indispensable à mon fils.

— J'ai entendu qu'il disait cela.

— M. Tarade m'a affirmé qu'il y allait de la vie de Henri.

— Oh ! monsieur, monsieur !

— Vous avez vu ce qui s'est passé il y a trois jours ; rien qu'à la pensée de vous quitter, Henri a été en danger de mort.

— Mon Dieu !

— Et quand je trouve un moyen honorable pour vous d'arranger les choses, c'est-à-dire de tout concilier, mon égoïsme paternel, la santé de mon fils, votre affection pour lui, vous n'en voulez pas ; vous dites non, vous refusez.

— Hélas ! soupira Marceline en baissant la tête.

— Sont-ce mes quarante ans qui vous effraient ?

— Non, monsieur.

— C'est donc ma personne qui ne vous plaît pas ?

— Oh ! ne pensez pas cela !

— Enfin à quels sentiments de susceptibilité obéissez-vous ? Evidemment, votre refus a une raison.

— Hélas ! oui.

— Quelle est cette raison ?

Elle répondit par un sanglot déchirant.

— Est-ce que vous ne pouvez pas me la faire connaître ?

— Oh ! fit la malheureuse éperdue.

— Tenez, voulez-vous que je vous aide ?

— M'aider, vous ?

— Hé, je me doute un peu de ce qui vous fait repousser ma demande.

— Oh ! non, c'est impossible !

— Ma chère enfant, j'ai plus de deux fois votre âge et une certaine expérience de la vie. Jeune et charmante comme vous l'êtes, vous avez, ainsi que toutes les jeunes filles, votre joli petit rêve d'avenir.

— Je n'ai plus d'avenir, prononça Marceline d'une voix creuse.

— Je crois comprendre ; vous aimez et n'êtes pas aimée.

— Jusqu'à présent, monsieur, je n'ai sincèrement, fortement aimé que quatre personnes : ma mère, mon père, votre fils et Ernestine Tarade.

— Bien vrai ?

— Je vous le jure, monsieur.

L'Américain respira fortement.

— Alors, dit-il, je ne comprends pas.

— Vous ne pouvez pas comprendre.

— Mais il faut que je comprenne et je comprendrai.

Voulez-vous me jurer que si un obstacle, qui m'est inconnu, ne se plaçait pas entre nous, vous consentiriez à m'épouser ?

— Je vous le jure, monsieur.

— L'obstacle existe, vient-il de votre tante ?

— Ma tante n'est plus rien pour moi.

— Alors, c'est de vous qu'il vient ?

— Oui, monsieur, de moi.

— Mon Dieu, mais quel terrible secret me cachez-vous donc?

La jeune fille frissonna et voila son visage de ses mains.

— Mademoiselle de Langrolle, reprit M. Palmers d'un ton pénétré, je vous demande pardon d'insister; mais quelque chose me dit que votre intérêt exige que vous vous confiiez à moi. Et puis, enfin, il y a mon fils !

Marceline le regarda avec une expression suppliante.

— Monsieur, répondit-elle, vous pouvez m'emmener en Amérique sans changer ma condition ; je suis prête à vous suivre, je vous l'ai dit; emmenez-moi comme servante si vous voulez. Oh ! vous verrez, monsieur, si je saurai me tenir à ma place.

— En Amérique, mon enfant, comme à Paris, comme partout, il y a les exigences du monde, le respect des convenances. Vous êtes jeune et belle, gracieuse, distinguée, instruite; on s'étonnerait, pour ne pas dire plus, car nos mœurs américaines sont extrêmement sévères, de vous voir vivre sous le même toit qu'un homme veuf et jeune encore. Vous me parlez de la place que vous sauriez tenir, la seule que vous puissiez tenir à New-York, auprès de moi, auprès de mon fils, est celle de maîtresse de maison.

La pauvre enfant courba de nouveau son front.

— Ma chère Marceline, reprit M. Palmers d'un ton plus affectueux encore, je suis sincèrement votre ami, et, tenez, je ne veux pas vous le cacher plus longtemps; vos belles et précieuses qualités, la noblesse de vos sentiments ont su rouvrir mon cœur, que je croyais fermé, à une autre affection que celle que j'ai pour mon fils; eh bien, oui, je vous aime !

Marceline tremblait comme la feuille.

— Vous voyez, continua M. Palmers. je ne vous cache rien, moi; je n'avais que ce secret et je vous le livre. Eh bien, votre ami, le père de Henri, ne mérite-t-il pas votre confiance ?

Marceline resta un moment silencieuse, puis se redressant brusquement:

— Ah! s'écria-t-elle, je veux tout vous dire !

— Oui, chère enfant, oui, dites-moi tout et ne craignez rien.

— C'est à vous, monsieur, à vous seul que je puis confier mon douloureux et terrible secret.

Elle continua humblement:

— Mais quand vous saurez, vous aussi vous direz: — C'est impossible, et vous regretterez de m'avoir écoutée.

Marceline courbée, presque à genoux, murmura :

— Je ne puis être votre femme, parce que...

Elle s'arrêta, étranglée par l'émotion.

— Achevez, dit M. Palmers, en proie à une anxiété cruelle, parce que ?

— Parce que je suis déshonorée, souillée... J'ai eu un enfant !

La malheureuse était maintenant à genoux et restait ployée en deux, écrasée de honte.

M. Palmers était muet de saisissement.

Quoi, cette jeune fille excellente entre toutes et si parfaite, ce modèle de dévouement avait failli !... L'ange n'était qu'un ange déchu !...

Cependant, il ne pouvait condamner sans tout savoir.

Il saisit les mains de Marceline, la força à se relever et la fit asseoir.

— Ma pauvre enfant, lui dit-il avec compassion, vous aviez raison, je regrette de vous avoir forcée à parler.

— Ah! j'en étais sûre.

— Vous êtes malheureuse, à blâmer peut-être, mais je n'oublie pas que je vous dois la vie de mon fils.

— Oui, monsieur, oui, je suis malheureuse, et plus malheureuse que vous ne le sauriez croire.

— Après le pénible aveu que vous venez de me faire, ne pensez-vous pas que vous devez m'en dire davantage ?

— Je suis devant un juge, monsieur, et pour que vous puissiez juger, il faut que vous sachiez tout.

— Bien. Mais vous n'êtes pas devant un juge puisque je suis votre ami.

— Ah! comme vous êtes bon !

— Où est l'enfant ?

— C'était une petite fille, elle est morte, répondit Marceline étouffant un sanglot.

M. Palmers éprouva comme une satisfaction.

— Et le père, reprit-il, qu'est-il devenu ?

— Je n'en sais rien.

— Vous l'aimiez ?

— Moi, répondit Marceline d'une voix rauque et en faisant un geste d'horreur, oh! non, oh! non ! Je le détestais, je l'exécrais !...

Elle avait dit cela avec un tel accent de vérité qu'il n'y avait pas à s'y tromper.

M. Palmers lui prit la main.

— Alors, dit-il, un crime !...

— Oui, monsieur, oui, un crime. Mais vous devez tout savoir, vous saurez tout. Ah! monsieur, quel affreux récit vous allez entendre!

— J'y suis préparé. Mais vous me pardonnez, n'est-ce pas, le supplice que je vous impose?

— Je n'ai rien à vous pardonner, monsieur, après votre offre généreuse vous aviez le droit de m'interroger.

— Soit, ma chère enfant. Maintenant, vous pouvez parler, je vous écoute.

Alors Marceline raconta sa lamentable histoire qui commençait par les mauvais traitements qu'elle avait eu à subir dès son arrivée à la ferme de Margaine, puis les perfidies, les lâchetés dont elle avait été la victime.

M. Palmers l'écouta avec une attention croissante. Souvent, hors de lui, il bondissait d'indignation et de colère, et souvent aussi, son cœur se soulevait de dégoût et d'horreur.

Quand elle arriva à la fin de son récit, c'est-à-dire à la dernière visite que sa tante lui avait faite à la maison de Montreuil, et quand elle eut dit comment elle avait appris la mort de sa petite fille, l'Américain devint soucieux et songeur.

— Maintenant, monsieur, ajouta-t-elle en terminant, vous savez tout, je ne vous ai rien caché; je ne sais pas si dans tout cela j'ai quelque chose à me reprocher; mais, hélas! si je suis moins coupable que je le paraîtrais aux yeux du monde, je n'en suis pas moins souillée.

— Marceline, répondit M. Palmers d'un ton solennel, relevez la tête, vous êtes une victime, mais pas une coupable! Moi, votre ami, votre juge, puisque vous m'avez donné ce titre, je vous absous!

Le misérable qui vous a plongée dans la douleur et le désespoir, et votre tante, peut-être aussi coupable que lui, seront punis comme ils l'ont mérité.

— Je ne peux pas porter plainte contre eux, monsieur.

— Non, ma pauvre enfant, vous ne le pouvez pas. Et ils le savent bien, les misérables! Mais s'ils échappent à la justice des hommes, il y a la justice de Dieu!

Un assez long silence succéda à ces paroles.

Ce fut la jeune fille qui reprit la parole.

— Et maintenant, monsieur, que dois-je faire? demanda-t-elle; si vous ne pouvez m'emmener à New-York ni comme institutrice, ni comme servante, je vous en prie, conseillez-moi, dictez-moi ma conduite.

— Nous parlerons de cela tout à l'heure.

— Ne pourriez-vous pas laisser votre fils quelques mois encore à Paris? Vous lui donneriez une autre institutrice plus âgée que moi, que je seconderais, jusqu'au jour où Henri se serait assez attaché à elle pour que je puisse m'éloigner de lui sans danger pour sa santé.

— Ne m'avez-vous pas dit tout à l'heure que ce ne serait pas sans une immense douleur que vous vous sépareriez de mon fils?

— C'est vrai, monsieur; mais soyez tranquille, dans l'intérêt de votre fils et le vôtre, j'aurai assez de force pour ce sacrifice.

— Mademoiselle Marceline, d'autres personnes que le misérable Lambert, votre tante et les deux servantes connaissent-elles votre terrible secret ?

— Je n'ai fait ma confession qu'à vous seul, monsieur, et vous seul savez...

— Ainsi le docteur Tarade et sa fille ignorent tout ?

— Oui, monsieur.

— C'est bien. Gardez donc votre secret enseveli à jamais au fond de votre âme ; je veux oublier, moi, que vous me l'avez confié, et vous, mon enfant, tâchez d'oublier le mal qui vous a été fait.

— Hélas ! je ne le pourrai pas.

— Les plaies les plus profondes se guérissent.

La mienne est de celles qui saignent toujours.

— Peut-être ; le temps est un grand médecin.

La jeune fille secoua tristement la tête.

— Mademoiselle Marceline, reprit l'Américain, vous ne vous séparerez pas de mon fils, car jusqu'à ce qu'il ait l'âge d'homme, il a besoin de la tendresse d'une mère. Je vous le demande encore, voulez-vous être madame Palmers, la mère de mon fils ?

Marceline le regarda, ahurie.

— Quoi, monsieur, fit-elle d'une voix vibrante, vous voulez !...

— Oui.

— Malgré mon indignité ?

— D'abord vous n'avez nullement démérité à mes yeux ; oui, malgré tout, vous serez madame Palmers, si vous n'accueillez pas ma nouvelle demande par un nouveau refus.

— Ah ! Dieu est bon ! s'écria Marceline, ne pouvant retenir ses larmes ; et vous, monsieur, vous êtes généreux et grand.

M. Palmers lui prit les deux mains.

— Ainsi, dit-il, c'est entendu, vous acceptez ?

— Avec une reconnaissance qui sera éternelle.

— Cependant, chère enfant, si vous aviez un regret, une arrière-pensée, il faudrait me le dire.

— Je me donne à vous avec bonheur et...

— Achevez !

— Et je vous aimerai !

Il lui mit un baiser sur le front et reprit :

— Demain, madame Chaumontel aura à dîner M. le docteur Tarade et M. Leverdier, mon banquier. Je vous présenterai à ces messieurs comme ma fiancée. Avec M. Chaumontel et un autre de mes amis, ils seront nos témoins. Dans trois semaines, vous serez madame Palmers et nous ferons notre voyage de noces sur le paquebot.

Marceline, les yeux encore pleins de larmes, contemplait M. Palmers avec une sorte d'admiration.

— Oh ! oui, se disait-elle, je l'aimerai !

— Maintenant, reprit l'Américain, nous allons, si vous le voulez bien, parler d'autre chose, et je vais me permettre de vous adresser quelques questions.

— Je suis prête à vous répondre.

— Comme vous l'avez pu voir, ma chère Marceline, j'ai écouté votre navrante histoire avec le plus vif intérêt et une grande attention ; quand vous avez parlé de votre enfant, vos paroles m'ont fait comprendre que vous l'aimiez beaucoup.

— Et cela vous a surpris ?

— Non, certes ; je sais ce qu'est le sentiment maternel ; je me rends compte de ce que doit éprouver une mère qui sent remuer dans ses entrailles l'enfant qui se nourrit de son sang et à qui elle va donner le jour.

— Pendant un certain temps, monsieur, j'ai cru que je haïrais le pauvre innocent, tellement j'avais son père en horreur; je m'étais même imaginé que si c'était un garçon, je ne pourrais pas le voir; mais presque subitement mes idées changèrent, tant est puissant chez la mère le sentiment des devoirs qu'elle va avoir à remplir. Et quand on m'eut dit que l'enfant était une petite fille, je sentis mon cœur et mon âme se dilater; j'éprouvais une joie délirante.

Oh! oui, monsieur, je l'aimais, la chère petite, et si elle eût vécu, je l'aurais idolâtrée!

— Je comprends encore cela très bien. Mais, dites-moi, n'avez-vous pas trouvé étrange la disparition de la dame Frémy et également singulier le récit que votre tante vous a fait au sujet de la mort de votre enfant?

— Si, vraiment, monsieur.

— Et vous n'avez point pensé qu'on pouvait vous tromper?

La jeune fille ouvrit de grands yeux effarés, soupira et répondit:

— Pourquoi m'aurait-on trompée?

— C'est vrai, pourquoi vous aurait-on trompée? Cependant, si, pour une ou plusieurs raisons qui nous échappent en ce moment, on avait eu intérêt à faire disparaître votre petite fille et, par suite, conséquence naturelle du fait, à vous faire croire qu'elle n'existait plus.

— Grand Dieu! Que dites-vous, monsieur?

— Attendez, mon enfant, attendez, ce n'est qu'une supposition.

— Mon Dieu, mon Dieu ! fit Marceline en proie à une agitation violente.

— Oui, ce n'est qu'une supposition ; mais admettons un instant que ce soit la vérité. Que feriez-vous ?

— Ce que je ferais, monsieur ? je remuerais ciel et terre pour retrouver ma fille.

— Bien.

— J'irais la réclamer à madame Savouroux, et si elle ne me la rendait pas... Ah ! tenez, continua-t-elle en se dressant les yeux flamboyants, si elle ne me la rendait pas, je serais capable de la déchirer avec mes ongles, de lui arracher les yeux, de l'étrangler !

— Ce serait un peu violent, dit M. Palmers ; mais il est à croire que madame Savouroux, effrayée de vos menaces, avouerait qu'elle vous a menti et vous dirait où est votre enfant.

— Monsieur, monsieur, vous croyez donc ?

— Je ne crois rien... J'ai supposé une chose : qu'on a pu vous tromper, et nous examinons ce que, dans ce cas, il y aurait à faire. Allons, asseyez-vous, calmez-vous, je vous en prie, et causons avec sang-froid.

Marceline laissa échapper un gémissement et retomba sur son siège.

— Je continue à supposer, reprit M. Palmers, que votre petite fille n'est pas morte ; nous nous mettons à sa recherche, — je dis nous, car il va sans dire que j'agis avec vous, — nous la retrouvons.

— Oh !

— Nous la retrouvons ; alors que faites-vous ?

— Je ne sais pas, monsieur, je ne sais pas... il me semble que la pensée m'échappe... Dans ma tête tout est confusion et je sens que mon cœur se brise.

— Eh bien, mon enfant, voici ce que vous feriez, ce que nous ferions : nous confierions votre petite fille à une brave femme que nous connaîtrions bien, une femme sûre, que nous paierions largement et qui l'élèverait jusqu'à l'âge de quatre ou cinq ans. Pendant ce temps vous auriez constamment de ses nouvelles et même vous viendriez en France, pour la voir, une ou deux fois chaque année. Enfin, déjà grande, nous la ferions venir à New-York et nous trouverions le moyen d'expliquer sa présence auprès de nous.

— Mon Dieu ! mais vous me dites tout cela comme si c'était vrai !

— Ecoutez, Marceline, écoutez, et surtout, je vous en supplie, pas d'exaltation. Eh bien, je suis convaincu qu'on vous a odieusement trompée, convaincu que votre fille existe.

— Juste ciel !... Ah ! monsieur, si ma fille n'est pas morte et si vous me la rendez, je vous bénirai ! que dis-je ? je vous adorerai comme un dieu !

Elle joignit les mains et tomba à genoux.

XIII

DÉDUCTIONS

Quand, à la prière de M. Palmers, Marceline se fut relevée et qu'il la vit disposée à l'écouter, il reprit :

— Oui, chère enfant, oui, je suis convaincu que votre petite fille n'est pas morte, et ma conviction est née des réponses évasives qui vous ont été faites ; on a feint de ne pouvoir vous donner les renseignements que vous demandiez afin de vous empêcher de découvrir qu'on vous avait trompée.

— Oh ! oui, vous avez raison !...

— Quoi, on prend votre enfant pour le porter à une nourrice, et la femme qui s'est chargée de cette mission ne sait pas le nom du village où demeure la nourrice ! Et d'ailleurs, c'est toujours la nourrice qui vient à domicile prendre l'enfant qui va être confié à ses soins.

Je suis Américain, mais j'ai vécu longtemps en France et je connais Paris et ses usages aussi bien qu'un véritable Parisien.

Il y a à Paris plusieurs bureaux où les nourrices

viennent chercher un nourrisson ; j'irai dans tous et si votre enfant a été réellement remis à une nourrice, je le saurai ce soir même.

Rappelez-moi, je vous prie, le nom qui vous a été donné comme étant celui de la nourrice.

— Madame Vaurand.

M. Palmers tira un carnet de sa poche et écrivit le nom.

— On vous a dit, reprit-il, qu'elle était d'un village des environs de Chartres ?

— Oui, monsieur.

— Très bien. Donnez-moi la date de la naissance de votre enfant.

— 22 juin.

— Et c'est le soir de ce même jour que la dame Frémy l'a emporté ?

— Oui.

— Ces renseignements me suffisent.

Je reviens aux raisons déterminantes de ma conviction : la dame Frémy emporte votre enfant, vous disant qu'elle va revenir et elle ne reparaît plus. Vous vous étonnez ; on vous dit qu'elle est allée voir une sœur qu'elle a à Paris et qu'elle y aura passé la nuit. Mais le temps marche, vous devenez inquiète ; alors on vous raconte, ce dont je ne crois pas un mot, que la dame Frémy est partie pour Verdun où elle a son père dangereusement malade.

Il faut vous contenter de ce que l'on vous dit ; vous attendez. Quoi ? Au moins une lettre de madame Frémy. Cette lettre, vous l'auriez reçue, si vous et votre enfant n'aviez pas été victimes d'un noir complot.

Enfin, votre tante arrive. Sans aucun doute, elle

a, avant de vous voir, un long entretien avec la Roussotte, sa complice. La mort de votre petite fille vous est annoncée, et ce que vous raconte madame Savouroux vient confirmer ce que vous a précédemment dit la servante, ce qui prouve qu'il y avait entente entre elles.

Cependant, vous questionnez et vous embarrassez fort la fermière. Mais vous êtes crédule et facile à tromper parce que vous êtes bonne et ne voulez pas croire à la méchanceté de madame Savouroux ; elle se tire assez bien d'affaire.

Mais voilà une femme qui prend une domestique pour vous servir, une domestique dont vous n'aviez nul besoin, d'ailleurs, et qui ne sait pas où elle demeurait ; la dame Frémy a une sœur à Paris et madame Savouroux ignore également où demeure cette personne qui, peut-être, n'existe pas.

Et votre tante, qui s'occupe de tout, qui conduit tout, ne sait pas non plus le nom du village de la nourrice. Elle prétend que la dame Frémy n'a pas osé reparaître devant vous ; — mais encore une fois, et c'était son devoir, en admettant des craintes qui ne sont nullement justifiées, — elle pouvait vous écrire.

Eh bien oui, tout cela est faux et, à l'examen, ne tient pas debout. La dame Frémy a été placée près de vous uniquement pour remplir le vilain rôle qu'elle a joué ; c'était une autre complice de votre tante et elle a dû se faire payer cher ses criminelles complaisances.

La pauvre Marceline tenait dans ses mains frémissantes sa tête en feu.

— Dieu peut-il laisser commettre de pareilles monstruosités! gémit-elle.

— Dieu, ma chère enfant, n'empêche pas les scélérats de commettre les plus grands crimes ; mais il arrive toujours un moment où il en demande compte.

— Ainsi, monsieur, — c'est votre conviction et vous l'avez fait passer en moi, — ma pauvre petite fille n'est pas morte! mais qu'a-t-on fait de l'innocente créature ? Où est-elle, mon Dieu, où est-elle ?

— Je ferai, je vous le jure, tout ce qui dépendra de moi pour le savoir.

— Oh! merci, monsieur, merci!

— En vous associant à ma vie, Marceline, je m'associe, moi, à vos peines, à vos douleurs, et rien de ce qui vous touche ne peut plus m'être indifférent.

— Vous êtes bon, monsieur, et je ne mérite pas...

— Marceline, taisez-vous! Je ne vous permets pas de vous adresser un reproche. Plus votre malheur est grand, plus vous êtes digne des respects de tous.

Maintenant, si vous le voulez bien, nous allons rechercher le mobile de la conduite de madame Savouroux.

Votre tante, Marceline, est une horrible femme ; vous ne m'avez pas dit qu'elle avait pour amant le misérable qui vous a perdue, mais je l'ai deviné ; est-ce vrai ?

— C'est vrai, monsieur.

— Unique parente de madame Savouroux et sa

seule héritière, François Lambert voulait vous épouser, et, soyez-en sûre, c'est par calcul que le lâche a commis son attentat sur votre personne.

— Je l'ai tout de suite compris, monsieur.

— Seulement il avait compté sans madame Savouroux ; vous comprenez que votre tante ne pouvait pas vous donner pour femme à son amant, en admettant même la pensée d'un monstrueux partage.

— Pourtant, monsieur, c'est ma tante qui m'a proposé d'épouser François Lambert.

— Elle obéissait alors à un ordre impérieux de son amant, qui la domine comme il a eu pendant quelque temps le pouvoir de vous dominer vous-même. Madame Savouroux n'a agi, en cette circonstance, que contrainte et forcée, et elle a été enchantée de votre refus absolu. Elle vous l'a prouvé en se montrant meilleure pour vous.

Le régisseur avait-il renoncé à ses projets par suite de votre refus ? Je ne le crois pas. Il s'était dit sans doute :

— « Quand elle aura son enfant, ses idées ne seront plus les mêmes et, dans l'intérêt de son enfant, elle consentira à m'épouser.

A-t-il fait part de cet espoir à madame Savouroux ou celle-ci a-t-elle deviné sa pensée ? Je ne sais. Dans tous les cas, madame Savouroux a compris que l'enfant serait un sérieux danger pour elle, en ce sens qu'il pouvait amener un rapprochement entre vous et son amant.

— Oh ! elle n'avait pas cela à craindre.

— Soit ; mais elle le craignait. La femme jalouse ne raisonne pas toujours juste, et une femme jalouse comme madame Savouroux le serait de son ombre.

Donc, redoutant pour elle les conséquences de la naissance de l'enfant, c'est-à-dire de voir son amant lui échapper, elle prit la résolution de supprimer la cause du danger ou, pour autrement dire, de faire disparaître votre enfant.

— Ah ! les misérables ! s'écria Marceline d'une voix étranglée, ils ont peut-être tué ma fille !

— Rassurez-vous, ma chère, rassurez-vous ! Pourquoi votre tante et ses complices auraient-elles commis ce crime auquel est réservé un châtiment terrible, quand il leur était si facile de perdre simplement le pauvre petit être.

— Le perdre ! mais comment ?

— Dans un village la chose serait impossible, dans une petite ville elle présenterait d'énormes difficultés ; mais à Paris rien n'est plus facile. Très souvent, dans les journaux, on lit qu'un enfant nouveau-né a été trouvé dans telle rue, dans telle église, dans tel square, au pied d'un arbre de telle ou telle promenade publique.

— C'est affreux !

— Oui, affreux. C'est que la misère et parfois aussi la crainte d'être montrée au doigt sont de bien mauvaises conseillères. Et puis, comme dans le cas qui nous occupe, il y a de ces malheureux petits êtres que la famille de la mère a intérêt à faire disparaître. Il y a tant de drames et de mystères dans la vie ! Les plaies sociales sont nombreuses et terribles.

Enfin, mieux vaut encore perdre ainsi un pauvre petit enfant que de l'étrangler ou de l'étouffer, comme le font trop souvent, hélas! d'horribles mères qui n'ont de la femme que le nom.

L'enfant trouvé ou abandonné est recueilli par la charité publique, et c'est pour ces déshérités qu'a été instituée la maison des Enfants assistés. On prend soin d'eux, on les élève. Sans doute, pour la plupart, ils sont condamnés fatalement à une existence malheureuse; sans famille, ils sont seuls au monde; mais ils vivent, ils ont leur petite place au soleil et peuvent être appelés à rendre des services à la société.

— Ma pauvre petite! ma pauvre petite! soupira Marceline.

— Je ne veux pas vous le cacher, continua M. Palmers, je crois que votre petite fille a été abandonnée dans un endroit quelconque de Paris.

— Mon Dieu, mon Dieu!

— Si je ne me trompe pas, — et je le souhaite — nous la retrouverons sans être obligés de faire de grandes recherches.

— Comment, monsieur?

— Je verrai le chef de la Sûreté, le Préfet de police lui-même, si c'est nécessaire, et je ferai consulter les rappports des commissaires de police de Paris envoyés à la Préfecture dans les huit derniers jours de juin 1870.

Je n'ai plus qu'un mot à ajouter au sujet de madame Savouroux: Je suis certain que, revenue chez elle, elle a dit à François Lambert, comme à vous, que l'enfant était mort chez sa nourrice.

Marceline s'était remise à pleurer.

— Allons, allons, lui dit M. Palmers, courage et espoir, et soyez forte; cessez de pleurer, essuyez vos beaux yeux et sachez vous contenir afin de ne point laisser deviner ce qui se passe en vous. Il y a des nécessités cruelles, dissimuler en est une aujourd'hui pour vous. Mais vous n'êtes plus seule au monde et vous savez que vous pouvez compter sur moi.

— Oh! oui, je compte sur vous et m'appuie sur vous pleine de confiance.

— Vous verrez par la suite que votre confiance est bien placée.

Mais je viens d'entendre la voiture de madame Chaumontel entrer dans la cour. Ma parente et Henri vont être ici, près de vous, dans un instant. Moi je vais sortir, je veux sans tarder commencer mes recherches.

Un long regard plein de reconnaissance et de tendresse le remercia.

Il n'était encore que quatre heures de l'après-midi, et comme en été les journées sont longues, M. Palmers avait plusieurs heures devant lui. Sur le boulevard, il prit une voiture de place et se fit conduire au plus proche bureau de nourrices.

Il rentra à sept heures. On l'attendait pour se mettre à table.

Marceline l'interrogea anxieusement du regard.

Il répondit par un mouvement de tête qui signifiait :

— Rien.

La jeune fille étouffa un soupir.

Dans la soirée, elle put se trouver un instant seule avec M. Palmers.

— Ainsi, lui dit-elle, ma pauvre petite n'a pas eu une nourrice ?

— J'en étais à peu près sûr, mais je tenais à acquérir une certitude complète. Je suis allé dans tous les bureaux. Des recherches minutieuses ont été faites sur les registres, sous mes yeux. Aucun enfant n'a été apporté à une nourrice dans la journée du 22 juin et celle du 23 ; du reste, le nom de la femme Vaurand est aussi inconnu que celui de la dame Frémy.

Nous voilà donc fixés sur ce point : la dame Frémy n'a pas porté l'enfant à une nourrice qu'elle avait retenue dans un bureau, ainsi qu'elle vous l'a dit.

Demain matin, à dix heures, je serai à la Préfecture de police.

Marceline quitta M. Palmers et celui-ci alla trouver madame Chaumontel.

— J'espère, monsieur, que vous n'avez pas à vous plaindre de moi, dit la dame, je vous ai donné, cette après-midi, tout le temps de causer avec mademoiselle de Langrolle.

— Comme toujours, chère madame, vous avez été charmante.

— Merci. Eh bien ?

— Eh bien, j'ai profité de votre promenade volontairement prolongée.

— Mais cela ne me dit pas...

— Tout est dans ce mot : elle consent.

— Ah! j'en suis ravie pour vous, mon ami, qui méritez bien de posséder ce trésor; pour elle, qui va être plus heureuse qu'une reine, et pour notre cher Henri, qui conservera ainsi sa petite mère.

— C'est, en effet, et je le crois fermement, notre bonheur à tous trois.

— Est-il toujours convenu que demain vous annoncez votre mariage à M. Tarade, à mon mari et à votre banquier ?

— Parfaitement. Ces messieurs sont invités ?

— Je n'avais pas de temps à perdre et n'en ai pas perdu. Avec un homme pressé comme vous, il faut savoir se hâter. J'ai tout de suite écrit mes deux lettres et voici les réponses.

— Et ils acceptent ?

— Avec grand plaisir.

— Vous aurez celui, chère madame, de jouir de leur surprise.

— Et de la joie de ce bon docteur Tarade. Vous n'avez pas idée de l'intérêt qu'il porte à votre future femme, mon cher Palmers; je crois vraiment qu'il l'aime autant que sa fille.

— Qui donc, connaissant mademoiselle de Langrolle, ne l'aimerait pas ?

— Vous avez raison. Est-ce que je ne raffole pas d'elle, moi ? Et mon mari, dont le désespoir, partagé par moi, est de ne pas avoir d'enfant, ne parlait-il pas, il y a quelque temps, de l'adopter ?

— Ah ! mais non, je ne veux pas, je ne veux pas.

— Égoïste ! fit madame Chaumontel en riant, vous aimez mieux qu'elle soit votre femme que notre fille ! Mais vous aurez beau faire, monsieur, nous l'aimerons quand même.

— Oh ! cela, c'est accordé.

— Vous n'êtes pas jaloux ?

— Dieu me garde de laisser pénétrer en moi ce vilain sentiment, d'autant plus exécrable que ce sont surtout les autres qui en souffrent.

— Mon ami, et ce n'est pas d'aujourd'hui que je le reconnais, vous êtes un homme parfait.

— Ne le dites pas trop haut, vous me le feriez croire.

— On a le droit de se rendre justice soi-même.

— C'est précisément pour ne pas avoir à me juger trop sévèrement que je fais approuver tous mes actes par ma conscience et que je me répète souvent que je ne dois jamais faire aux autres ce que je ne voudrais pas qu'on me fît.

— C'est un principe de la morale chrétienne.

— Si vous voulez, chère madame; mais il est de tous les temps, de toutes les religions; il appartient à l'humanité.

Le lecteur sait maintenant quel homme était M. Williams Palmers.

Le lendemain matin, à dix heures, comme il l'avait annoncé à Marceline, il était à la Préfecture de police et se faisait annoncer au chef de la Sûreté, qui le reçut aussitôt et avec beaucoup de courtoisie.

Du premier coup d'œil, par l'aisance des mouvements de l'Américain et sa grande distinction, le fonctionnaire avait reconnu un homme du monde.

Après avoir indiqué un siège au visiteur :

— Qu'y a-t-il pour votre service, monsieur? demanda-t-il.

— Monsieur, répondit M. Palmers, je n'ai pas l'honneur d'être connu de vous, quand j'ai l'avantage de savoir que vous êtes un homme juste et bienveillant par excellence; vous êtes sympathique à tout le monde et respecté même par ceux qui ont à vous redouter.

Ma femme, que j'ai eu le malheur de perdre il y a quelques années, était la cousine de madame Chaumontel, que vous connaissez.

— En effet, je connais particulièrement M. et madame Chaumontel.

— Je ne suis donc plus tout à fait un étranger pour vous.

— Les amis de nos amis sont nos amis, répondit gracieusement le magistrat.

— Merci, monsieur. Je viens faire auprès de vous une démarche assez délicate ; je m'adresse à vous en toute confiance, mais plus à l'homme de cœur qu'au représentant de la justice.

— Parlez, monsieur, je vous écoute.

— Je suis à la recherche d'un enfant, une petite fille, que je suppose avoir été abandonnée le jour même de sa naissance, dans la soirée du 22 juin de l'année dernière.

— Ah! Alors le fait a eu lieu à la suite d'un accouchement clandestin?

— Oui, monsieur.

— Et la naissance de l'enfant n'a pas été déclarée?

— Naturellement.

— Naturellement aussi il n'y avait près de la jeune mère ni sage-femme, ni médecin ?

— Oui, monsieur.

— Donc il y a dans cette affaire des délits graves, pour ne pas dire des crimes, que la loi punit sévèrement.

— Assurément, monsieur.

— La mère de l'enfant était mariée ?

— Non, c'était une jeune fille.

— De bonne famille?

— Oui.

— Je comprends, on avait intérêt à faire disparaître le nouveau-né.

— C'est vrai.
— La mère était-elle consentante?
— Non, certes, monsieur; on lui a dit que son enfant était mort en nourrice et jusqu'à ces derniers temps elle l'a cru; si, aujourd'hui, je désire vivement retrouver la petite fille abandonnée, c'est pour la rendre à sa mère.
— Ce que je ne voulais appeler tout à l'heure qu'un délit est un crime monstrueux.
— Oui, monsieur; et ce crime, que vous voyez, est greffé sur un autre, non moins abominable. Mais pour des raisons majeures, que vous devinerez facilement, la jeune fille, au nom de laquelle j'agis, ne réclame point le châtiment des coupables.
— Voilà un cas qui se présente trop souvent, malheureusement.
— Je suis absolument de votre avis, monsieur, et je voudrais voir toujours les coupables punis; mais il y a telles et telles circonstances...
— Oui, oui, le scandale que l'on veut éviter, des malheurs qu'on ne veut pas rendre publics. Les drames qui restent enfouis dans l'ombre sont les plus nombreux. Mais passons, monsieur.
— Comme vous l'avez tout de suite compris, on avait intérêt à faire disparaître l'enfant. On avait dit à la mère : Nous allons le donner à une nourrice. Or j'ai acquis la conviction qu'il n'a pas été mis en nourrice, et comme il a été enlevé à la pauvre mère quelques heures seulement après sa naissance, j'ai supposé, avec raison, je crois, qu'il avait été déposé dans un endroit quelconque de Paris, recueilli, par un passant, porté à un commissariat de police, et j'ai pensé, monsieur, que les rapports de messieurs les

commissaires de police, à l'époque, m'aideraient à retrouver la pauvre petite abandonnée.

— Il est certain que si l'enfant a été trouvé ainsi que vous le supposez, le rapport d'un de nos commissaires de police nous le dira. Vous dites, monsieur, que l'abandon a eu lieu...

— Dans la soirée du 22 juin 1870.

Le chef de la Sûreté écrivit rapidement quelques lignes sur un carré de papier, puis sonna.

Un garçon de bureau parut.

Le magistrat lui remit le papier en disant :

— Portez ceci à M. Maurel.

La porte refermée, le fonctionnaire reprit :

— On va m'apporter les rapports des commissaires de police et nous les examinerons ensemble.

— Je vous remercie mille fois de votre extrême obligeance, monsieur.

— La chose dont vous vous occupez mérite tout mon intérêt.

Nous sommes au lendemain seulement de bien mauvais jours et nous n'avons pas encore eu le temps de nous remettre des affreux événements qui se sont accomplis en France ; il y a plus d'un an que je n'ai pas eu le plaisir de voir M. et madame Chaumontel ; comment vont-ils ?

— Aussi bien que possible, monsieur ; M. Chaumontel, comme tous ses confrères, d'ailleurs, se plaint un peu de la lente reprise des affaires.

— Cela reviendra. La République, espérons-le, avec d'honnêtes gens pour la conduire, réparera nos désastres. Les incendies de nos monuments sont à peine éteints, Paris est encore à moitié désert, attendons que les Prussiens aient repassé la frontière et que la France ait repris possession d'elle-même.

J'ai appris que M. et madame Chaumontel avaient quitté Paris avant son investissement; ils ont passé les mois douloureux dans le midi, à Cannes, je crois.

— Oui, à Cannes.

— Aussitôt que je le pourrai, j'irai leur faire une visite; en attendant, veuillez, je vous prie, monsieur, leur présenter mes compliments.

— Je n'y manquerai pas, monsieur.

— Ils ont chez eux un petit garçon fort gentil.

— Henri Palmers.

— Votre fils! Mais oui, mais oui; votre nom m'avait frappé, comment ne me suis-je pas rappelé tout de suite?... Je ne sais pas vraiment où j'avais la tête. Je vous félicite, monsieur, d'être le père d'un enfant aussi aimable, aussi charmant.

— Henri tient beaucoup de sa mère; aussi est-il moins Américain que Français.

A ce moment, un garçon de bureau apporta les rapports demandés.

XIV

A MONTREUIL-SOUS-BOIS

Les deux hommes se mirent immédiatement en devoir de consulter les rapports, qui n'étaient pas tous très lisiblement écrits et dont quelques-uns étaient fort longs.

Ils passèrent plus d'une heure à cette fatigante besogne, et souvent l'un et l'autre avaient prononcé ce mot : Rien.

Et quand ils eurent tout vu, tout lu, désappointés, ils restèrent un instant silencieux, se regardant.

M. Palmers était consterné; la déception était d'autant plus cruelle qu'il n'avait point eu la pensée qu'il pouvait se tromper.

Alors se représentait cette question troublante :

— Qu'a-t-on fait de la pauvre petite fille?

Il se refusait absolument à admettre qu'on l'eût assassinée. Et cependant...

Le chef de la Sûreté était soucieux.

— Eh bien, monsieur Palmers? fit-il.

— Je ne sais plus que penser.

— Vous êtes trompé dans votre espoir?

— Croyez-vous qu'on ait été capable de tuer l'innocente créature ?

— Tout est possible, mais il ne faut pas croire, sans preuve absolue, à un pareil crime.

— Ne pouvez-vous pas me donner un conseil ?

— Le meilleur que je pourrais vous donner, mais d'après ce que vous m'avez dit, vous ne le suivriez pas, — ce serait de faire arrêter immédiatement toutes les personnes qui ont trempé dans cette ténébreuse affaire.

M. Palmers secoua tristement la tête.

— Oh ! si je pouvais ! fit-il avec un éclair dans le regard.

— Enfin, vous ne voulez pas faire intervenir la justice.

— Oh ! je le voudrais, mais c'est impossible.

— Une femme — car ce ne pouvait être qu'une femme — a pris l'enfant à sa mère pour la porter soi-disant à une nourrice. Quelle est cette femme ?

— Une certaine dame Frémy.

— A quel titre était-elle auprès de la jeune mère ?

— En apparence comme servante ; mais c'était évidemment une complice de la personne qui menait tout.

— Cette personne, ne pouvez-vous pas l'atteindre ?

— Si, mais je voudrais ne pas être forcé d'aller jusqu'à elle.

— Alors, si vous ne voulez pas longtemps chercher dans le vide, risquant, finalement, de ne rien trouver, il vous faut tout d'abord retrouver cette dame Frémy. Où est-elle ?

— Elle demeurait à l'époque et demeure probablement encore à Paris; malheureusement, j'ignore ce qu'elle fait et n'ai ni son adresse, ni le moyen de me la procurer.

— Les difficultés augmentent et se compliquent. Ah! cette association de misérables auxquels vous avez affaire avait bien pris ses précautions, ses mesures; la trame de cet acte odieux a été habilement ourdie. Si vous ne pouvez pas retrouver la dame Frémy, il vous faudra, malgré vos répugnances, aller jusqu'à la personne qui a été l'âme du complot.

— J'irai, monsieur, j'irai, mais à la dernière extrémité, car il y a des contacts qu'on veut éviter. Avant d'en venir là, je me mettrai à la recherche de la dame Frémy; je pourrai obtenir, j'espère, des indications qui me la feront découvrir.

— Monsieur Palmers, si vous avez besoin de mes services...

— Merci, monsieur; mais mon grand désir est de ne pas avoir à recourir à votre obligeance dans cette circonstance où, comme vous l'avez dit, on veut à tout prix éviter le scandale.

— Alors, monsieur, je n'ai plus qu'à vous souhaiter bonne chance, c'est-à-dire de mener à bien votre entreprise.

M. Palmers prit congé du chef de la Sûreté et rentra un peu avant l'heure du déjeuner.

Marceline vit tout de suite à sa figure qu'il n'avait pas une bonne nouvelle à lui annoncer.

— Je n'ose pas vous interroger, lui dit-elle tristement.

— Eh bien, oui, je n'ai pas été plus heureux aujourd'hui qu'hier.

— Ah! nous ne la retrouverons pas !

— Ne désespérons pas. Tout à l'heure je prierai madame Chaumontel de se charger de mon fils cette après-midi et, si vous le voulez bien, nous sortirons ensemble.

— Pour aller où ?

— A Montreuil-sous-Bois.

Elle le regarda, étonnée.

— Je vais, continua-t-il, me livrer à de nouvelles recherches qui doivent commencer à Montreuil.

— C'est bien.

— Tout de suite après le déjeuner, vous vous habillerez et nous partirons.

— Vous n'aurez pas à m'attendre longtemps.

— Reconnaîtrez-vous bien la maison ?

— Oui.

— Elle se trouve, m'avez-vous dit, à l'extrémité de Montreuil, dans les champs, du côté de Bagnolet ?

— Parfaitement.

— Notre voiture nous conduira de ce côté, et si vous retrouvez la maison, nous n'aurons à interroger personne pour nous la faire indiquer.

A une heure M. Palmers et Marceline montaient en voiture et à deux heures vingt minutes ils mettaient pied à terre à l'entrée d'un chemin qui traverse le coteau peu élevé qui sépare Montreuil de Rosny.

La jeune fille s'orienta, regarda et, au bout de quelques instants, indiquant de la main une bâtisse qui se trouvait à environ quatre cents mètres de distance, elle dit :

— Monsieur, voilà la maison.

— Eh bien, ma chère Marceline, nous allons faire

connaissance avec les gens qui l'habitent en ce moment. Prenez mon bras, sur lequel vous ne devez pas craindre de vous appuyer, et marchons.

Par un étroit sentier d'abord et ensuite par un chemin carrossable assez bien entretenu, ils arrivèrent devant la maison au bout de quelques minutes.

L'immeuble, nous le savons, avait été construit au milieu d'un terrain qu'on avait ensuite transformé en jardin et entouré de murs.

La porte de l'enclos se trouvait ouverte.

On apercevait, assis sous un marronnier, un pauvre malade, qui paraissait avoir plus de quarante ans, tant il avait la figure décharnée et flétrie par de longues souffrances. Malgré le beau soleil qui brillait dans un ciel très pur et la chaleur de cette riante journée de juin, le malade était frileusement enveloppé de chaudes couvertures de laine. Ce malheureux fiévreux était le fils unique des époux Marniat, propriétaires de la maison.

Le jardin était dans un meilleur état que l'année précédente; les allées, le long desquelles s'épanouissaient quelques fleurs vivaces et annuelles, avaient été ratissées et sablées.

Le terrain était presque entièrement en culture; on voyait un grand carré de pommes de terre, un autre de choux, un troisième d'artichauts, puis il y avait des planches d'oignons, de pois, de carottes, de haricots, de céleri, de salades, etc... jusqu'à des tomates.

A ce moment, madame Marniat était occupée à cueillir des fraises dont elle cherchait à remplir un bol de faïence. Plus loin, au fond du jardin, M. Marniat, suant et soufflant, était en train de bêcher une terre fort difficile à émietter, par suite d'un trop long repos.

— Est-ce que je vais entrer avec vous? demanda Marceline.

— Pourquoi pas? Vous n'avez rien à craindre. D'ailleurs ces gens ne vous connaissent pas.

La jeune fille ne fit aucune objection.

Ils pénétrèrent dans la propriété.

La voix grêle et oppressée du malade cria :

— Mère, mère, quelqu'un!

La femme se redressa, abandonna aussitôt ses fraisiers et s'avança à la rencontre des inconnus, ayant à la main son bol à moitié plein.

— Monsieur et madame, dit-elle, qu'est-ce que vous désirez?

— Quelques renseignements que vous pourrez peut-être nous donner, madame, répondit M. Palmers.

— Si je le peux, je ne demande pas mieux.

— Y a-t-il longtemps que vous demeurez ici?

— Mais depuis que mon mari a acheté ce terrain et fait bâtir la maison, répondit la femme un peu étonnée.

— Ah! vous êtes la propriétaire?

— Je le crois, fit madame Marniat, ébauchant un sourire.

— Cependant, madame, l'année dernière, à pareille époque, d'autres personnes habitaient votre maison.

— C'est vrai, monsieur; nous étions allés dans les Pyrénées... pour lui.

Et elle montra le malade.

— Nous avions l'espoir qu'il guérirait là-bas,

reprit-elle, mais point; je crois même que nous l'avons ramené plus malade.

— C'est votre fils?
— Oui, monsieur, et nous n'avons que lui.
— Quelle est donc sa maladie?
— La poitrine, rien à faire, il est perdu!
— C'est cruel!
— Oui, monsieur, c'est triste, c'est cruel. Mon homme et moi nous avons travaillé tout notre sâoul pendant quarante ans; c'était pour lui. Ah! c'est dur de penser que ce que l'on a amassé avec tant de peine s'en ira un jour on ne sait où.
— Je vous plains sincèrement, madame.
— Merci, monsieur; mais quoi dire, quoi faire? Que voulez-vous? c'est comme ça!

Vous disiez donc, monsieur, que vous désiriez avoir des renseignements...
— Oui, madame, sur les personnes qui ont demeuré dans votre maison pendant votre séjour aux Pyrénées.
— Je ne peux pas vous dire, monsieur, et mon mari n'en sait pas plus long que moi.
— Est-ce possible?
— Je vais vous expliquer : quand nous sommes partis, mon homme a remis les clefs à un camarade et lui a dit : « Si tu trouves à louer la propriété pour quelques mois, fais-le. » On sait ce que vaut l'argent, monsieur, quand on a eu tant de mal à en gagner un peu; un gain n'est jamais à dédaigner, si petit qu'il soit. Ainsi pensait mon homme en disant à son ami : « Loue la maison si tu trouves. »

Donc, Antoine Bonfallot, — c'est le nom du camarade de mon mari, — a mis la maison en location et a trouvé à la louer; il l'a même louée un bon prix : six cents francs pour deux mois et quelques jours que les dames y sont restées, car c'étaient des dames et elles étaient trois, paraît-il. Notre ami Bonfallot n'en a jamais vu que deux, l'autre ne se montrait jamais.

— Est-ce là tout ce vous savez, madame?
— Oui, monsieur.
— Et tout ce que sait votre mari?
— Je vous l'ai dit, monsieur, mon mari ne sait pas autre chose que ce que je sais. Ah! j'oubliais quelque chose : les locataires sont partis un tantôt, abandonnant la maison, comme si une grande peur les eût prises tout à coup, et laissant toutes les clefs aux portes.

— Votre ami, M. Bonfallot, a dû être bien surpris?
— Dame oui, monsieur, et vraiment il y avait de quoi.
— M. Bonfallot nous dira probablement comment et à qui il a loué votre maison.
— Oh! ça, c'est certain.
— Où demeure-t-il?
— A Montreuil, monsieur, pas bien loin d'ici.
— Voulez-vous avoir l'obligeance de me donner son adresse?
— Si cela ne vous fait rien, vous pourrez causer ici même avec Bonfallot; mon homme ira le chercher.
— Mais c'est un dérangement...
— Oh! petit, bien petit.
— Je ne peux répondre à votre amabilité, madame, qu'en acceptant.

Tout en prenant intérêt à la conversation, Marceline, qui n'avait rien à dire, pensait aux jours qu'elle avait passés dans cette maison et dans ce jardin où elle avait tant de fois promené ses rêves, ses amertumes, ses angoisses de toutes sortes et se rappelait surtout l'immense douleur qu'elle avait éprouvée en apprenant de la bouche de sa tante que sa fille était morte.

L'obligeante propriétaire appela son mari :

— Marniat, Marniat, viens donc!

L'homme laissa sa bêche plantée en terre et accourut.

Il salua l'étranger et la jeune fille, et à cette question adressée à sa femme :

— Qu'est-ce que c'est?

— Monsieur, répondit-elle, a besoin de causer un instant avec Bonfallot; tu vas aller le chercher tout de suite, pars et dépêche-toi !

Le bon Marniat, évidemment habitué à l'obéissance, fila sans répliquer.

— Monsieur et madame, reprit la femme, donnez-vous la peine d'entrer chez nous.

— Merci, madame ; mais, si vous le permettez, nous préférons attendre en nous promenant dans votre jardin.

— Faites comme vous voudrez, monsieur et madame.

M. Palmers et Marceline s'éloignèrent pendant que madame Marniat allait achever de cueillir ses fraises.

— Je suis sûr, dit l'Américain à la jeune fille, que ce M. Bonfallot ne connaît pas madame Savouroux et que même il ne l'a jamais aperçue ici...

— Mais la location de la maison?

— N'a pas été faite par elle; vous verrez tout à l'heure si je me trompe.

Vingt minutes s'écoulèrent. Alors M. Palmers et Marceline virent s'avancer vers eux un homme dont la figure barbouillée de noir et les mains sales de charbon indiquaient le métier de charbonnier.

— C'est vous, monsieur, dit-il à l'Américain, qui avez à me parler?

— Oui, monsieur, et je vous remercie d'avoir bien voulu vous déranger.

— Ce n'est pas un dérangement comme si nous étions en hiver, répliqua l'Auvergnat; l'été c'est notre mauvaise saison, à nous autres, les affaires ne vont pas.

— Voici, monsieur, de quoi il s'agit : Je suis en quête de renseignements au sujet des personnes à qui vous avez loué, l'année dernière, la maison de M. Marniot, votre ami.

Bonfallot dévisagea des yeux l'Américain, tout en jetant un regard oblique sur la jeune fille.

— Ah! c'est pour ça? fit-il.

— Oui, et j'espère que vous voudrez bien me renseigner.

Le charbonnier se gratta l'oreille.

— Est-ce qu'il vous est désagréable de parler? demanda M. Palmers.

— Oh! ce n'est pas ça; mais je ne sais pas trop ce que je vais pouvoir vous dire.

— D'abord, une question : vous doutez-vous un peu de ce qui s'est passé dans la maison?

— Ce qui s'y est passé? Est-ce qu'il s'est passé quelque chose?

— Vous ne savez pas ; alors nous n'avons point à parler de cela. A qui avez-vous loué la maison ?

— A une femme.

— Comment s'appelait-elle, cette femme ?

— Madame Frémy ; mais elle a bien pu me donner un faux nom.

M. Palmers et la jeune fille échangèrent un regard rapide.

— Comment était-elle, cette madame Frémy ?

Bonfallot fit rapidement et assez exactement le portrait de la femme pour que Marceline et M. Palmers reconnussent la fausse madame Frémy.

— Très bien, dit l'Américain ; maintenant, voulez-vous être assez bon pour nous dire comment vous êtes entré en relations avec madame Frémy ?

— Tout naturellement, monsieur ; j'avais mis la maison de l'ami Marniat à louer en accrochant au mur, près de la porte du jardin, un écriteau qui donnait mon adresse.

Un jour, vers deux heures de l'après-midi, je vis entrer dans ma boutique une femme assez grande, assez bien habillée, mais pâle, très pâle, très maigre aussi et qui avait l'air souffrant. Elle me dit :

« — Je viens pour la maison meublée que vous avez à louer.

» — C'est bien, madame, c'est bien, répondis-je.

» — Voulez-vous me la faire visiter ?

» — Tout de suite ; le temps de prendre les clefs qui sont en haut dans ma chambre, et je suis à vous.

» Bon ! je lui fis visiter la maison, et comme le jardin était mal entretenu, couvert de mauvaises herbes, je lui expliquai pourquoi ; mais elle n'y faisait même pas attention, au jardin. Elle ne s'occupait que de l'intérieur de la maison. Elle lui plaisait beaucoup, c'était bien ce qu'elle cherchait; seulement il lui fallait trois chambres à coucher, c'est-à-dire trois lits.

» — Eh bien, lui dis-je, on peut faire du salon une chambre à coucher et, si vous louez, j'y mettrai un lit.

» — Oh! alors, fit-elle, tout est pour le mieux. Je désire louer pour six mois, quel prix me demandez-vous? »

Je me dis que du moment que le local lui plaisait tant, je pouvais me montrer exigeant, et je répondis :

« — Six cents francs. »

Je m'attendais à la voir regimber. Point. Elle accepta sans faire la grimace.

Nous revînmes chez moi ; elle me compta six bons et beaux billets de cent francs dont je lui fis un reçu.

En moi-même je me disais : « Sans que cela paraisse, ce n'est pas l'argent qui lui manque. »

« — Quand mettrez-vous le troisième lit? me demanda-t-elle.

» — Quand vous voudrez.

» — Eh bien dans la journée de demain.

» — C'est dit.

» — Je m'installerai dès ce soir dans la maison, reprit-elle ; le lit en question est pour moi, les autres seront pour ma sœur et ma nièce que j'attends et qui arriveront dans quelques jours. »

— Ah! madame Frémy vous a dit cela?

— Oui, monsieur. De temps en temps je lui faisais une visite ; je devais bien, vous comprenez, exercer une petite surveillance, malgré la grande confiance que la locataire m'avait inspirée. Deux ou trois fois je vis sa sœur qui était boiteuse et fort laide. Quant à la nièce, elle était invisible. Elle se trouvait là, cependant, car je l'entendais marcher, et même, une fois, sa voix arriva à mon oreille. Elle appelait madame Frémy.

Un matin que je venais faire ma visite, la boiteuse me dit :

« — Vous ne verrez pas ma sœur aujourd'hui, elle est partie pour la Belgique où elle a un petit héritage à recueillir.

Je n'avais rien à voir à ça.

Je revins au bout de huit ou dix jours. Jugez de ma surprise, monsieur, de ma stupéfaction. Plus personne ! Les locataires étaient parties sans tambour ni trompette, emportant tout ce qui leur appartenait. Et on ne m'avait rien dit, rien, rien.

— Ce départ singulier ne vous a-t-il pas suggéré quelques réflexions ?

— J'en ai fait de toutes sortes, des réflexions; mais je ne suis pas arrivé à comprendre et je ne comprends pas encore.

— Avez-vous revu madame Frémy ?

— Plus jamais, ni sa sœur. Il est vrai que les Prussiens marchaient sur Paris et qu'après les malheurs de la guerre nous allions avoir ceux de la Commune.

Ah! ici, à Montreuil, comme à Paris, nous en avons vu de toutes les couleurs. Ce n'était pas gai, allez, monsieur, ah! non..., ce n'était pas gai!

— Quand elle s'est présentée à vous pour louer la

maison, savez-vous d'où venait madame Frémy?

— De Paris, bien sûr.

— Où demeurait-elle, à Paris?

— Ça monsieur, je l'ignore.

— Ainsi vous ne pouvez me fournir aucun renseignement qui m'aiderait à retrouver cette femme?

— Aucun, monsieur.

Il n'y avait plus à chercher à Montreuil.

M. Palmers remercia Antoine Bonfallot ainsi que le couple Marniat et lui et Marceline se retirèrent.

XV

LE VIEUX SERVITEUR

La jeune fille était triste, avait de grosses larmes dans les yeux.

— Ah ! monsieur, soupira-t-elle, encore une déception !

— Oui, chère enfant, encore une déception, mais il ne faut pas qu'elle nous pousse au découragement. Ah ! les misérables, que de précautions ils ont prises pour commettre leur crime ! Comme le disait ce matin le chef de la Sûreté, la trame dont vous et votre enfant avez été victimes a été habilement ourdie.

— Aurais-je jamais pu croire à tant d'infamie ?

— Il y avait trop de loyauté en vous pour que vous puissiez seulement soupçonner les abominables manœuvres de madame Savouroux. Ceux qui sont honnêtes ne croient pas volontiers à la duplicité des autres ; toujours les bons sont victimes des méchants. Il en est ainsi depuis que Caïn a tué Abel et cela durera jusqu'à la fin des siècles.

— S'il y a du beau dans la vie, que de laideurs on y trouve !

— Que voulez-vous ? Il faut la prendre ainsi puisqu'elle est ainsi faite. C'est aux honnêtes gens à se tenir constamment en garde contre les embûches des scélérats ; c'est à ceux qui ne veulent pas frissonner d'horreur et de dégoût à détourner les yeux de tout ce qui est laid et à ne regarder que les belles choses.

Ils remontèrent dans leur voiture et reprirent la route de Paris au galop du cheval.

Ils restèrent assez longtemps silencieux.

— A quoi pensez-vous ? demanda M. Palmers, à votre fille ?

— Oui, monsieur, à ma fille, à Henri et à vous si généreux, si bon !

L'Américain serra la main de la jeune fille.

— Je vous l'ai dit hier et je vous le répète, Marceline, vous n'êtes plus seule au monde.

A son tour elle serra silencieusement la main du père de Henri.

— Vous ne vous trompiez pas, monsieur, en me disant que la location de la maison n'avait pas été faite par madame Savouroux.

— Pas plus que je ne me trompe en affirmant que tout ce qui vous a été dit n'était que mensonges sur mensonges. Tout a été combiné en vue de faire disparaître votre enfant et de vous empêcher de le retrouver dans le cas où vous douteriez qu'il fût mort. Ce que nous venons d'apprendre est la confirmation pleine et entière de tout ce que je vous ai dit hier. Immédiatement j'ai vu se mouvoir les rouages de la noire machination.

Bien avant votre départ de la ferme, madame Savouroux et sa digne servante avaient ourdi l'horrible trame. Madame Savouroux est venue à Paris, où elle a trouvé cette misérable femme qui a consenti à être aussi sa complice. Et, comme, prudemment, votre tante ne veut pas se montrer, trouvant moins dangereux d'agir dans l'ombre, elle charge la susdite dame Frémy de louer la maison.

Celle-ci se prête à tout, rien ne lui répugne; c'est elle qui va habiter la maison pendant quelques mois en compagnie de sa sœur et de sa nièce qu'elle attend et qui vont prochainement arriver. L'honnête Bonfallot accepte cela comme le prix élevé de location, n'ayant aucune raison de soupçonner qu'on se moque de lui. Il ne se doute même pas des événements qui vont s'accomplir dans le logis de son ami Marniat.

Elles sont trois femmes, qui sont-elles? Bonfallot ignore absolument ce qu'elles font et d'où elles viennent. Ce sont des inconnues, et le jour où elles n'ont plus rien à faire dans la maison, elles s'en vont, tout simplement; elles disparaissent, comme un nuage de fumée que le vent emporte.

Ah! on peut reconnaître et dire que madame Savouroux est une maîtresse femme ou plutôt une habile coquine; il y a, de par le monde, de ces Machiavel femelles; elle a joué un jeu serré; seulement elle ne s'est pas douté, en jetant ses cartes, que quelqu'un les ramasserait pour lui contester le résultat de la partie et prendre une revanche.

Eh bien, oui, ma chère Marceline, les déceptions d'hier et d'aujourd'hui ne m'ont pas découragé; j'ai pris ma tâche à cœur et je la veux mener jusqu'au bout.

— Que pouvez-vous donc faire encore ?

— Ce que j'aurais voulu ne pas être forcé de faire. Non, je n'aurais pas voulu subir le contact impur de madame Savouroux.

— Vous iriez à Margaine ! s'écria la jeune fille avec une sorte d'effroi.

— J'irai à Margaine ; il le faut.

— Et si elle refuse de vous dire...

— Elle n'osera pas.

— Ah ! vous ne la connaissez point !

— Je saurai l'y contraindre.

— Ah ! je tremble à la pensée de ce qui peut arriver.

— Rassurez-vous, ma chère Marceline, je n'aurai pas à employer des moyens violents. Si je dois en venir là, j'annoncerai à madame Savouroux notre prochain mariage ; alors, n'ayant plus à craindre un rapprochement possible entre vous et son amant, elle parlera.

— Ah ! oui, vous avez raison.

— Demain, ma chérie, j'emploierai ma journée à tout préparer pour notre mariage ; je tiens à prendre mes précautions pour rendre un retard impossible. Il nous faut votre acte de naissance, l'acte de décès de votre père et celui de votre mère. Quant à mes papiers à moi, je ne voyage jamais sans eux ; dans tous les cas, je pourrais m'en faire délivrer un duplicata à la mairie où a eu lieu mon premier mariage.

— Madame Savouroux est mon unique parente ; n'ai-je pas besoin de son autorisation ?

— Est-elle votre tutrice ?

— Non. Après la mort de ma pauvre mère, il n'y

a pas eu lieu, probablement, à assembler ce qu'on appelle un conseil de famille.

— Alors, ma chère Marceline, nous n'avons nullement besoin du consentement de madame Savouroux.

Voilà donc ce que je ferai demain, et après-demain matin, par le premier train, je me mettrai en route pour la ferme de Margaine.

* * *

Un train omnibus s'arrêtait à neuf heures dix minutes du matin, à une petite gare de la grande ligne de Bourgogne.

Sur le quai, marchant le long des voitures, un employé de la compagnie P.-L.-M. criait :

— Saint-Mammès, Saint-Mammès, Saint-Mammès.

La portière d'un compartiment de première classe s'ouvrit et M. Williams Palmers mit pied à terre.

Il resta sur le quai, attendant que le chef de gare eût annoncé, par un coup de sifflet, que le train pouvait se remettre en marche, puis il s'approcha de cet agent et lui dit :

— Monsieur, je me rends à la ferme de Margaine, y a-t-il une voiture pour m'y conduire ?

— Nous n'avons pas d'omnibus allant de ce côté, monsieur, et je ne crois pas que vous puissiez trouver à Saint-Mammès une voiture particulière.

— De sorte que je dois me résoudre à faire le chemin à pied. Quelle est la distance ?

— Sept bons kilomètres, une heure et demie de marche, en allant d'un bon pas.

— Allons, ce n'est pas effrayant.

— Pardon, monsieur, mais vous me parlez de la ferme de Margaine comme si vous ignoriez qu'elle n'existe plus.

— Que me dites-vous, monsieur ? s'écria l'Américain.

— Ainsi, monsieur, vous ne saviez pas ?... Quand je dis que la ferme n'existe plus, je veux parler seulement de la maison d'habitation de la dame de Margaine et des bâtiments de l'exploitation, car les terres, les prairies et les bois sont toujours là.

— Mais que s'est-il donc passé ?

— Les Prussiens, monsieur.

— Eh bien, les Prussiens ?

— Ils ont tout brûlé.

— Pourquoi ? Quelles raisons ?

— Dame, les raisons qu'ont toujours les plus forts ; mais je ne peux pas vous bien renseigner, ne sachant pas exactement comment la chose est arrivée. Si vous allez jusqu'à l'endroit où s'élevaient les bâtiments de Margaine, vastes ruines aujourd'hui, vous trouverez un ancien ouvrier de la ferme, qui s'est installé là, dans une petite maisonnette qu'il s'est construite lui-même, en prenant ses matériaux dans les décombres. Cet homme vous dira tout ce qui s'est passé ; il en a été un des témoins.

— Ne serait-ce que pour le voir, je ferai le trajet ; il me dira sans doute où se trouve actuellement madame Savouroux.

— Je ne sais pas trop, monsieur, s'il pourra vous renseigner sur ce point.

— Cependant...

— Tout de suite après la catastrophe, madame Savouroux a quitté le pays.

— Je le comprends ; mais on sait où elle s'est retirée.

— Je crois bien que non, monsieur ; à en croire ce que j'entends autour de moi, les on-dit de ceux-ci et de ceux-là, nul ne sait ce qu'est devenue la dame de Margaine, pas même son notaire qui demeure à Montereau et qui, sur un ordre de sa cliente, sans doute, a mis en vente le domaine.

M. Palmers était devenu très pâle.

Était-il donc venu chercher dans Seine-et-Marne une dernière déception, plus cruelle que les précédentes, puisque c'était le dernier espoir détruit ?

— Il paraît, continua le chef de gare, que rien n'a été mis en culture cette année ; quant aux prairies, le notaire a dû s'occuper de vendre sur pied les foins et les regains. Vous paraissez, monsieur, très affecté de la mauvaise nouvelle ?

— Oui, en effet, très affecté.

— Vous connaissiez sans doute madame Savouroux ?

— Je la connaissais.

— C'est étonnant que vous n'ayez pas eu connaissance de la catastrophe.

— J'étais à l'étranger pendant la guerre et je ne suis rentré en France que depuis quelques jours.

— Oh ! alors, monsieur, c'est différent.

— Je vous remercie, monsieur le chef de gare, des renseignements que vous venez de me donner, et si ce n'est pas trop abuser de votre complaisance et de votre temps, veuillez être assez bon pour m'indiquer le chemin qui me conduira à Margaine ou plutôt à ses ruines.

Le chef de gare s'empressa de satisfaire l'étranger, et celui-ci ayant son itinéraire tracé, se dirigea d'un bon pas vers Margaine.

Il arriva devant les ruines un peu avant onze heures.

Quel spectacle lamentable et vraiment désolant pour un autre que M. Palmers! Mais lui n'avait pas à s'apitoyer sur le sort de madame Savouroux, et il se demandait si ces ruines, qui portaient les marques de l'incendie, n'indiquaient pas une première punition infligée par le Grand-Juge à l'odieuse fermière.

Quatre hautes murailles, percées de trous, étaient tout ce qui restait de la belle habitation de la dame de Margaine. Entre ces murailles, un amas de décombres, pierres et plâtras entassés, au-dessus desquelles émergeaient des poutres à moitié brûlées, des solives de fer tordues conservant encore le rouge du feu. Des autres bâtiments, si vastes, si bien construits, si intelligemment aménagés, il n'y avait plus, debout que quelques pans de murs; c'était là, surtout, que l'incendie avait été d'une effroyable violence, ce qui devait être, toutes les récoltes étant rentrées. Maintenant, il était difficile de reconnaître où avaient été les granges et les écuries.

Comme le chef de gare l'avait dit à M. Palmers, les terres n'avaient pas été labourées, toutes étaient en jachères, et dans ce terrain fécond, richement amendé l'année précédente, les herbes et les plantes, parasites envahisseurs, croissaient avec une vigueur de végétation extraordinaire.

Mais l'œil se reposait sur les prairies d'un vert superbe, émaillées de fleurs, où l'herbe était haute et drue.

Les grands enclos avaient encore leurs barrières ouvertes. Et là où l'on avait vu un troupeau de bêtes à cornes, quarante chevaux, vingt poulains et autant de jeunes génisses dans une année, il n'y avait plus que l'herbe qui poussait abondante, étonnée du silence morne des pâturages, attendant pour les nourrir des animaux qui ne venaient pas.

Margaine n'était plus qu'un désert.

M. Palmers découvrit, un peu en dehors des ruines, la maisonnette ou plutôt la cabane dont lui avait parlé le chef de gare.

Il se dirigea de ce côté, et bientôt il vit un vieillard en bras de chemise, occupé à remuer la terre d'un grand carré qu'il avait pris à tâche de cultiver.

M. Palmers marcha droit à lui.

L'homme se redressa, et les mains appuyées sur le manche de sa houe, regarda curieusement l'étranger.

— Mon brave homme, dit M. Palmers, vous faites par cette grande chaleur un bien dur travail.

— C'est vrai, monsieur, mais quand il y a autour de moi tant de terre à retourner, je ne peux pas la regarder, les mains dans mes poches.

— Et pour qui cultivez-vous ce carré?

— Pour moi, monsieur, j'en suis comme le propriétaire, et il faut que ce coin, où j'ai planté et semé de tout, me donne de quoi vivre.

— Vous êtes évidemment autorisé à faire cette culture?

— Oui, monsieur.

— Par madame Savouroux?

— Non, mais par son notaire.

« Benoît, m'a dit comme ça M. Formont, au commencement de cette année, puisque ça vous fait tant de peine de vous éloigner de Margaine, je vous propose d'y rester.

— « Je veux bien, monsieur Formont, que je répondis, mais qu'est-ce que j'y ferai?

— « Vous prendrez pour la cultiver la quantité de terre que vous voudrez, et ce qu'elle produira sera pour vous.

— « Qu'est-ce que j'aurai encore à faire?

— « Vous guiderez sur le domaine les personnes qui pourront se présenter pour l'acheter et vous leur donnerez toutes les explications qu'ils demanderont sur les terres et les prairies. Vous ne serez pas embarrassé pour cela, car après avoir travaillé plus de vingt ans à la ferme, nul mieux que vous ne connaît la qualité des parties de terrain et ce que chacune peut produire.

— « Ça, monsieur Formont, c'est vrai; mais il faudra que je trouve à me loger.

— « Vos bras sont toujours solides et vous êtes adroit de vos mains. Eh bien, vous vous ferez une petite maison; ce ne sont pas les pierres et la charpente qui vous manqueront.

— Bref, monsieur, voilà comment et pourquoi je suis resté à Margaine, et voilà ma demeure. Ah! ma cabane ne ressemble pas à la maison de la maîtresse, que nous appelions le petit château.

— Mon brave homme, je suis venu ici pour causer

avec vous; ne voulez-vous pas laisser un instant votre travail ?

— Oh ! si fait, monsieur.

— D'abord, vous vous reposerez, et puis pour vous remercier et pour que vous n'ayez pas à regretter le temps que je vous aurai fait perdre, vous me ferez le plaisir d'accepter les deux louis que voici.

Et M. Palmers, qui avait ouvert son porte-monnaie, mit deux pièces de vingt francs dans la main du vieillard ébahi, qui n'en pouvait croire ses yeux.

— Oh ! monsieur, monsieur ! balbutia-t-il ayant la larme à l'œil.

Les deux hommes allèrent s'asseoir à l'ombre d'un arbre

— Est-ce que monsieur a l'intention d'acheter ? demanda le vieux garçon de charrue.

— Nullement.

— Ah ! et qu'est-ce que monsieur désire de moi ?

— Tous les renseignement qu'il vous sera possible de me donner.

— Sur le domaine ?

— Non, mais sur la ferme incendiée et les personnes qui l'habitaient.

— Ah ! monsieur, quel feu épouvantable et quelle horrible journée ! De mémoire d'homme on n'a vu spectacle pareil ! Des flammes s'échappaient d'énormes tourbillons de fumée et montaient si haut qu'elles semblaient toucher le ciel. C'étaient des pétillements d'enfer, des craquements sourds qui ressemblaient à des coups de tonnerre. Et ça flambait toujours plus fort. Et impossible de rien faire pour chercher à éteindre le feu ; d'abord les Prussiens ne voulaient pas ; ensuite il fallait se tenir loin, bien loin de l'immense fournaise, qui était si ardente qu'on se serait fait rôtir comme des perdreaux.

— Ainsi vous avez assisté à ce formidable incendie?

— Oui, monsieur, j'étais là, nous y étions tous, et j'ai vu tout brûler. Ah! voilà un souvenir que je garderai! J'en rêve encore presque toutes les nuits, et je me réveille en criant : Au feu! au feu!

— Savez-vous pourquoi les Prussiens ont incendié la ferme?

— Oui, monsieur, je le sais. Voulez-vous que je vous raconte ça?

— Oui, vraiment, et j'écouterai votre récit avec intérêt.

— Ce sera peut-être un peu long et je crains de vous ennuyer.

— C'est bien, dites toujours.

— Nous étions arrivés assez tranquillement à la mi-octobre; les machines battaient les grains à toute force, et on commençait les semailles là-bas du côté du village. Nous avions bien été un peu réquisitionnés par les Prussiens, nous voyions bien de temps en temps des soldats ennemis passer à Margaine, mais ils ne s'y arrêtaient qu'un instant. On les recevait bien, ce qui faisait murmurer beaucoup d'entre nous, moi le premier; ils buvaient les vieux vins de la maîtresse, ses excellentes eaux-de-vie, ses fines liqueurs. Ça nous faisait enrager; mais c'était comme ça, rien à dire. Le régisseur paraissait être au mieux avec les chefs.

— Ce régisseur ne s'appelait-il pas François Lambert?

— Oui, monsieur, François Lambert, un drôle de garçon, allez.

— Pourquoi cela ?

— Heu, je ne saurais pas bien vous dire... La patronne était positivement folle de lui ; elle n'était plus guère qu'un zéro dans sa ferme ; le maître c'était François Lambert. Il avait ensorcelé madame Savouroux, quoi ! Il y avait à la ferme des gens qui prétendaient que le régisseur... ne couchait pas toutes les nuits dans sa chambre ; vous comprenez... Quoi qu'il en soit, la dame de Margaine, qui était veuve, songeait bel et bien à épouser François Lambert ; on assurait que le mariage aurait lieu aussitôt après la guerre.

Le régisseur ne brillait pas par son patriotisme ; on avait appelé sous les drapeaux les vieux garçons ; en Seine-et-Marne, tous étaient partis ; mais François Lambert avait fait la sourde oreille, lui. Il tenait autant à conserver intacte sa précieuse personne qu'à ne pas s'éloigner de Margaine, dont il voulait devenir le propriétaire. Ah ! il avait compté sans ses bons amis les Prussiens.

C'est égal, depuis que nous autres vieux connaissions sa couardise, nous ne le voyions plus d'un bon œil.

Du reste, déjà, et depuis plusieurs mois, nous avions une dent contre lui.

— Ah ! et pourquoi ? fit M. Palmers.

— Parce que nous étions certains que c'était par suite de ses manœuvres que mademoiselle Marceline de Langrolle, la nièce de la patronne, avait dû quitter la ferme pour aller s'enfermer dans un couvent.

Mademoiselle Marceline était bien la plus charmante et la meilleure personne qu'il y eût au monde ;

pas fière du tout et bonne, très bonne pour les travailleurs. Mais voilà, elle était l'unique parente de madame Savouroux, par conséquent sa seule héritière, et ça ne faisait pas l'affaire de François Lambert.

— Je comprends, mon brave homme ; mais revenez, je vous prie, à l'incendie de la ferme.

XVI

UN ÉPISODE DE L'ANNÉE TERRIBLE

Après s'être recueilli quelques instants, le vieux paysan reprit la parole.

« Un jour, monsieur, trente dragons prussiens arrivèrent à Margaine ; ils n'étaient pas de passage, cette fois ; ils s'installèrent à la ferme, hommes et chevaux, aussi commodément qu'ils le purent. Trois officiers, dont un capitaine, les commandaient.

Madame Savouroux et le régisseur, pas contents, faisaient piteuse figure ; mais il fallait en passer par là.

C'était un poste d'observation que le général allemand plaçait à Margaine.

Ce n'était pas qu'il eût à craindre nos soldats, qui étaient aux environs d'Orléans d'un côté, et de l'autre sur les deux rives de la Loire, bien en arrière de Cosne.

Mais il y avait dans la contrée plusieurs compagnies de francs-tireurs qui inquiétaient fort les convois ennemis et avaient même l'audace de faire le coup de feu avec les casques à pointe du roi Guillaume.

Les dragons se faisaient bien traiter à la ferme ; il y avait des bœufs dans le clos, le troupeau de moutons comptait deux milles têtes ; il y avait dans les étables des porcs et des veaux gras, sans compter de belles génisses d'un an et deux ans qui durent y passer, et puis la basse-cour était bien peuplée.

C'est effrayant ce que ces gens-là mangent ; ils s'en font une bosse... de vrais Gargantuas, quoi !

Et ce qu'ils buvaient !... c'en était écœurant. Dame, la cave de la maîtresse était si bien fournie !

Les officiers mangeaient à la table de madame Savouroux qui, tout en pestant, les amadouait de son mieux pour rester dans leurs bonnes grâces.

De leur côté, quatre fois par jour, les soldats faisaient bombance et je ne vous dis que ça.

Eux et les chefs n'avaient qu'une chose à désirer : que cette douce et heureuse existence si plantureusement alimentée durât toujours.

Mais voilà-t-il pas que les francs-tireurs apprirent qu'il y avait à Margaine un poste de cavaliers prussiens. Comment et par qui furent-ils prévenus ? On n'a jamais pu le savoir.

Par une nuit sombre de novembre, qui ne fut n belle, ni bonne pour les Prussiens, les francs-tireurs arrivèrent à la ferme sans bruit et la cernèrent. Ils étaient soixante, quatre-vingts, cent, peut-être davantage.

Les dragons dans les granges, sur des litières de regain, les officiers chacun dans un bon lit de plume, ronflaient à qui mieux mieux.

Ils étaient tranquilles, ces hommes du poste d'observation, et ils aimaient tant à jouer aux cartes et à se gorger de vin, de bière et d'eau-de-vie, qu'ils n'observaient rien du tout, pas même la simple politesse.

Tout à coup, au milieu du profond silence de la nuit, ce cri : les francs-tireurs ! traversa l'espace comme un bruit de clairon.

Les Allemands avaient une peur bleue des francs-tireurs ; en un clin d'œil les dragons furent debout. On entendit s'ouvrir les fenêtres, des ordres de commandement ; puis, de tous les côtés, pan, pan, pan.

La bataille était engagée.

Pan, pan, pan, pan, pan, pan ; quelle fusillade !

Tous étaient dans les ténèbres; c'étaient les éclairs de la poudre qui les éclairaient.

Ce n'étaient plus les dragons, mais les francs-tireurs qui étaient dans les granges.

Les balles pleuvaient, et au milieu des coups de feu incessants on entendait des rugissements de colère, des vociférations, des hurlements de douleur.

Mes camarades et moi, nous étions dans les greniers, à l'abri des balles ; mais nous pouvions voir assez bien les péripéties de la lutte. Ah ! les dragons n'en menaient pas large, je vous assure.

Dès le début, madame Savouroux avait ouvert sa fenêtre, poussé des cris affolés, puis on ne l'avait plus entendue. Quant à François Lambert, il ne s'était montré ni à une fenêtre, ni hors de la maison; c'était à croire que la première balle l'avait tué.

Enfin, au bout d'une heure, le combat finit faute

de dragons pour le continuer. Ceux qui avaient eu la chance d'échapper aux balles des francs-tireurs s'étaient jetés sur leurs chevaux et avaient pris la fuite à travers champs.

Maîtres du champ de bataille, les francs-tireurs allumèrent des torches, se rassemblèrent, firent l'appel des hommes, puis nous les vîmes chercher parmi les morts et les blessés étendus çà et là autour des bâtiments.

Bientôt après ils s'en allèrent dans la direction de Moret, emportant quatre des leurs.

Ils n'étaient pas loin encore que nous sortîmes de nos cachettes. Nous allumâmes des lanternes, et guidés par leurs cris de douleur, leurs gémissements, nous nous mîmes à la recherche des dragons blessés que nous relevâmes pour les coucher ensuite dans la même grange.

Il y en avait onze. Plus tard, en nous occupant des morts, nous trouvâmes encore deux blessés moribonds.

Le jour revint et nous aida à achever notre funèbre besogne.

Nous avions dans une grange treize blessés dont plusieurs très grièvement, et dans une autre grange six morts, au nombre desquels se trouvait le chef du poste, le capitaine.

C'était donc quatorze hommes, en comptant les deux officiers, qui avaient échappé aux francs-tireurs.

Dans le petit château, rien ne remuait. Silence de mort. Qu'est-ce que ça voulait dire? Qu'étaient donc devenus la patronne et François Lambert? Est-ce qu'ils avaient été tués?

Nous devînmes inquiets et nous nous mîmes à leur recherche, malgré qu'il nous fût défendu d'entrer chez la maîtresse sans y être appelés.

Vous ne devineriez jamais, monsieur, où nous les trouvâmes. Dans la cave, à moitié habillés et plus morts que vifs. Ils se décidèrent à remonter quand nous les eûmes rassurés en leur disant que tout était fini.

Oui, tout était fini avec les francs-tireurs, mais pas avec les Prussiens.

Nous pensions bien qu'ils allaient venir chercher leurs morts et leurs blessés, mais nous ne nous attendions pas à voir arriver une petite armée : un escadron de dragons, un régiment d'infanterie et une batterie d'artillerie.

Pendant qu'on mettait les morts dans un fourgon et que les chirurgiens pansaient les blessés avant de les faire transporter dans des voitures d'ambulance, deux plantons étaient mis à la porte de la chambre de madame Savouroux, et nous tous, y compris François Lambert, étions enfermés dans la grande salle et gardés à vue par des fantassins prêts à faire feu sur nous en cas de rébellion.

Quand le commandant de la troupe se fut débarrassé des morts et des blessés, qu'on conduisait à Montereau, escortés d'un piquet de dragons, il donna plusieurs ordres en allemand.

Alors les hommes désignés firent sortir tout le bétail des écuries et des étables ; d'autres allèrent chercher les bêtes qui étaient dans les clos ; en même temps la basse-cour était mise à feu et à sang : poules, lapins, dindons, pintades, oies, canards, pigeons, tués sans merci, étaient jetés pêle-mêle dans des sacs pris dans nos greniers.

Quand tous les animaux furent réunis, des détachements de soldats les emmenèrent.

Nous les vîmes partir, nos pauvres bêtes : bœufs, chevaux, vaches, moutons.

Un poulain, né la veille, qu'on jugea trop faible pour pouvoir suivre sa mère, fut tué sur place d'un coup de revolver dans la tête.

Madame Savouroux, prisonnière, poussait des rugissements de bête fauve. François Lambert ne disait rien, mais il était livide et ses grands yeux noirs et sombres avaient des éclairs farouches.

Cependant les cinq principaux officiers s'étaient groupés. Pendant quelques minutes ils délibérèrent entre eux. Cela fait, on nous amena devant eux, l'un après l'autre, François Lambert le dernier.

A chacun la même question :

— « Qui a fait venir les francs-tireurs à la ferme ? »

La réponse était la même :

— « Je ne sais pas. »

Quand François Lambert fut amené à son tour devant le conseil de guerre, il était si pâle, si tremblant et avait les jambes si molles que je crus un instant qu'il allait tomber sans connaissance.

Les officiers voulaient absolument que ce fût lui qui avait fait savoir aux francs-tireurs que la ferme était occupée par un poste de trente dragons.

Il nia énergiquement et se défendit lâchement, c'est-à-dire par des paroles qui auraient été mieux placées dans la bouche d'un Prussien que dans celle d'un Français.

Par exemple, il dit qu'il avait prouvé, en maintes circonstances, qu'il était l'ami des Allemands.

Il invoqua le témoignage des deux officiers de dragons qui, plus heureux que leur capitaine, avaient échappé aux francs-tireurs. Les officiers furent appelés et témoignèrent en faveur du régisseur, et il dut, à ce qu'ils dirent de son antipatriotisme, de ne pas être fusillé.

Les officiers levèrent la séance. On nous ordonna de nous éloigner et on poussait à coups de plat de sabre ceux qui ne marchaient pas assez vite.

François Lambert était allé rejoindre la patronne, à qui l'on venait de dire aussi :

« Vous êtes libre. »

Vingt minutes après, monsieur, tous les bâtiments étaient en feu. Les Prussiens vengeaient leurs morts. Mais quels sauvages que ces gens d'Allemagne !

Madame Savouroux et François Lambert s'en allaient tête basse, épouvantés, affolés, dans la direction de Saint-Mammès. Lui, portait une valise de cuir qui paraissait lourde ; elle, un grand sac de voyage. Je suppose qu'elle avait eu le temps de mettre dans son sac son or, ses billets de banque, ses bijoux, toutes ses valeurs.

— A ce moment terrible, pensait M. Palmers, elle a dû se rappeler ces paroles de Marceline :

« Votre conduite envers moi, ma tante, ne vous portera pas bonheur ! »

Le vieux serviteur de Margaine avait achevé son récit.

— Depuis ce jour, inoubliable pour vous, mon

brave homme, avez-vous revu madame Savouroux? demanda M. Palmers.

— Non, monsieur, je n'ai plus revu ni elle ni François Lambert.

— Et vous croyez que madame Savouroux n'est pas revenue dans le pays?

— Elle n'y est pas revenue, monsieur.

— Vous devez savoir où elle est allée?

— Je ne le sais pas; on ignore ce qu'elle est devenue.

— Vous, mais pas son notaire.

— Je crois être certain que M. Formont est dans la même ignorance que moi.

M. Palmers était devenu très sombre. Il pensait à Marceline, à l'enfant qu'il cherchait et éprouvait une angoisse profonde.

— Pourtant, dit-il, le notaire n'agit pas sans avoir des ordres.

— Ça, c'est vrai, monsieur.

— Il me paraît donc impossible que le notaire ne sache pas où habite sa cliente et qu'il n'y ait pas une correspondance entre eux.

— Dame, monsieur, je ne peux pas vous dire... M. Formont veut-il, lui aussi, qu'on ne sache pas où est allée madame Savouroux? Cependant, d'après ce que je lui ai entendu dire, il ignorerait réellement où est la dame de Margaine et il serait fort en peine à cause de cela.

— Ce notaire demeure à Montereau?

— Oui, monsieur.

— C'est bien, je le verrai.

M. Palmers prit congé du vieux paysan et se rendit au village où il déjeuna très frugalement, bien heureux encore d'avoir pu apaiser sa soif et sa faim. Il n'y avait qu'une petite auberge dans la localité et l'aubergiste ne faisait jamais grande provision de comestibles.

L'Américain eut la satisfaction, toutefois, de trouver un homme dans la commune qui, moyennant une pièce de dix francs, voulut bien le conduire à Montereau où il arriva vers trois heures et demie de l'après-midi.

Il se rendit aussitôt chez le notaire, qui était dans son cabinet et ne le fit pas longtemps attendre.

— Que désire monsieur? demanda M° Formont après avoir rendu au visiteur son salut et en lui indiquant un siège.

— Monsieur, je vous le dis tout de suite, répondit M. Palmers, je suis à la recherche de madame veuve Savouroux, votre cliente.

— Ah! fit le notaire étonné.

Puis avec un peu de raideur:

— A qui ai-je l'honneur de parler?

— Quoique peu prononcé, mon accent vous dit que je ne suis pas Français; je suis Américain, monsieur, armateur à New-York, et je me nomme Williams Palmers.

Le notaire s'inclina et sa physionomie prit une expression plus aimable.

— Alors, monsieur? fit-il.

— Ce matin, monsieur, j'ignorais l'épouvantable désastre de Margaine. Renseigné d'abord par le chef de gare de Saint-Mammès, je me rendis néanmoins à l'endroit où était autrefois la ferme, et là, le paysan Benoît voulut bien me faire connaître la cause des funestes événements.

— Du reste, monsieur, vous avez pu voir les ruines.

— C'est affreux !

— Oui, monsieur, affreux ; voilà une des vilaines choses de la guerre.

— Le paysan n'a pu me dire où je trouverais madame Savouroux et c'est pour vous le demander que que je me suis permis de vous venir déranger.

— Puis-je savoir pourquoi vous voudriez voir madame Savouroux ?

— Je n'ai pas à vous le cacher, monsieur ; c'est pour lui apprendre le prochain mariage de mademoiselle Marceline de Langrolle, sa nièce et filleule.

Le notaire fit un bond sur son siège.

— Mais, dit-il, mademoiselle de Langrolle avait l'intention d'entrer en religion.

— C'est possible.

— Elle est entrée dans un cloître.

— Et elle en est sortie, répondit gravement M. Palmers.

— J'ai peine à revenir de ma surprise ; mais je suis enchanté, oui, monsieur, enchanté, ravi... Je connais mademoiselle de Langrolle et je lui souhaite tout le bonheur qu'elle mérite.

— Je vous remercie en son nom, monsieur.

— Et qui épouse-t-elle, cette chère enfant?

— Moi.

Le notaire resta stupéfait.

— J'ai quarante ans, reprit M. Palmers, et vous trouvez sans doute que je suis vieux pour elle ?

— Oh ! monsieur ! fit le notaire avec un geste de protestation.

— Mais, continua M. Palmers, mademoiselle

Marceline de Langrolle a pensé, — et elle ne se trompe pas, je vous le jure, — qu'elle mettait en bonnes mains son avenir, c'est-à-dire le bonheur de sa vie.

— J'en suis également convaincu, monsieur.

— Maintenant, monsieur, soyez assez bon pour me dire où réside actuellement madame Savouroux.

— Vous voyez un homme désolé, tout à fait désolé ; je ne puis répondre à votre question.

— Pourquoi, monsieur ?

— J'ignore ce que vous désirez savoir.

— Comment, vous ne savez pas ?...

— Oui, je ne sais pas où est madame Savouroux.

— Est-ce possible ?

— A vous comme à d'autres, monsieur, cela paraît invraisemblable, et pourtant c'est la vérité.

M. Palmers était comme écrasé.

— C'est donc, dit-il, sans un ordre de votre cliente que vous avez mis en vente le domaine de Margaine et que vous procédez en ce moment, avant la fauchaison, à la vente des récoltes de la prairie ?

— J'ai de madame Savouroux les pouvoirs les plus étendus.

— Ah !

— Ecoutez, monsieur. Madame Savouroux a une entière confiance en ma probité et, certes, je n'en suis pas indigne. Au mois de décembre dernier, juste six semaines après la catastrophe, je reçus de madame Savouroux une lettre datée de Dieppe.

Elle me disait que depuis ses malheurs elle ne pouvait plus rester en France, qu'elle allait passer en Angleterre et que là, elle verrait à choisir le pays où il lui plairait de se fixer.

Elle me priait ensuite de mettre Margaine en vente, de placer le produit de la vente, de faire tout enfin au mieux de ses intérêts. A la lettre était jointe un pouvoir en blanc, signé et parafé, que je n'eus qu'à faire remplir par un de mes clercs.

Mais, monsieur, pour que vous soyez bien convaincu que je ne mens pas, je puis vous faire lire cette lettre de madame Savouroux.

— Oh! je vous crois, monsieur, je vous crois.

Le notaire s'était levé. Il ouvrit un carton, chercha un instant et trouva la lettre qu'il mit dans la main de M. Palmers.

— Oui, fit tristement l'Américain après avoir lu.

— Depuis, monsieur, reprit le notaire, plus rien. Impossible de savoir où est allée madame Savouroux, de savoir ce qu'elle est devenue.

J'en arrive à me demander si, embarquée pour une contrée lointaine, elle n'a pas péri dans la traversée.

— Tout est possible, murmura M. Palmers.

Il se leva pour se retirer.

— Monsieur, lui dit le notaire, veuillez, je vous prie, me rappeler, ainsi que madame Formont et ma fille, au bon souvenir de mademoiselle de Langrolle.

— Je me ferai un plaisir d'être votre interprète auprès d'elle.

— Veuillez lui dire aussi que nous serions très heureux de la revoir un jour.

— Je vous remercie pour mademoiselle de Langrolle, monsieur, et merci aussi, merci, de votre cordialité et de votre complaisance.

Les deux hommes se serrèrent la main.

Prêt à franchir le seuil de la porte, M. Palmers rentra dans le cabinet du notaire.

— Pardonnez-moi, monsieur, dit-il, de vous prendre encore un instant ; mais la contrariété que j'éprouve de ne pouvoir présenter mes civilités à madame Savouroux et lui annoncer le mariage de mademoiselle de Langrolle m'a fait oublier de vous demander des nouvelles d'une servante nommée la Roussotte, qui était très attachée à sa maîtresse et à laquelle mademoiselle de Langrolle porte un vif intérêt ; savez-vous où elle est actuellement ?

— Pas plus que je ne sais où est madame Savouroux, monsieur. La Roussotte, dont la fidélité et le dévouement étaient fort appréciés de sa maîtresse, a quitté le pays en même temps que madame Savouroux, et tout me porte à croire qu'elle l'a suivie.

L'Américain n'avait plus de questions à faire.

— Encore une fois, monsieur, dit-il, merci.

Et il se retira.

XVII

RÉSIGNATION

M. Palmers marcha rapidement vers la gare, où il allait prendre le premier train pour rentrer à Paris.

Il avait le cœur et l'âme brisés. Il souffrait d'autant plus cruellement qu'il s'effrayait du désespoir de Marceline.

Qu'allait-il lui dire à cette pauvre mère qui l'attendait avec une impatience pleine d'anxiété ? Trouverait-il dans son cœur assez de paroles de tendresse et de consolation pour adoucir le coup terrible qu'il allait porter ?

Il s'était mis à l'œuvre courageusement, avec cette ardeur de l'homme généreux et grand par le cœur qui accomplit un devoir. Et il avait échoué, et il ne pouvait plus rien.

Il y avait bien l'offre que lui avait faite le chef de la Sûreté et il y pensait ; mais, était-ce à la veille de donner son nom à la victime de François Lambert et de madame Savouroux qu'il pouvait dévoiler le secret de sa flétrissure ? Non, c'était impossible !

Hélas ! la petite fille perdue était maintenant fatalement condamnée à une existence misérable.

Elle ne connaîtrait jamais sa mère, elle serait à jamais seule au monde, sans nom, sans personne pour la protéger, exposée à tous les dangers de la vie, à ces périls dont sont sans cesse menacées les pauvres jeunes filles abandonnées.

— C'est affreux, c'est horrible ! se disait M. Palmers, en songeant aux victimes de la misère, et à celles du vice, non moins nombreuses.

C'est que tout leur est fatal, à ces malheureuses, et elles sont d'autant plus menacées qu'elles sont plus jolies.

Certes, pour un homme comme M. Palmers, de telles réflexions étaient extrêmement pénibles.

Et puis, il y avait en lui des vibrations inconnues à bien des hommes. Il sentait qu'il l'aurait aimée, l'enfant de cette femme qu'il allait unir à sa destinée.

— Quoi que je fasse, pensait-il, il y aura toujours un regret dans la pensée de Marceline et dans son cœur une douleur inguérissable.

Il était près de dix heures lorsque M. Palmers descendit de voiture, rue du Mail, devant la maison Chaumontel.

Le négociant et sa femme étaient allés passer la soirée chez des amis.

Henri venait de se coucher et, probablement, dit la servante, dormait déjà.

Mademoiselle de Langrolle, seule au salon, attendait le retour de M. Palmers.

Celui-ci entra dans le salon.

Marceline, qui rêvait assise dans un fauteuil, se dressa debout.

La pièce n'était que faiblement éclairée ; cependant la jeune fille vit tout de suite que M. Palmers était très pâle, qu'il avait les traits fatigués, l'air sombre et soucieux.

Elle comprit qu'il n'avait pas réussi et se sentit traversée par un frisson.

Elle n'eut pas la force de prononcer une parole, son regard seul interrogeait anxieusement.

M. Palmers secoua tristement la tête.

Elle se mit à trembler comme la feuille ; sa poitrine gonflée se soulevait violemment.

— Rien ! murmura-t-elle.

— Hélas ! dit M. Palmers.

Elle poussa un profond soupir et sa tête tomba sur sa poitrine.

M. Palmers lui prit les deux mains.

— Courage, mon enfant, lui dit-il avec un accent de tendresse indicible, ne vous laissez pas briser par la douleur.

Marceline se redressa les yeux étincelants.

— Ainsi, s'écria-t-elle avec une sorte de fureur, elle a refusé de parler ou elle vous a soutenu que ma fille était morte ?

— Je n'ai pas vu madame Savouroux.

— Vous ne l'avez pas vue ! Elle n'a pas voulu vous recevoir ?

— Marceline, j'ai bien des choses à vous apprendre.

— Ah ! ces choses ne sont pas ce que je voudrais savoir.

— C'est vrai ; mais il faut bien que vous sachiez

pourquoi e n'ai pu voir madame Savouroux. D'abord, faites-moi l'amitié de vous asseoir, vous vous soutenez à peine sur vos jambes.

Elle se laissa tomber dans le fauteuil.

— Je n'ai pu voir madame Savouroux parce qu'elle a quitté le pays et que personne, pas même M. Formont, son notaire, ne sait ce qu'elle est devenue.

Marceline regarda M. Palmers comme si elle n'eût pas compris.

— La ferme de Margaine n'existe plus, continua l'Américain ; où s'élevaient la maison et les bâtiments d'exploitation, je n'ai trouvé qu'un effrayant amoncellement de décombres.

— Que me dites-vous ?

— Ce qui est. Madame Savouroux avait mérité un châtiment terrible, elle ne l'a pas longtemps attendu. Ecoutez, Marceline, écoutez !

Et aussi brièvement que possible, il raconta ce que l'ancien domestique Benoît lui avait appris.

Marceline écoutait, mais restait froide, comme absolument insensible.

M. Palmers poursuivit son récit, en rapportant la longue conversation qu'il avait eue avec le notaire.

Quand il eut fini, la jeune fille laissa échapper une plainte sourde et ce fut elle, à son tour, qui saisit les mains de M. Palmers et les serra convulsivement.

— Vous avez tout fait, tout, dit-elle d'une voix brisée.

— Tout ce que j'ai pu ; j'espérais réussir.

— Si vous n'avez pas réussi, ce n'est point votre faute ; tout était contre vous. Ah ! ce que vous avez fait, monsieur, ce que vous avez fait !... je ne l'oublierai jamais. Est-ce qu'un autre que vous, loin de m'ouvrir les yeux, pour me montrer les horribles manœuvres de madame Savouroux, ne m'aurait pas laissé croire, au contraire, que ma fille était bien morte, comme on me l'avait dit.

— Je ne pouvais agir ainsi, Marceline, ma conscience d'honnête homme me faisait un devoir de vous dévoiler la vérité.

La jeune fille passa ses mains sur son front.

— Ma fille, ma fille, ma pauvre petite ! murmura-t-elle d'une voix oppressée.

Et presque aussitôt, ne pouvant plus se contenir, elle éclata en sanglots.

M. Palmers la laissa pleurer et attendit que cette explosion de douleur se fût un peu calmée.

— Marceline, dit-il tristement, je sais combien vos pensées sont pénibles ; ces pensées, je les ai comme vous ; ah! croyez-le, je prends vivement part à votre chagrin.

— Je ne verrai plus ma fille, elle est à jamais séparée de sa mère !

— Non, Marceline, non, ne croyez pas cela ; gardez en vous l'espérance.

Elle secoua la tête.

— Perdue, perdue ! s'écria-t-elle. Ah ! les misérables ! les misérables !

Après un bout de silence elle reprit :

— Quand je la croyais morte, je pouvais me consoler en me disant : « Elle est à l'abri des malheurs de la vie. » Et maintenant, mon Dieu, mon Dieu, que va-t-elle devenir ?

— Marceline, Dieu que vous implorez veillera sur elle.

— Sans mère, sans famille, seule au monde !

— Vous devez penser que ceux qui l'ont recueillie l'aiment, l'aimeront.

— Une étrangère, une abandonnée !

— Toutes les femmes ne ressemblent pas, heureusement, à madame Savouroux et à la Roussotte ! il y a sur terre des âmes compatissantes.

— Oh ! ne rien savoir, ne pouvoir rien apprendre !

— Marceline, je vous le répète, ne perdez pas toute espérance.

— Mais que puis-je donc espérer, monsieur ?

— Que Dieu aura pitié de votre douleur, de vos larmes.

— J'ai dans le cœur des sentiments pieux, j'ai été élevée en chrétienne ; mais quand Dieu a permis le crime d'un lâche coquin, quand il n'a pas empêché que ma fille me soit enlevée, je ne vois rien à attendre de lui.

— Il soumet les meilleurs à de bien dures épreuves, c'est vrai ; mais il y a le triomphe de ceux qui ont souffert, la récompense due à la résignation.

— J'ai été résignée, monsieur, et le malheur a continué à me frapper.

— Oui, mais ne voulez-vous pas croire qu'il s'est enfin éloigné de vous ?

— Je le croirais si vous aviez pu retrouver mon enfant ! Oh ! cependant, je ne suis pas injuste, je reconnais qu'un sourire du ciel est venu jusqu'à moi quand votre main généreuse a pris la mienne.

— Marceline, il vous sera tenu compte de toutes vos angoisses et vous aurez ce triomphe dont je viens de parler. Ne désespérez pas, quelque chose me dit que vous n'êtes pas pour toujours séparée de votre enfant, il vous sera rendu.

Elle poussa un long soupir.

— Oui, encore une fois, continua M. Palmers, Dieu aura pitié de vous, laissez agir la Providence.

— La Providence ! murmura-t-elle amèrement.

— Marceline, n'est-ce donc pas elle qui vous a conduite auprès de mon fils ?

— Vous ne voulez pas que je sois désespérée, monsieur.

— Je veux que vous espériez, au contraire.

— Eh bien ! soit.

— Soyez résignée et attendez pleine de confiance en l'avenir.

— Le souvenir de ma fille restera dans mon cœur, il ne s'éloignera jamais de ma pensée.

— Je respecterai ce sentiment et n'en serai point jaloux.

— Hélas ! monsieur, vous aurez une épouse qui ne sera pas entièrement à vous !

— Si vous oubliiez, Marceline, je pourrais moins vous aimer.

Elle mit sa main dans la sienne.

— Toujours bon et généreux, fit-elle.

M. Palmers lui mit un baiser sur le front.

Après un assez long silence, il reprit :

— Il y a un proverbe qui dit : « Aide-toi, le ciel t'aidera ». Bien que nous ayons beaucoup plus à compter sur la Providence que sur nos efforts, nous n'attendrons point passivement, cependant. Avant que nous quittions Paris, j'aurai chargé quelqu'un de continuer les recherches. Madame Savouroux et la Roussotte reparaîtront ; alors...

— Mais M. Formont ne vous a-t-il pas dit qu'il craignait que madame Savouroux n'eût péri en mer ?

— Il n'a pas sérieusement cette crainte qui, d'ailleurs, ne repose sur aucun sinistre maritime ; il est seulement étonné, non sans raison, du singulier silence que sa cliente garde vis-à-vis de lui. Enfin, laissez-moi faire, et, je vous le dis encore, comptez absolument sur moi.

— Je n'ai plus que vous et votre fils, monsieur ; si je ne vous avais pas, que deviendrais-je moi-même ?

Pendant un instant, M. Palmers la regarda avec une tendresse passionnée, puis, l'aidant à se lever :

— Maintenant, ma chère enfant, dit-il, il faut vous aller reposer ; voyez, il est près de minuit. Allons, allons, courage et espoir ! Tâchez de ne pas pleurer, et surtout de ne pas avoir de trop sombres pensées.

La jeune fille se retira dans sa chambre et se mit au lit après avoir longuement prié.

C'était sa fille qu'elle venait de recommander à Dieu, en la plaçant sous sa protection.

Mais, malgré les exhortations de M. Palmers, elle fut hantée toute la nuit par toutes sortes de pensées noires et versa d'abondantes larmes.

Elle dormit un peu, cependant, mais d'un sommeil tourmenté par les cauchemars.

Le matin, quand M. Palmers la revit, il n'y avait plus sur son visage et dans son regard qu'une grande tristesse.

Il lui adressa quelques douces paroles.

— Je suis résignée, répondit-elle ; je veux être digne de vous.

Elle sut, en effet, si bien s'observer que ni M. et madame Chaumontel, ni Henri ne purent soupçonner qu'il y avait en elle une immense douleur. Elle affectait une tranquillité d'esprit qui trompait tout le monde, excepté l'Américain, qui admirait cette sorte d'héroïsme.

C'était la nuit, quand elle se trouvait seule, loin de tous les regards, qu'elle s'abandonnait à sa douleur et que de son cœur débordaient ses angoisses, ses terreurs maternelles.

Mais aux tableaux sombres succédaient des images plus rassurantes.

Il lui semblait qu'elle voyait sa fille, mal vêtue, mais bien portante, toute rose et toute souriante ; qu'elle entendait le doux son de sa voix enfantine, disant : maman ! maman ! en tendant ses petits bras à une femme — sa nourrice — qui la regardait avec bonté.

Douce hallucination !

Et c'était alors que, avec ferveur, elle priait Dieu de protéger sa fille et de veiller sur elle.

Alors elle ne voulait pas admettre que la chère petite pût être malheureuse, et peu à peu elle s'habituait à cette pensée que sa fille était tombée chez de braves gens qui l'aimaient.

Elle se disait :

— Elle sera docile, bonne, aimante, et saura se faire aimer. On aime toujours les enfants ! Il n'y a que les monstres qui ne les aiment pas et, heureusement, il y a sur la terre plus de bons que de méchants.

Sa confiance en Dieu lui était revenue et il lui semblait impossible que sa fille fût, comme elle, une victime du malheur. La mère souffrait, l'enfant ne devait pas souffrir. Il fallait cela pour que la justice divine pût être glorifiée.

C'étaient ces pensées rassurantes, réconfortantes, que M. Palmers faisait naître et soutenait, qui rendaient les angoisses de la mère moins cruelles, adoucissaient sa douleur.

*
* *

Le 2 juillet, mademoiselle de Langrolle devint madame Williams Palmers.

Après la cérémonie religieuse, de retour rue du Mail, Marceline prit Henri dans ses bras et l'embrassa fiévreusement.

Le garçonnet avait l'air réfléchi d'un petit homme.

La jeune femme se méprit sur la cause de sa gravité et lui dit :

— Henri, qu'as-tu donc ? Il me semble que tu es attristé.

— Tu te trompes, petite mère, je suis, au contraire, heureux, heureux, heureux !

— Et pourquoi es-tu si heureux ?

— Tu veux que je te le dises ?

— Oui.

— Eh bien ! écoute : L'autre jour je t'ai demandé ce que c'était que le mariage et tu m'as répondu que je l'apprendrais plus tard.

— En effet, je t'ai répondu cela.

— Mais je ne me suis pas trouvé satisfait.
— Ah !
— Je me suis emparé du gros dictionnaire de M. Chaumontel, je l'ai ouvert, j'ai cherché le mot mariage et j'ai lu ces paroles que le maire prononce en mariant :

« L'homme doit aide et protection à sa femme et fournir à tous ses besoins.

» La femme doit fidélité, obéissance à son mari et le suivre partout où il lui plaît d'habiter. »

Eh bien ! petite mère, maintenant que tu es la femme de papa, il peut m'emmener à New-York ou n'importe où il voudra, car tu seras toujours avec moi.

Et avec un sourire moitié ravi et moitié malicieux, l'enfant ajouta :

— La femme doit obéissance à son mari et le suivre partout où il lui plaira d'habiter.

— Tiens, je t'adore ! s'écria Marceline en le serrant fortement contre son cœur.

M. Palmers, souriant, entra dans la chambre où avait lieu cette petite scène.

— Que se passe-t-il donc ici ? demanda-t-il.

— Henri me faisait part de son bonheur, répondit Marceline.

— Ah ! Et que disait-il ?

— Que, maintenant, je vous devais obéissance et qu'il me fallait vous suivre à New-York.

— Vraiment ? Mais, au besoin, Henri jouerait le rôle de gendarme.

— Il n'a pas à devenir gendarme, répliqua Marceline rougissante.

Henri se dégagea des bras qui le serraient encore, plaça une chaise à côté de la jeune femme, prit la main de son père et lui dit :

— Papa, assieds-toi là.

M. Palmers obéit.

L'enfant s'agenouilla, et les regardant l'un et l'autre, s'appuyant sur leurs genoux, il dit avec une expression que rien ne saurait rendre :

— Ah ! je vous aime bien tous les deux !

Subitement, M. Palmers eut une pensée qui l'attrista, et deux larmes roulèrent dans ses yeux.

— Mon ami, qu'avez-vous ? demanda Marceline.

— Une pensée singulière.

— Que je ne dois pas connaître ?

M. Palmers hésita un instant et répondit :

— Je pensais à la jeune fille que mon fils épousera plus tard, et je me disais qu'il faudrait qu'elle vous ressemblât ; ce qui n'est pas impossible, si nous avons le bonheur de retrouver celle qui est perdue.

La jeune femme tressaillit violemment et enveloppa son mari d'un regard rempli d'admiration.

Les lèvres collées sur une des mains de sa petite mère, Henri murmurait :

— La femme doit obéissance à son mari.

— Et le mari, ajouta M. Palmers, doit chérir sa femme et partager les peines de son cœur.

FIN DE LA DEUXIÈME PARTIE

TABLE DES CHAPITRES

PREMIÈRE PARTIE

LE BEAU FRANÇOIS

I.	— La Morte	1
II.	— L'enfant	13
III.	— Les hypothèses	26
IV.	— La fille du berger	39
V.	— La famille Lucotte	53
VI.	— Le garçon de ferme	65
VII.	— Le regard fatal	78
VIII.	— Suggestion	93
IX.	— Révélation	106
X.	— La mère et le père	116
XI.	— Le misérable	131
XII.	— L'éclat	145
XIII.	— La petite Suzanne	158
XIV.	— Madame Savouroux	170
XV.	— La destinée	182
XVI.	— Magnétisme, somnambulisme	194
XVII.	— Ce que découvre le beau François	205
XVIII.	— Nouveau crime	215

DEUXIÈME PARTIE

MALHEUR AUX FAIBLES

I.	— L'amant et la maîtresse	227
II.	— Les luttes	240
III.	— Combinaisons	254

IV.	— Les complices	267
V.	— Huberta réfléchit	284
VI.	— Inquiétudes	295
VII.	— Les Mensonges	307
VIII.	— A bon chat bon rat	319
IX.	— Deux amies	330
X.	— Dévouement	342
XI.	— Monsieur Palmers	356
XII.	— Le secret terrible	368
XIII.	— Déductions	381
XIV.	— A Montreuil-sous-Bois	396
XV.	— Le vieux serviteur	410
XVI.	— Un épisode de l'année terrible	424
XVII.	— Résignation	437

ÉMILE COLIN. — IMPRIMERIE DE LAGNY

www.ingramcontent.com/pod-product-compliance
Lightning Source LLC
Chambersburg PA
CBHW070547230426
43665CB00014B/1847